아동기에 대한 포스트-발달적 접근 시리즈

관찰의 교육학

어린이와 함께 포스트-발달적 접근으로 나아가기

Mona Sakr, Jennifer Rowsell, Kortney Sherbine 편
김미진 김병만 서보순 손유진 이경화 정혜영 역

POSTDEVELOPMENTAL APPROACHES TO PEDAGOGICAL OBSERVATION IN CHILDHOOD

YANGSEOWON
양서원

일러두기

- 학자, 연구자, 교사, 부모, 영유아의 이름과 지역 및 기관명 등 고유 명칭은 원문 그대로 표기하였습니다.
- 일부 용어는 원어를 병기하거나, 역자주를 달아 설명을 추가하였습니다.
- 원문에서 강조한 단어, 문구, 문장은 원문의 표기 방식대로 표기하였습니다.
- 문단의 형식, 문장의 부호, 부연 설명을 위한 표기는 원문의 표기 방식을 그대로 따랐습니다.
- 설명을 보완하기 위한 쌍점(:)이나 나열하기 위한 쌍반점(;)은 특별한 경우를 제외하고 문맥에 적합한 연결어로 대체했습니다.
- 인용된 단행본 및 학술지는 겹낫표(『』)로, 논문의 제목이나 연구 프로젝트 등은 홑낫표(「」)로 표기하였습니다.
- 후주(note)의 내용은 해당 페이지로 옮겨 각주 처리하였습니다.
- 찾아보기는 원저에 제시된 용어 외에 번역 과정에서 논의가 필요했던 용어를 함께 포함하였습니다.
- 본문 및 참고문헌에 포함된 일부 웹사이트가 연결되지 않아, 정상적으로 활성화된 사이트를 찾아 대체하였습니다.
- 'postdeveopment(al)'는 발달주의 패러다임 및 담론의 한계를 넘어선다는 의미를 나타내기 위해 붙임표(-)를 써서 '포스트-발달(적)'로 번역하였습니다.
- 'childhood'는 이 책에서는 생의 첫해부터 초등학교 저학년 시기까지를 포괄하고 있으므로 '어린이' 및 '아동기'로 번역하였지만, 문맥상 특정 시기를 지칭할 때는 '신생아', '영아', '유아', '아동'으로 번역하였습니다.
- 'pedagogy'는 국내에서 주로 '교육학' 또는 '페다고지'로 번역되고 있는데, 본서에서 이는 가르치는 방법만이 아니라 교실이라는 역동적인 맥락에서 일상적이며 전문적인 교사의 교육적 실천 행위를 의미합니다.

Translator's Foreword

역자 서문

이 책의 한글판 번역 작업을 함께 한 우리는 오랜 시간 삶을 공유한 동료입니다. 교사교육자인 우리는 어린이 교육의 수많은 질문, 답이 없는 모호한 질문을 주고받으며 대화를 이어가고 있습니다.

'어린이는 독립적인 개체인가?'
'발달하는 어린이란 형상은 윤리적인가?'
'발달에 근거하여 어린이를 관찰하는 것은 교육적인가?'

Bloomsbury 출판사의 「Postdevelopmental approaches to childhood」 시리즈는 이러한 질문들과 맞닿아 있습니다. 2023년 출판된 『Post developmental approaches to pedagogical observation in childhood』와 마주치며 우리는 강렬한 집단적 욕망에 사로잡혔습니다. 이 책의 저자들이 들려주는 어린이 교육의 이야기가 무척이나 매력적이었습니다.

그들의 이야기 중심에는 '존중'이란 고갱이가 들어 있습니다. 누군가/무언가를 존중하는 것은 존재의 가능성을 열어두는 것이겠지요. 이미 만들어진 틀 안에 존재를 가두는 것과는 거리가 멉니다. 저자들은 이른바 교육자/연구자라 불리는 이들이 심리학, 특히 발달이론에 과도하게 의존하면서 어린이의 특성과 행위를 규정하고 또 고정/교정해 왔다고 힘주어 말합니다. 또 어린이 관찰에서 지배적으로 작동해 왔던 발달(주의)을 향한 대중의 굳건한 믿음도 뒤흔듭니다. 발달(주의)의 자리에 포스트-발달적 접근을 대체하면서, 관계/맥락 속 어린이의 풍부한 삶과 어린이를 포함한 물질의 행위성을 다양한 장면을 통해 보여줍니다.

'포스트post'는 시점을 기준으로 무언가의 '~(이)후'를 의미하기도 하고, 무언가를 이어받아 더욱 발전시킨다는 뜻을 담은 접두어이기도 하지요. 또는 무언가의 한계를 넘어 대안적 방향성을 나타내기도 하고, 그 무언가를 반대하며 탈(脫), 즉 벗어 던진다는 의미로 표현되기도 합니다. 이 책에서 내건 '포스트-발달(적 접근)'은 어린이 교육에서 발달(주의)을 완전히 부정하자는 뜻은 아닙니다. 그렇다고 발달(주의)을 지지하며 그 전통을 계속 이어가자는 주장은 더더욱 아니고요. 저자들은 어린이 교육에서 그동안 강력한 위치를 차지해 왔던 발달(주의)의 한계를 다시금 생각해 보기를, 그리하여 어린이(교육)와 관찰에 대해 발달 너머의 새로운~다양한~가능성의 시선으로 바라보고 대화 나누기를 제안합니다.

어린이 교육과 관찰에서 발달 패러다임은 오래도록 대진리(Truth)로서 힘을 발휘해 왔습니다. 이 책은 그 절대반지와도 같은 발달의 이야기에 도전하는 질문들로 가득합니다. 저자들은 탈식민적 장소 리터러시, 사회-물질적 관점, 생태학적 관점, 포스트휴머니즘 및 신물질주의와 같은 다양한 철학적 관점들과 회절하며, 익숙하고 길이 들여진 생각의 습관에 균열을 일으킵니다.

'인간(성인)이 주체가 되어 어린이 개체를 관찰해야 하는가?'

'(아주 어린) 어린이가 또는 어린이와 함께 관찰할 수는 없나?'

'어린이의 발달을 규정하고 발달에 들어맞도록 행동을 처방/교정하는 것이 관찰의 목적인가?'

'교육적 관찰은 누구/무엇을 위해 어떻게 해야 할까?'

'연령별 체크리스트와 루브릭으로 어린이를 판단해도 되는가?'

'관계/맥락과 인간-너머 존재들의 행위성에 귀 기울여야 하지 않는가?

그리고, 그리고, 그리고……

사실, 책의 이야기를 옮기는 작업은 녹록하지 않았습니다. 저자들이 생성하거나 빌려 온 개념/테제의 의미를 제대로 전할 수 없어 아쉬울 때가 많았습니다. 그러나 어린이 교육의 장에서 일어나는 관찰의 생생한 이야기를 읽는 즐거움은 번역 작업의 지난함에 비할 바 아니었습니다. 부끄러움을 무릅쓰고 투박하게나마 작업을 마무리하며, 우리는 다시 욕망합니다. 어린이의 발달-너머 풍부한 삶과 교육의 장에서 발생하는 복잡하게 얽힌 관계/사건에 관해 대화를 계속해 가기를…… 어린이와 함께 살아가는 인간 교육자로서 나누어야 할, 가능성을 여는 질문과 함께!

유난히 길었던 2024년의 겨울을 지나, 다시 찾아온 시절에

옮긴이들 함께 씀

Contents

차 례

Contents

차 례

Contents

차 례

● 사진 목차

● 표 목차

Contributors

저자 소개

Mindy Blasise는 호주 서부 Perth에 있는 Edith Cowan 대학교의 전문 연구원이자 사람-장소-지구 센터centre for People, Place, Planet의 공동 디렉터다. 그리고 공동세계연구회Common Worlds Research Collective와 성차별을 반대하는 페미니스트 교육자 모임인 Feminist Educators against Sexism:#FEAS의 공동 창립자기도 하다. 그녀는 페미니스트 포스트-발달주의 및 후기근본주의 연구를 수행하며 젠더와 어린이의 세상 관계에 대한 다양한 종류의 이야기를 생성하고 전달하는 데 전념하고 있다.

Jen Boyd는 영유아교사이자 대학원생으로, 포스트휴머니즘, 신유물론, 후기질적연구 접근에 관심을 가지고 있다.

Shana Cinquemani는 미국 Rhode Island School of Design의 예술+디자인에서의 교수+학습Teaching+Learning in Art+Design 전공 조교수이자 전미예술교육협회National Art Education Association의 어린이 교육자 분과Early Childhood Educators interest group의 책임을 맡은 바 있다. 그녀는 어린이 예술교육 이론, 의미 있는 사회문화적 실천으로서 어린이 예술의 개념화, 예술과 놀이의 연결, 교육과정 탐구와 이론, 어린이와 함께 하는 윤리적 연구 실천 및 예술 공간에서 어린이와 성인 간의 관계에 연구 관심이 있다.

Kiri Gould는 뉴질랜드 University of Auckland의 어린이 교육과 강사다. 그녀는 영유아교사들이 어린이와 그 가족들과 함께 인류세에 도전할 때 포스트-발달적 접근이 어떠한 도움이 될 수 있을지에 관심이 있다.

Harriet Hand는 디자이너이자 교육자이며, 영국 University of Bristol의 교육학부 박사과정에 재학 중이다. 그녀는 실험적이고 참여적인 접근을 통해 지도를 제작하는 방식, 즉 어린이들이 복잡성에 다가가서 어린이 자신과 주변 세계에 대한 감각의 변화 가능성을 탐구하고 있다.

Sylvia Kind는 캐나다 Capilano University의 유아교육과 교수이자 Capilano University Childrens Centre의 아뜰리에리스타다. 그녀는 아토그래피a/r/tography와 연구를 창안해 내는 교육 실천에 대해 그리고 어린이들의 스튜디오 교육 실천과 그러한 실천에서 볼 수 있는 물질들의 생생한 즉흥성과 집단 실험에 관심이 있다. 또한 어린이의 삶의 맥락 속에서 스튜디오 연구를 발전시키는 것에도 관심이 있다. 그녀는 『Encounters with Materials in Early Childhood Education』[1]의 공동 저자이며, 『Drawing as Language』의 공동 편집자이기도 하다. 이 외에도 어린이의 스튜디오 교육 실천에 관해서 여러 편의 학술논문과 책을 집필하였다.

Karen Nociti는 호주 서부 Perth의 Edith Cowan University의 교육학부(아동기 연구 전공) 강사이자 박사과정 학생이다. 그녀는 페미니스트 신유물론, 걷기 방법론[2], 포스트휴먼 리터러시 이론에 영향을 받아 연구하고 있다. 그녀는 특히 장소와 어린이를 분리하는 규범적인 장소-중심 교육 실천의 문제를 제기하면서, 공통 세계에서 어린이와 장소Place를 (재)위치시키는 새로운 교육학을 지향하고 있다.

Alexandra Nordstrom은 핀란드 University of Helsinki의 교육과학 학부의 박사후 연구원이다. 그녀의 연구 관심은 어린이 교육에서의 감응, 리터러시, 놀이에 그리고 교육 연구와 유아 및 아동기의 형상에 대한 포스트-접근들post-approaches에 있다. 그녀의 박사논문에서 사회문화적 관점과 포스트휴먼 관점에서 유아의 즐거움과 리터러시를 탐구하였다.

1 역자주: 국내에서는 『물질과의 새로운 만남: 관계와 연결로서의 유아시기 교육 재료 탐구』(이연선, 전가일, 정혜영, 최승현, 하영유 공역, 2021, 살림터)로 번역되었다. 이 책은 교육현장에서 종이, 목탄, 물감, 점토, 블록과 더불어 사유하며, 물질을 감각하고 만지는 차원이 아니라 생각하고 구성하는 행위성에 대한 교사들의 경험을 담고 있다.

2 역자주: 걷기 방법론walking methodologies는 현장에서 수행되는 질적 연구방법의 형태로, 사람과 생활 환경 간의 관계를 보다 풍부하고 총체적으로 이해하기 위해 걷기에 초점을 맞춘다. 연구 방법론으로서 걷기는 사회과학과 인문학에서 다양하고 광범위한 역사를 가지고 있으며, 장소적, 관계적, 물질적 연구를 수행하는 데 그 가치를 인정받고 있다.

CONTRIBUTORS

Jennifer Rowsell은 University of Sheffield의 교육학부 디지털리터러시 전공 교수다. 그녀의 연구는 현대 멀티미디어 시대에 리터러시가 무엇이며, 또 어떠해야 하는지에 관한 것이다. 특히 의미 만들기에 대한 체험과 포스트-디지털 접근에 기반을 두고 어린이 및 청소년과 함께 수행하는 문화기술적 연구에 관심이 있다.

Mona Sakr는 영국 Middlesex University의 교육학과와 유아교육과의 강사다. 그녀는 아동기의 디지털 기술에 초점을 맞추어 연구하고 있는데, 특히 어린이들의 창의적이고 놀이성이 풍부한 예술-만들기의 경험을 디지털이 어떻게 재-형성하는지에 중점이 있다. 현재 그녀는 어린이들의 예술-만들기를 성찰적으로 해석하기 위해 교육자들이 비디오를 사용하는 것에 대해 그리고 어린이들 사이에서 창의성과 놀이성을 촉진하는 자신들의 역할을 어떻게 인식하는지에 대해 연구하고 있다. 이전 연구 프로젝트로는 역사 학습 중 어린이들의 디지털 증강 경험에 대한 현상학적 분석, 유아교실에서 이루어진 집단적 디지털 예술-만들기의 관찰 연구, 가정에서 다양한 기술을 활용한 부모-자녀의 예술-만들기 사례 연구 등이 있다.

Christopher Schulte는 미국 University of Arkansas 미술교육 전공의 명예교수이자, Center for the Study of Childhood Art의 소장이다. 아동기 연구에 근거하여, 포스트-발달적 접근, 장학재단, 예술 관련 교수와 단체 활동, 유아의 놀이중심 및 미학 교육 등에서 광범위하게 활동하고 있으며, 특히 아동기 그림 연구에 특별한 관심을 기울이고 있다.

Scarlett Shepherd는 영국 University of Bristol의 교육학과를 졸업하였다.

Kortney Sherbine은 미국 Pennsylvaani의 Pittsburgh에 살고 있는 연구자다. 그녀는 유아 및 초등학교 교실에서 어린이와 대중문화의 마주침에 대해 연구하고 있다. 그녀의 연구는 『Journal of Early Childhood Literacy』,

『Journal of Curriculum and Pedagogy』, 『Journal of Language and Literacy Education』 등 여러 저널과 편저에 실렸다.

Mark Shillitoe는 미술교육자다. 그는 창의적인 과학기술자이자 혁신가로, 극적으로 변화하고 있는 디지털 환경에서 호기심 많은 학습자들이 웹, 미디어 및 발명 리터러시를 개발하여 자신의 창의적 잠재력을 탐구하고 발견할 수 있도록 그러한 기회를 만드는 데 열정을 쏟고 있다.

Sara Sintonen은 핀란드 University of Turku의 교육학부 어린이 교육과 교수이자(2023~24), University of Helsinkis의 교육과학부 선임강사다. 그리고 University of Helsinkis의 미디어 교육학과 및 University of Turku의 어린이 디지털 문화학과의 겸임교수다. 그녀는 어린이 교육에서의 예술, 리터러시, 물질성, 포스트-접근의 이론과 방법론에 관심이 있다.

Marissa McClure는 현대 어린이 예술이론, 지역사회 기반 예술교육, 페미니즘 이론, 교육과정 탐구와 설계에 관심이 있는 예술가이자 교육자, 연구자다. 현재 미국 Pennsylvaani의 Indiana University의 예술 및 디자인학부 부학부장이자, 예술교육과의 부교수다. 그리고 예술교육 프로그램의 코디네이터이자 여성 및 젠더 연구에 협력하고 있다. 대학에 근무하기 전에는 농촌과 도시에서 그리고 미술관에서 유아 미술교육자로 활동했다.

Will Squire는 영국 University of Bristol에서 학사 과정을 마쳤다.

Marek Tesar는 뉴질랜드의 University of Auckland의 부교수이자 국제부 부처장이다. 그는 철학적 방법, 아동기 연구 및 어린이 교육에 초점을 맞추어 연구하고 있다. 최근 그의 연구는 아동기를 재조명하기 위해 존재론과 윤리를 둘러싼 방법론적·철학적 사유를 중심으로 이루어지고 있다.

시리즈 편집자 서문

「아동기에 대한 포스트-발달적 접근Postdevelopmental Approaches to Childhood」[1] 시리즈는 발달주의 논리로 어린이가 특정 발달 단계에서 무언가를 할 수 있다거나 해낼 수 있어야 한다는 지배적인 아이디어에 대해 직접적으로 문제를 제기한 생생한 이야기들을 모은 것이다. 발달주의는 상식적이고 그럴듯해 보이지만, 그것은 규범적 기대에 부합하지 않는 어린이를 소외시키고 그러한 상황을 일탈적인 것 또는 비정상이나 표준 이하로 받아들이도록 한다(Burman, 2016; Cannella & Viruru, 2004)[2]. 이론과 실천을 다양한 관점으로 바라보는 포스트-발달주의는 아동기 내내 어린이들과 함께 그리고 그들로부터 배우는 다양한 방법을 제시한다. 포스트-발달주의는 어린이들의 차이를 존중하면서 그들의 일상적인 경험에 세심하게 주의를 기울일 수 있는 새로운 가능성을 열어준다. 따라서 이 시리즈는 교육학자와 연구자들이 어린이와 아동기를 다르게 경험할 수 있도록 하는 데 도움을 준

1 역자주: 「아동기에 대한 포스트-발달적 접근」 시리즈는 Jayne Osgood, Mona Sakr, Marissa McClure Sweeny 등 여러 국제적인 학자들이 참여하고 있으며, 어린이에 대한 전통적인 실천, 교수법 및 연구 방법을 뒤흔드는 편집 컬렉션으로 구성되어 있다. 2025년 현재, Bloomsbury 출판사에서 총 5권이 출간되었으며 본서를 제외한 나머지 네 권의 목록은 다음과 같다. 『Postdevelopmental approaches to childhood art』(Osgood, & Sakr, 2019). 『Postdevelopmental approaches to childhood research observation』(Osgood, 2023), 『Postdevelopmental approaches to play』(Osgood, & de Rijke, 2025). 『Postdevelopmental approaches to digital arts in childhood』(Sweeny & Sakr, 2025). 이어서 『Post-developmental approaches to challenging myths and misconceptions in early childhood art』(Kaplan & Thompson, 2026)도 예정되어 있다. 이 시리즈는 혁신적이고 실험적이며 창의적인 접근법을 제시하며, 다양한 이론적·방법론적 관점을 통해 교육 실천과 연구에서 '어린이와 함께-되기(becoming-with children)'를 탐색하는 새로운 길을 열어주고 있다.

* 출처: https://www.bloomsbury.com/uk/series/postdevelopmental-approaches-to-childhood

2 역자주: 원문에 참고문헌 출처가 표기되어 있지 않아서 추가함.

* 출처: Burman, E. (2016). *Deconstructing developmental psychology*. Routledge.
Canella, G. S., & Viruru, R. (2004). *Childhood and postcolonization: Power, education, and contemporary practice*. Routledge.

다. 즉 규범화된 기대에 대항하기 위해 기존에 이름 붙여진 것들과 부호화된 것들을 거부할 수 있도록, 그 대신 사회적 정의를 위한 명백한 책임에 기반을 둔 보다 풍부한 관점을 포용할 수 있도록 하는 데 목적을 둔다.

아동기 관찰의 포스트-발달적 접근에 초점을 맞춘 두 권의 책이 동시에 출판되었다. 이 두 권은 아동기에 관찰이 얼마나 중요한지를 강조한다. 관찰은 어린이 교육과 연구 모두에서 기본적인 것으로, 현대 교육실천에서 이루어지는 관찰 방식은 오랜 역사 위에 만들어진 것이다. 그리고 관찰은 세계나 세계 내 유아와 마주치는 발달주의적 방식과 포스트-발달주의적 방식 간 복잡하고도 중요한 대화를 만들어낸다. Jennifer Rowsell, Kortney Sherbine, Mona Sakr가 편집한 이 책은 특히 아동기의 교육적 관찰에 대해 그리고 발달주의를 넘어 교육적 관찰이 이루어질 때 무엇이 드러나는지에 초점을 맞추고 있다.

국제적인 연구자, 작가, 교육자로 구성된 저명한 패널들이 10개의 장으로 이루어진 이 책의 작업에 기여하였다. 이 책은 어린이 교육의 관찰에서 지배적으로 작동하고 있는 발달적 접근과 관찰 프로토콜에 강력하게 도전할 것을 제안한다. 그리고 어린이의 발달을 '포착' 하기 위해 관찰한다는 선입견에 문제를 제기하는 한편, 관찰을 심오한 의미에서 본 배움의 수단, 즉 교사와 어린이와 함께 그리고 서로에게 배울 수 있는 것으로 위치시키려고 한다. 그리고 아동기의 교육적 관찰에 대한 가장 기본적인 가정, 예를 들어 관찰은 유아에게 초점을 맞추어 성인이 행하는 것이라는 것과 같은 가정에 대해 의문을 제기한다. 포스트휴머니즘, 페미니스트 신유물론, 사회기호학, 사회문화적 접근 등을 다루는 이 책은 교육적 관찰에서 무엇이 행해지고, 보이고, 체험될 수 있는지를 살펴본다. 이 책은 기존 관찰을 바라보는 관점에 대한 도전과 그 대안의 가능성이란 두 가지 점에서 급진적이다.

오랫동안 교육적 관찰은 전형적으로 교사들이 발달하고 있는 어린이를 규범적 궤적에 맞추어 어린이를 '고정fix' 하는 방법으로 쓰여 왔다. 교사들은 어린이가 할 수 있는 것과 할 수 없는 것을 정하기 위해 관찰을 사용하도록 훈련받아 왔다. 예를 들어, 처방적 관찰 기법은 전 세계 영유아교사의 양성 교육과정에서 표준처럼 다루어져 왔으며, 촘촘하게 규정된 기대치에 따라 어린이의 행동을 해석하는 데 중점을 두는 관찰 도구가 실제 교육현장에 널리 사용되고 있다. 종종 교사는 어린이를 찍은 짧은 비디오를 관찰한 다음, 연령별 체크리스트를 작성하고 특정 경험의 순간뿐 아니라 어린이를 매우 제한적인 방식으로 고정시킨다. 이 책은 이러한 관행의 교육학적 기초를 다시 들여다보도록 제안할 뿐 아니라, 관찰 실천의 기초로서 풍부한 아동기 경험을 가장 중요하게 여긴다면 일어날 수 있는 일들을 향해 즐겁게 나아갈 수 있다는 것 또한 보여준다.

흥미롭게도, 이 책에는 교육현장에서 이루어지는 부호화된 교사의 관찰 실천과 그것이 어린이에게는 미치는 영향에 대한 경험들뿐만 아니라, 어린 영아기와 부모들의 (종종 의도치 않게 일어난) 교육적 관찰까지도 포함되어 있다. 그리고 일련의 다양한 이론적 지향과 주요 개념들을 소개하면서, 교육적 관찰에 대한 사유와 행위의 새로운 방식들을 촉구하기 위해 탈식민적 장소 리터러시postcolonial place literacies, 사회-물질적 관점, 생태학적 관점과 포스트휴머니즘 및 (페미니스트) 신유물론과의 대화 가능성을 보여준다. 이 책은 발달주의 지배담론을 해체하면서 보다 광범위하고 공정한 용어로써 아동기와 어린이를 재개념화하려는 열망을 공통적으로 품고 있는 다양한 접근을 소개한다. 소개된 접근들은 이론적 경계를 넘어 대화하는 것을 격려하고 활성화하는 것을 추구하는 이 시리즈의 목적에도 부합한다.

Introduction

서 문

Mona Sakr Middlesex University
Jennifer Rowsell University of Sheffield
Kortney Sherbine Independent Researcher

시작하며

여기에서는 「아동기에 대한 포스트-발달 접근」 시리즈로 출판된 이 책이 기대하는 바에 대해 밝히고자 한다. 포스트-발달주의가 우리에게 주는 의미가 무엇인지, 그리고 특히 포스트-발달적 접근이 왜 어린이의 경험과 상호작용에 대한 교육적 관찰에 적용되어야 하는지 설명한다. Mark Shillitoe와 그의 동료들이 쓴 7장의 문구를 빌어, 이 책 전반에 '스파크sparks', '흐름flows', '박동pulses'이 공명하고 있다고 표현하는 한편, 이러한 흥미로운 논리를 통해 각 장이 어떻게 서로 대화하며 존재할 수 있는지 보여주고자 한다. 이 책의 장별 내용을 다음과 같이 개관한다.

아동기 관찰에 대한 포스트-발달적 접근

이 책은 어린이 교육학early childhood pedagogy에서 지배적 위치를 차지해 온 관찰의 발달주의적 모델에 도전한다. 즉 어린이의 행위에서 발달을 '포착'하기 위해 관찰하는 전통적인 접근을 해체하고자 한다. 아동기 관찰에 대한 사유와 실행 방식, 특히 일반적으로 성인이 교육 실천의 일부로 수행하는 교육적 관찰의 대안을 탐구한다. 이 책의 저자들은 포스트휴머니즘, 페미니스트 신유물론, 사회기호학, 사회문화적 접근 등을 포함하여 전통적인 발달주의 접근에 도전하는 다양한 이론적 관점으로부터 영감을 받았다.

어린이 교육학에서 관찰은 기본이다. 관찰은 교육 현장에서 이루어지는 지배적인 탐구 양식으로, 이는 규범적 기대에 견주어 발달하는 어린이를 파악하는 (그리고 어린이를 고정하는) 방식을 추구해 왔다. 교사는 조심스럽고 지시적이며 처방적인 관찰기법을 사용하여 어린이와 아동기에 대한 특정 지식을 찾아내는 방법을 배워왔다. 전형적으로, 관찰에 대해 우리가 어떻게 생각하고 어떻게 행하는지는 아동기에 대한 발달 패러다임과 깊이 관련되어 있다. 즉 어린이를 성인으로 되어가는 존재becoming-adult로 간주하면서, 관찰을 통해 그 과정을 추적할 수 있다고 여긴다. 발달주의는 발달의 '정상normal' 패턴에서 벗어나 있는 어린이를 소외시키면서(Burman, 1994, 2008), 아동기의 풍부한 경험을 놓친다(Sakr & Osgood, 2019). 이 책은 이러한 발달주의의 한계를 제기하면서, 아동기 관찰에 대한 접근에도 문제가 있음을 말한다. 어린이의 교육을 지배하고 있는 관찰은 사회 정의라는 차원에서 딜레마를 지닌다. 이러한 관찰을 뒤흔들고, 해체하고, 다시 상상해야 한다. 새롭고 실험적이며 혁신적인 방식으로 관찰할 수 있다면, 포스트-발달주의의 이론적 영역이 넓어질 뿐 아니라 어린이의 경험과 상호작용을 깊이 존중하고 열린 방식으로 새롭게 관찰할 수 있을 것이다.

스파크

이 책의 여러 장에서 어린이 발달에 대한 규범적이고 견고한 틀을 깨는 스파크sparks가 일어난다. 종종 어린이와 어린이의 엄청난 능력을 과소평가하는 방식으로 인해서 그리고 어린이가 무언가를 하고 또 성취해야 하며 원래 그렇다는 식의 자율성을 전제하는 하향적인 발달관으로 인해서 가치절하되어 온 것에 대해 그 불만과 화가 여러 장에서 스파크를 일으킨다. 여러 나라의 아동기 교육정책이나 교육과정의 전면에 자주 등장하는 발달적 관점과 그에 저항하는 연구들 사이에서 스파크가 일어난다. 스파크를 관찰한다는 것은 아동기 삶의 맥락 속에서 어린이의 행위성agency을 제약하거나 긴장시키는 요소를 찾아내고, 위치 짓고, 명명하는 것을 의미한다.

이 책의 저자들은 발달주의 관점의 관찰이 '학교 과업 잘하기'의 자율성 모델에 근거하고 있다는 점에 문제를 제기한다. Sherbine이 저술한 1장에서 강력한 스파크를 볼 수 있다. 미국의 한 교실에서 10명의 어린이가 독창적인 방식으로 그룹 작업과 과제를 완수하지만, 결핍의 프레임으로 인해 작업하며 제약받는 모습을 볼 수 있다. 친구들과 함께 만든 더블버블맵에 푹 빠진 DJ가 생명력을 드러냈지만(Boldt, 2020), 교사는 그것을 보지 않았다. Sherbine은 발달주의에서 포스트-발달주의, 특히 포스트휴먼 관점을 갖게 되면서 아동기의 맥락 속에서 일어나는 어린이들의 관계-되기relational becoming와 그 역동성을 인식하고 환영할 수 있었다. Schulte는 아동기 예술 관찰을 탐구하며 '여기에서 무슨 일이 일어나고 있을까?'라는 질문을 예비교사들과 토론하였는데 여기에서 강렬한 스파크가 일었다. 관찰자는 이러한 질문을 반복적으로 던짐으로써 일어나야 하는 일에 대한 자신의 가정과 기대를 버리고 실제 펼쳐지는 상황의 실마리에 주목할 수 있었다.

스파크가 혼란을 불러오는 것만은 아니다. 스파크는 책 밖으로 튀어나와서 어린이를 위해 행위하는 힘이 될 수 있다. Aotearoa 뉴질랜드의 영유아교육에서 이루어지는 관찰에 대해 Gould, Tesar, Boyd가 저술한 5장을 보라. 그들은 어린이의 생태적 감각 그리고 재료들과 자연과 관계 맺는 순간을 세심히 관찰하였다. 이들도 Sherbine처럼 물질matter과 관계 맺는 순간과 자연에 대한 체현된 이해를 보여주는 러닝스토리learning story에서 일어나는 스파크를 강조했다. 스파크는 Nociti와 Blaise가 '시스템의 약점을 찾아내 개입하고 변화시키기' 위해 사용한 해킹hacking과 같은 방식으로도 나타날 수 있다.

흐름

이 책의 장들에는 일련의 흐름flows이 있다. 그 흐름은 의미-만들기meaning-making의 과정이나 바로 그 순간에 세심하고 암묵적이며 감각적인 사고와 존재를 불러낸다. 흐름은 몸, 마음, 정신, 공간, 장소를 가상 영역as-if realm으로 이동시켜 어린이가 자신의 행위성이 가득한 사색적이고 창의적인 실천에 참여할 수 있도록 해 준다. 흐름은 사람들을 자신의 생각과 욕망에 맞게 조율하고 배움에 몰입할 수 있는 경험으로 이끈다. 흐름을 관찰하다 보면, 연구자들은 세심히 귀 기울이게 되고 이 책에 펼쳐진 여러 상황을 오가며 공동의 경험을 하게 된다.

이 책의 모든 장에서 흐름이 분명히 드러난다. McClure가 묘사한 Hopscotch 스튜디오의 소란스러움에도, Kind가 보여준 어린이의 그림에 세심히 귀 기울이는 것에도, 자연 속에서 어린이가 어떻게 배우는지에 대한 아이들의 앎의 방식에 대한 Nociti와 Blaise의 내부-작용intra-action에도, 어린이가 찍은 사진 속 푼크툼에 대한 Sakr의 설명에도 흐름이 있다. 흐름은 욕망, 몰입, 통제 불가능함을 드러낸다. 흐름은 일상을 뒤흔들고 Sakr가 말한 발견과 생명력의 '웜홀wormhole'로 우리를 이끈다.

박동

이 책의 장들에는 어린이가 탈주선을 탈 수 있도록, 규정된 시-공간의 한계와 경계를 무너뜨리는 박동pulses이 있다. 박동은 단독으로 또는 무엇과 함께 발생할 수 있지만, 박동의 핵심은 생각, 감정 또는 경험을 발견하거나 부정하는 데 있다. 흡사 박동은 사진의 푼크툼과도 같다(Sakr가 Barthes의 이미지 이론에 바탕을 두고 저술한 10장을 참고하기 바란다). 박동은 한 순간

불안정하게 만들기도 하지만, 박동은 우리가 가정, 사회구조, 기대에 짓눌리고 훼손된 것 그리고 흐름 속에 있고, 조율되고, 편안하고, 함께 존재하는 것 사이의 질적 차이를 인식할 수 있도록 자극을 주고 이끈다.

Cinquemani는 토요일 아침 어린이 예술교실에서 어린이들이 공유했던 빛을 통해서 박동을 보여준다. 이러한 빛에 대한 반응을 공유함으로써 어린이들은 열성적으로 헌신하며 협력하게 되었고, 활동에 참여한 어린이들은 예술-만들기의 새로운 즐거움과 기쁨에 다가가게 되었다.

Sintonen과 Nordström이 저술한 장에서 박동은 아기의 기억과 이정표가 생애 첫해를 기념하는 아기저널에서 물질화된 형태로 나타난다. 부모가 아기저널에 자녀의 중요한 특징과 자녀에 대한 애정을 표현하는 방식에서 박동이 나타난다. 9장의 아기저널은 아기의 사회적 관계 및 아기의 형상들과 밀접히 연관되어 있는 문화적 산물이다. 아기저널은 어린이와 아동기, 아동기 관찰에 대해 응답하면서 일반적인 개념을 만들어내며, 아기들의 되기[becoming]를 축하하는 것이자 되기의 축적물이다.

요약

1장에서 Sherbine은 미국의 어느 초등학교 2학년 교실에서 교사, 대학의 연구자, 객체, 사물이 서로 내부작용하면서 어린이들과 어떻게 얽히는지(Barad, 2007)를 탐구하였다. 특히 『Gospel of Cinderella』에 관한 소그룹 독서 토론 중에 나타났던 한 어린이와 클립보드의 얽힘에 주목하였다. 그리고 어린이-클립보드-토론에 대한 기대-교사-연구자의 배치가 어떻게 리터러시와 교실 정체성의 특별한 (움직임의) 순간을 생산해 내는지 관찰하였다. 이러한 배치를 강조하면서, 클립보드와 함께 있는 어린이[child-with-clipboard]가 교사의 기대에 따라 행동하지 않아서 꾸지람을 들을 때 아동기의 이미지가 어떻게 재규정되는지를 드러내고자 하였다. 이 장에서는 포스트휴먼의 개념을 바탕으로 신체들과 객체들의 관계를 이야기하면서 어린이, 학습자, 독자, 참여자와 같은 존재는 항상 관계 안에 있음을 주장한다.

2장에서 Cinquemani는 어린이 예술교육의 교육적 관찰을 통해 함께하기togetherness의 가능성을 탐색했다. 이 장에서 그는 아이들과 함께 관찰할 때 교육자의 인식이 어떻게 변할 수 있는지 심도 있게 탐구하였다. Cinquemani는 어린이와 성인이 행위자로서 독립적으로 행위하는 것이 아니라, 상호 연결되어 있음을 온전히 받아들일 때 어떻게 사유가 확장될 수 있는지를 보여준다. 예술-만들기, 교수, 연구를 포함하는 관찰은 공동의 관계, 즉 교사가 전지전능하다는 생각을 거부하고 어린이와 성인이 함께 배우고 함께 지식을 함께 구성하는 것을 추구한다. 이러한 관찰이 예술, 관계 그리고 행위성의 공간에서 스파크와 흐름, 박동을 불러일으키는 것이다.

Kind가 저술한 3장은 영아의 예술적 참여, 특히 그림 그리기의 관찰 기록에 관한 것이다. 관찰과 기록은 어린이의 예술성에 대한*about* 정보를 수집하는 것이 아니라 리듬과 동시성을 조율하고 찾는 과정, 그리고 그와 함께*with* 반응하는 방법을 찾는 행위다. 이 장은 신유물론, Ingold 그리고 Manning과 Massumi의 실험적 연구에 근거하여, 만들기를 통한 사고(Ingold, 2013)와 행위를 통한 사고(Manning & Massumi, 2014)에 대해 이야기한다. 이 장은 어린이들의 예술 과정과 예술성에 대해 배우기 위해 거리를 두고 관찰하는 것에서 전환하여 관찰의 흔적-만들기mark-making, 그리기, 아이디어들, 물질과 몸들이 어떻게 서로 움직이는지 등의 질문으로 향해야 함을 이야기한다. 그리고 어린이들의 접근에 어떻게 반응하고 또 함께 할 수 있을지, 그리고 함께 만들어 갈 수 있을지 질문하도록 관찰의 의도를 전환하는 것에 관해서도 이야기한다. 동적-관계적 앎motional-relational knowing과 체화된 느낌-앎bodied feeling-knowing(Manning & Massumi, 2014)을 통해 사물을 아는 것이 중요하다고 주장한다.

Nociti와 Blaise는 4장에서 장소 리터러시Place literacy의 실험을 통해 장소와 리터러시의 지배적 관점에 대해 문제를 제기한다. 장소 리터러시는 어린이 교육에서 관찰하고 지도를 그리는 리터러시의 규범에 저항하는 방식이다. 이 장은 호주 서부 Perth의 습지인 Gabbiljee에서 이루어진 장소 리터러시에 관한 연구를 소개한다. 그 연구는 연구자 Karen이 한 학급의 어린이 및 교사들과 함께 매주 습지를 방문하고 그곳을 함께 걷는 것에서 시작되었다. 연속적 진보에 초점을 맞추는 전통적인 관찰과는 달리, 장소-어린이의 만남에서 만들어지는 리터러시에 주목하면서 '다음에 일어날 것에 대해 우리가 공동으로 책임져야 할 것은 무엇인가?'라는 질문을 던진다.

5장에서 Gould와 동료들은 뉴질랜드의 국가수준 교육과정인 테 파리키Te Whāriki의 사회물질적, 생태학적 관점을 통해 관찰을 설명한다. 어린이와 자연 사이의 생생한 움직임으로 가득 찬 이 장을 읽다가 독자들은 길을 잃을 수도 있다. 이 장은 공식적, 비공식적 상황을 넘나드는 어린이들의 배움에 대한 이야기를 후기-질적, 원주민의 관점으로 온전히 그려냈고, 그 이야기에 관찰이 포함되어 있다. 이 장에서 연구자와 교사는 아동기라는 공간에서 어린이의 경험을 포착하고 묘사하기 위해 주시하기gaze, 필름 및 카메라, 문서 및 기타 방법에 적용할 수 있는 광범위한 접근 방식을 탐구한다. 또한 어린이들의 암묵적인 생태적 감각-만들기ecological sense-making와 관계적 의미-만들기relational meaning-making를 강조한다. 스파크, 박동, 흐름으로 가득 채워진 이 장은 인간-너머의 참여more-than-human engagement 속에서 일어나는 어린이들의 의미-만들기를 보여준다.

6장에서 Schulte는 '여기에서 무엇이 일어나고 있는가?'에 대해 그리고 포스트-발달주의 연구자로서 이러한 질문을 하며 관찰할 때 일어날 수 있는 일에 대해 초점을 맞춘다. 미묘하고도 특별한 이 질문은 어린이가 시각 예술에 참여하도록 안내하는 방식을 더욱 확장시켜 주며 또 복잡하게 만들 수도 있다. 그리고 우리가 익숙하게 사용해 온 참조 틀the frame of references을 확장시켜 주고, 참조 틀의 사용을 합리화하기 위해 흔히 의존해 왔던 해석이 가치 있는 것인지 문제를 던진다. 질문을 던진다는 것은 궁금한 것을 진지하게 받아들인다는 것을 뜻한다. 바로 여기에서 어린이들이 만든 것이 실제로 어떻게, 왜, 어떤 방식으로 우리를 초대하는지 그리고 동시에 차이와 재형상화라는 '웜홀wormhole'(Sakr, 2021)로 우리를 초대하는지를 그러한 궁금증에 질문을 던진다는 것이다. 이 장은 질문과 어린이 예술의 교사교육 간 개념적, 교육학적 관계에 관한 고민을 던진다. 특히 관찰을 사변적인 행위로 재형상화하는 방식, 즉 아동기 예술에 대해 생각하고 그것과 함께할 수 있는 새롭고 불안정한 경로를 물질화materializes하는 방식을 탐구한다.

Mark와 Shillitoe와 동료들은 2020년 팬데믹으로 인해 교사들이 어린이들의 교육 공간 구성을 극적으로 바꾸어야 했던 방식에 주목하였다. 온라인 공간으로 갑자기 이동하면서, 어린이들은 코로나19의 불안정성과 불확실성에 분투하는 동시에 디지털 공간과 가상 학습에 금방 적응하였다. 연구자들은 두 상황을 오가며 함께 관찰하고, 기록하고, 생각하고, 글을 쓰며 탐구했다. 채팅하기, 격려하기, 질문하기 외에도 성인의 개입이 거의 없는 상황에서 어린이들이 어떻게 객체object나 모드mode와 함께 얽히는지를 살폈다. Shillitoe는 가르침이 위주였던 어느 4학년 교실을 '우연한 동시성serendipitous concurrences'(Burnett et al., 2020)이 일어나고, 불붙고, 날아오르는 공간(Shillitoe, 2020)으로 변화시켰다. 이 장에서는 어린이의 공간과 인간-너머 참여에 초점을 맞춘 탐색적인 연구와 함께, 아동기 관찰에 대한 연구자들의 접근 방식과 그러한 연구가 지닌 함의를 소개한다.

8장에서 예술가이자 학자이자 교육자인 McClure는 페미니스트 관점에서 두 명 영아와 함께 'Hop(Scotch) 스튜디오 랩'에서 작업한 이야기를 들려준다. 사진을 통해 영아들의 예술-만들기의 모습을 그려낸 이 장에서 우리는 풍부한 스파크를 볼 수 있다. 그리고 영아들과 성인들이 함께 만들고, 함께 생각하고, 함께 존재하며 이루어진 예술-만들기와 DIY 작업에 깊이 빠져들게 된다. 이 장에서 McClure는 시각 에세이와 협동적 내러티브 등 다양한 활동을 통해 아이들의 움직임 지도를 그렸다. 성인과 영아들은 일러스트레이션과 설치물을 함께 만들며 예술적인 즉흥성이 불러온 감정과 체화된 감각을 탐색하였다. 이 장은 창의적인 과정과 실천(그 과정에서 생기는 지저분함)에서 볼 수 있는 흐름, 박동, 스파크에 대한 생생한 기록이다. 여기에 소개된 관찰은 영아가 무언가를 알고 존재하는 복잡한 방식을 그리고 발달적 관점으로만 어린이를 관찰할 때 놓칠 수 있는 것들을 드러낸다.

9장에서 Nordström과 Sintonen은 자녀의 발달과 생애 첫해에 관찰한 기쁨과 성장의 순간을 담기 위해 부모가 기록하는 아기저널을 탐구한다. 저자들은 핀란드에서 흔히 볼 수 있는 저널의 사례들을 탐구하였다. 그들은 자녀의 생물학적 성장에 집중하는 것에서 벗어나 새로운 가족들이 기념비적 경험의 중요한 측면을 볼 수 있도록 포스트휴먼 접근을 시도했다. 생후 첫해의 기록에 다르게 접근한다면, 어린이와 아동기에 대한 대안적 개념화도 가능하다는 것을 보여준다.

10장은 포스트-발달적 아동기 관찰의 일부인 사진과 비디오 분석의 접근법에 관한 내용이다. 이 장에서는 아동기 관찰의 일부인 사진과 비디오를 분석하는 방법을 놀이로 보여준다. 그러한 놀이를 하며 우리는 열린 자세로 질문을 던지며 어린이와 아동기에 대해 견고하게 자리 잡고 있는 가정들을 해체할 수 있다. 이러한 실험을 지지하는 이론이 있는데, 이 장에서 Sakr는 Barthes가 그의 책 『Camera Lucida』에 실었던 사진에 대해 다양하게 사유할 수 있도록 이끌어준다. 사진을 재개념화 한 Barthes의 관점을 출발점으로 삼아, Sakr는 조카 E가 집에서 예술-만들기에 참여하는 모습을 찍은 4초 분량의 비디오 장면을 분석하였다. Barthes의 관점에서 보면, 행위와 상호작용의 새롭고 세부적인 것으로 초점이 재조정되어 새로운 질문이 열리는 방향으로 변화하게 된다. 이러한 새로운 질문은 어린이를 성인의 평가적 시선 안에 가두지 않도록 하며, 포스트-발달주의 접근이 지닌 두 개의 잠재적인 기둥들, 즉 진정한 호기심과 공-현존co-presence의 기초를 만들어 준다.

References

Barad, K. (2007). *Meeting the universe halfway: Quantum physics and the entanglement of matter and meaning.* Duke University Press.

Boldt, G. (2020). Theorizing vitality in the literacy classroom. *Reading Research Quarterly, 56*(2), 207-221.

Burman, E. (1994). *Deconstructing developmental psychology* (1st ed.). Routledge.

Burman, E. (2008). *Deconstructing developmental psychology* (2nd ed.). Routledge.

Burnett, C., Merchant, G., & Neumann, M. (2020). The appearance of literacy in communicative practices: Interrogating the politics of noticing. *Cambridge Journal of Education, 50*(2), 167-183.

Ingold, T. (2013). *Making: Anthropology, archaeology, art and architecture.* Routledge.

Manning, E., & Massumi, B. (2014). *Thought in the act: Passages in the ecology of experience.* University of Minnesota Press.

Osgood, J., & Sakr, M. (2019). *Postdevelopmental approaches to childhood art.* Bloomsbury.

Sakr, M. (2021). 'She's nice company and a good friend': Thinking with Haraway to reconceptualise children's playful interactions with Alexa in the family home. In J. Mikats, S. Kink-Hampersberger, & L. Oates-Indruchova (Eds.), *Creative families: Gender and technologies of everyday life* (pp. 167-88). Palgrave Macmillan.

Shillitoe, M. (2020). Arts-based practice: A tactical pedagogy; In C. McLean & J. Rowsell (Eds.), *Maker literacies and maker identities in the digital age* (pp. 94-117). Routledge.

CHAPTER

01

리 듬

: 아동기와 교실 관찰에 대한 포스트휴먼 관점

Kortney Sherbine Independent Researcher

서론

아동기 교실 연구를 하는 연구자들(예: Davies, 2014; Jones et al., 2010; Leafgren, 2009; Leander & Boldt, 2013; Lenz Taguchi, 2010; Olsson, 2009; Sellers, 2013; Thiel, 2015)과 마찬가지로, 나 또한 포스트휴머니즘 철학을 통해 어린이와 연구의 관계를 어떻게 (다시) 사유할 것인지(re)thinking에 관심이 있다. 포스트휴머니즘은 독립적 개체the individual의 재현에서 집합the collective에 대한 사변적 사유로의 전환을 요구하는 존재-인식론onto-epistemology[1]을 수반한다. 즉, 신체bodies와 객체objects[2]의 얽힘에 대해 숙고할 것을 포함한다. 얽힘은 되기becomings와 감응affect에 의해 작동되며, 변형과 재창조의 잠재성을 지니면서 항상 생산적이다.

이 장에서는 아동기와 교실 관찰에서 중요한 것들을 고려하면서, 포스트휴먼 개념을 실험적으로 탐구하고자 한다. 이를 위해 나는 미국 남동부의 한 공립 초등학교에서 수행한 문화기술지 연구의 데이터로 다시 돌아간다. 먼저 L교사의 2학년 교실에서 어느 아침 약 30분 동안 기록한 현장

---

1 역자주: 존재-인식론onto-epistemology이란 데카르트식 논리에 도전하여 두 단어를 하이픈으로 연결한 것으로, 존재론과 인식론과 분리될 수 없음을 의미한다(Murris, 2022/2024). 여기서 더 나아가서, 많은 포스트-철학들은 앎과 존재는 행위와 분리될 수 없다고 보고, 이들은 함께 실재한다는 것을 강조하기 위하여 신조어인 윤리-존재-인식론을 제안한다. 이는 여전히 교육의 초점이 인식론에 맞춰져 있다는 한계를 지적하며, 생생한 세계에서 우리의 앎과 존재와 행위가 밀접하게 관련되어 있다는 것을 이해하도록 도와준다.

* 출처: Murris. K. (2024). 학문을 횡단하는 연구자를 위한 글로서리: 후기질적 연구, 신물질론, 비판적 포스트휴머니즘의 얽힘. (이진희 외 공역). 파주: 양서원. (원본 출판 2022년)

2 역자주: 본서에서는 object를 문맥에 따라 '객체, 대상, 물체 등'으로 다양하게 번역하면서 그 철학적 의미를 다르게 전달하고자 하였다. 여기서 object는 감각, 인식, 또는 행위의 대상이 되는 존재가 아니라, 지식 생성에 관여하는 행위성이 있는 존재인 '객체'로 보고자 한다. '객체'란 흔히 주체와 대립되는 개념으로 사용되고 있지만, 최근 신유물론 관점에서 객체는 전통적인 철학에서의 수동적이고 고정된 실체로서의 사물이 아니라, 능동적이고 상호작용하는 존재로 이해된다. 이는 인간과 비인간, 물질과 비물질 간의 관계가 고정된 것이 아니라 끊임없이 재구성되며 변화하는 역동적인 과정에서 작용한다고 보는 것이다. 특히 현대철학의 신유물론적 사조를 선도하는 사상가로서, Thomas Nail(2021/2024)은 '객체란 사물이 아니라 과정'으로, 운동 중인 물질의 준안정적인 구성체로 설명한다.

* 출처: Nail, T. (2024). 객체란 무엇인가. (김효진 역). 서울: 갈무리. (원본 출판 2021년)

노트를 확장하여 작성한 일화vignette로 시작하고자 한다. 이 일화에서는 신체와 객체가 맥락을 넘어 무수히 많은 활동에 움직이고 참여하는 교실의 복잡성과 생동성vitality을 강조한다. 여기에서는 그날 아침에 작동했던 발달주의적 관점, 즉 어린이들을 특정의 방식에 따라 위치시키고 분류한 발달주의 관점에 의문을 제기한다. 그리고 아동기와 연구의 얽힘을 감응적이고 발현적으로 이해하려는 포스트휴먼적 분석을 제안하고자 한다.

[비]전형적인 어느 날 아침

시작은 L교사의 2학년 교실에서 있었던 문해력 워크숍literacy workshop에서였다. 나는 비디오카메라 근처 벽에 기대어, 교실을 돌아다니는 아이들의 모습을 지켜보았다. 오전 활동에 아이들 모두가 참여하기까지는 잠시 시간이 걸렸다. 열 명은 책상이나 교실 바닥의 쿠션에 앉아 책을 읽고 있었고, 두 명은 컴퓨터로 소리-글자 맞추기 게임을 하고 있었다. Ray-Ray[3]와 Mello는 책상에서 함께 농구 만화를 그리고 있었다. 그때 갑자기 Gabby는 Million Dollar Man의 팔을 꼬집었고, 그걸 본 Track Star는 화가 났다. Track Star는 곧장 학생교사 M에게 가서 가장 친한 친구에게 가해진 폭력적인 행동을 일렀다. 그러나 M교사가 자리에 돌아가라고 하자, Track Star는 발을 구르며 '친구를 도와주려는 거였어요!'라고 소리친 뒤 자리에 돌아갔다.

M교사는 교실을 조용히 돌아다니며 몇몇 아이들의 어깨를 가볍게 두드렸다. 그녀가 한 아이에서 다음 아이에게로 이동할 때마다, 아이들은 준비물을

3 여기에 등장하는 어린이의 이름은 어린이 스스로 선택한 가명이다. 이들 이름에는 당시 대중문화에 대한 어린이들의 관심이 반영되어 있다. 체조 선수 Gabby Douglas를 좋아하는 아이는 Gabby를, NBA 팬이면서 Carmello Anthony 선수를 좋아했던 아이는 Mello를, 매주 목요일 저녁 TV로 WWE 레슬링을 보는 아이는 Million Dollar Man을 가명으로 선택했다.

챙겨 카펫 위 소그룹 공간으로 걸어갔다. 그때 갑자기 Track Star가 내 곁으로 다가왔다. 그는 'Sherb 선생님, Gabby가 나와 제일 친한 Million Dollar Man을 기분 나쁘게 했어요. Gabby가 그 친구를 꼬집었어요.'라고 말했다.

나는 '그랬구나. 친구를 잘 챙겨주는 넌 참 친절하구나'라고 말하며, 그를 안심시키려 애썼다.

Track Star가 다시 자기 책상으로 돌아가자, 나는 카펫 위에 두 교사와 함께 모여 있는 소그룹의 아이들에게 집중했다. L교사는 더블버블맵[4] 이미지가 그려진 종이를 나눠주고 있었다. 이는 약 10개의 원을 선으로 연결하여 시각화한 방법으로, 주로 아이들이 텍스트에서 아이디어를 비교하고 대조할 때 자주 사용된다. M교사는 멘토의 수업을 지켜보려고 살짝 뒤에 앉아 있었다. 아이들은 무릎에 클립보드를 올려놓고 바닥에 앉거나 엎드려 있었고, 근처에는 연필들이 놓여 있었다. 내가 현장노트를 들고 가까운 의자에 앉자 수업이 시작되었다.

L교사는 '오늘은 더블버블맵으로 비교하기와 대조하기를 해볼 거예요.'라고 말했다. '기억하세요. 비교할 때는 어떻게 같은지를 생각하고, 대조할 때는 어떻게.... 생각해야 될까요?'라고 묻자, 아이들은 '**다른지**DIFFERENT!'라고 일제히 외쳤다.

L교사는 '맞아요.'라며 말을 이어갔다, '이것은 『Gospel Cinderella』[5] (Thomos & Diaz, 2004)예요. 이미 읽어봤으니 무슨 내용인지는 알고 있겠죠. 책의 그림들을 다시 보면서, 책의 내용을 기억해 봅시다. 책에 나오는

---

4 역자주: 더블버블맵Double-Bubble-Map은 두 가지 개념이나 아이디어를 비교하고 대조할 때 사용할 수 있는 활동지이다. 흔히 중심에 두 개의 원을 배치하고, 각 원에서 파생된 여러 작은 원을 선으로 연결하여 두 개념의 공통점과 차이점을 시각적으로 나타낼 수 있다. 이는 학생들이 아이디어를 체계적으로 정리하고, 개념 간의 유사점과 차이점을 명확하게 이해하는 데 유용한 방법으로 많이 사용된다.

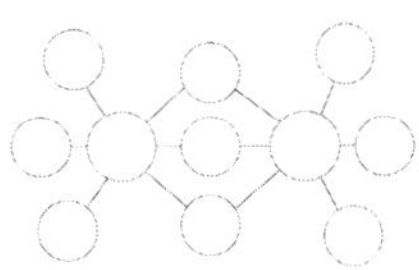

* 그림 출처: https://www.northmsec.com/wp-content/uploads/2020/08/Double-Bubble-Map.pdf

5 역자주: 『Gospel of Cinderella』는 고전적인 신데렐라 이야기를 비틀어 반전을 담아 2004년 출판된 그림책으로, Joyce Carol Thomas가 쓰고 David Diaz가 그림을 그렸다.

등장인물과 사회 시간에 배우고 있는 역사적 인물 중 한 명을 떠올려 보세요.' L교사가 책장을 넘기자, 몇몇 아이들은 그림을 자세히 들여다보려고 몸을 앞으로 기울였다. 또 다른 몇몇 아이들은 책을 보다가 클립보드나 주변 친구들을 힐끗거렸다. DJ는 두 개의 클립보드를 바닥에 놓고, 엄지와 검지 사이에 연필을 끼워 앞뒤로 왔다 갔다 하며 지우개와 연필심이 클립보드를 반복해서 두드리자, 리듬이 만들어졌다. 탁, 탁, 탁탁, 탁탁. 탁, 탁, 탁탁, 탁탁. 그런 다음 DJ는 연필을 클립보드 상단의 구멍에 끼워 넣었다.

L교사가 책을 덮자, Bella가 손을 들고 '신데렐라는 Martin Luther King처럼 자기 자신을 지키고 있었어요'라고 말했다. L교사는 미소를 지었다.

(그때) DJ가 '저는 이게 좋았어요... 왜냐하면... 왜냐하면...'하며 끼어들었다. 그는 몇 번이나 자신의 생각을 말하려 했지만, 다른 아이들에 의해 제지당했다.

'DJ, 클립보드를 몇 개 가지고 있어야 하나요?' L교사가 물었다.

'하나만요.'라고 그가 대답했다.

'그럼, 하나는 제자리에 두고 올래요?'

DJ는 L교사의 말을 듣고 클립보드 하나를 선반 위 바구니에 다시 가져다 놓았다. 그 후 L교사는 아이들에게 사회 시간에 배운 역사적 인물을 떠올려보고, 그 인물과 『Gospel Cinderella』의 등장인물들을 비교하거나 대조해 보라고 하였다. 그리고 아이들에게 책상으로 돌아가 각자 작업하기 전에 한 가지 아이디어를 적어보라고 했다.

'참, 종이에 자기 이름을 적었나요?' 그녀는 반 아이들을 바라보고 있는 DJ에게 물었다. '오늘은 할 일이 너무 많으니까 장난칠 시간은 없어요.'

DJ는 종이에 자신의 이름을 적은 후, 'L선생님, 오늘 선생님과 함께 해도 돼요?'라고 물었다.

L교사는 '오늘은 안 돼요.'라고 대답했다. '여러분, 아이디어를 다 적은

다음 연필은 내려놓으세요.' DJ는 잠시 고개를 숙인 후 종이의 첫 번째 더블버블맵을 채우기 시작했다. '그래요, 연필을 내려놓았으면 좋겠어요.' L교사가 반복해서 말했다. 'DJ, 준비되었나요?'

'네, 준비됐어요'라고 DJ가 대답했다.

'그럼, 연필은 어디에 두어야 하나요?' L교사가 물었다.

L교사의 예상대로, DJ는 연필을 클립보드 위에 평평하게 두지 않고 클립보드의 구멍에 다시 꽂았다. 그는 주위를 힐끗 바라본 후에 연필을 클립보드 위로 옮겨 놓았다. 다른 아이들은 각자 종이에 적은 아이디어를 공유한 후, 모두 책상에 앉아 더블버블맵을 완성했다. 다 끝난 아이들이 일어서서 교실 안을 돌아다니기 시작하자, 아이들의 몸, 클립보드, 연필, 종이의 소리가 어우러져 물결처럼 퍼졌다.

DJ는 내가 그를 보고 있다는 것을 알아차리고 멈춰 섰다. '이거 좀 도와주실래요?'

'음, DJ, 할 수 있어요. 좋은 아이디어 몇 개를 이미 적었네요. L선생님은 오늘은 DJ가 직접 해보길 원하시는 것 같아요.' 나는 그에게 말했지만, 사실 그 순간에는 DJ의 책상으로 함께 가서 그의 아이디어를 듣고 그가 아이디어를 종이에 적도록 도와주고 싶었다.

'난 못 하겠어요, 너무 어려워요.' DJ가 자리로 걸어가면서 중얼거렸다.

나는 아이들과 더블버블맵 활동에 유난히 눈길이 갔었는데, 이 수업에서 L교사와 학생들은 평소와는 너무나도 다른 모습을 보였기 때문이다. 평소 이 교실에서 아이들은 무엇을 읽고 어떻게 반응할지에 대해 전반적으로 훨씬 더 많은 선택권을 가지고 있었다. 문해력 워크숍 시간에 주로 아이들은 교실을 자유롭게 돌아다녔다. 아이들은 자신에게 의미있는 텍스트나 개인적인 경험, 그리고 각자의 흥미나 관심을 토대로 L교사와 학생교사의 읽기 쓰기 수업에서 배운 개념을 활용하였다(Sherbine, 2019, 2020 참고). 내가 이 교실에서 연구를 해온 지난 6개월 동안 L교사는 DJ의 행동을 문제로 바라보고 점점 더 힘들어하고 있었는데, 이날은 특히 DJ를 생활 지도가 필요한 주요한 대상으로 여기는 듯했다. 나는 이러한 상황이 불편하게 느껴졌고, 동시에 DJ, Bella를 포함한 대부분의 반 아이들처럼 흑인 학생들이 통계적으로 특수교육 서비스 대상자로 지목되거나(Blanchett, 2006), 아예 학교에서 정학당할 가능성이 더 높다는 기존 연구들을 떠올렸다(Milner, 2013).

나는 교실을 돌아다니며 학생들이 더블버블맵에 아이디어를 적는 모습을 지켜보다가 때때로 그들 옆에 앉기 위해 걸음을 멈추곤 했다. 내가 빈 의자에 앉자, Bella가 '우리가 이걸 왜 해야 하죠?'라고 물었다. 솔직히 말하면, 이 과제가 교실의 일상적인 활동과 너무 동떨어진 것이어서 나 역시 Bella와 마찬가지로 그 진정성에 대해 의문을 품고 있었다.

Bella의 질문을 들은 L교사가 대답했다. '학부모의 밤 행사에 오시는 부모님들께 보여드릴 게 필요하거든요.'

그때 Pickle이 더블버블맵 대신에 자신이 그린 스포츠 방송인 그림을 가져와서 '난 이 그림을 보여드릴 거야!'라고 외쳤다.

DJ와 Million Dollar Man은 더블버블맵에서 눈을 떼고 잠시 Pickles의 그림을 바라보더니, 곧바로 다시 고개를 숙이고 글쓰기를 계속했다. DJ는 마치 자신만 들을 수 있는 리듬에 맞춰 어깨를 들썩이며 음악을 듣는 듯 보였다. 내가 그를 보고 있다는 것을 눈치챘는지, DJ는 나를 바라보며 웃고는 '거의 다 했어요!'라고 말했다.

아이들, 교사, 이야기, 클립보드, 연필, 더블버블맵, 연구자, 그리고... 그리고... 사이의 이러한 만남들을 우리는 어떻게 이해해야 할까? 이 장에서 좀 더 구체적으로 그리고 첫 번째 질문과 분리할 수 없는 또 다른 질문으로, 아이들이 교사와 또래들의 기대에 어긋나면 때로는 배제되는 이 교실 공간 안에서, 인간들과 객체들과 아이들의 얽힘을 관찰하고 그 속에 함께 한다는 것은 어떤 의미일까?

이러한 탐구 질문들을 가지고 연구자로서 나는 DJ, Ray-Ray, Mello, Gabby,

Bella, Pickle, Million Dollar Man, Track Star, 그리고 그들의 반 친구들과 교사와 함께 한 시간을 되돌아보며, 포스트휴머니즘 철학과 함께-사유하고자think-with 한다. 이는 발달심리학적 관점에서는 비정상적이거나 받아들일 수 없다고 여겨질 수 있는 (그리고 종종 그렇게 여겨지는) 교실에서 아이들의 존재 방식을 인식하고 확장하기 위함이다. 나아가 아이들의 문해력이 어떻게 드러나는지 그리고 아이들이 교실에서 자신의 역량을 보여주는 다양한 방식을 더 깊이 이해하기 위해, 나는 DJ와 그의 반 친구들과 함께한 관찰연구에서의 움직임movements에 대해 생각해 보고자 한다.

이에 다음 절에서는 우선 아이들, 교사, 연구 현장에 대해 간략히 소개하고, 이어서 L교사의 교실에서 신체들과 객체들 사이의 관계를 살펴보기 위해 이 장의 서두에 제시된 일화와 연결하여 몇 가지 개념들을 설명하려고 한다. 끝으로, 교실에서 아이들은 바로-그-순간in-the-moment 항상 되어가는 존재라는 것을 교사들과 연구자들이 생성적이고 애정적으로 바라볼 수 있도록 하는데, 내재성의 윤리ethics of immanence[6](Lenz Taguchi, 2010)가 필요함을 논의하면서 마무리할 것이다.

---

6 역자주: 내재성의 윤리ethics of immanence는 Gilles Deleuze와 Félix Guattari의 철학에서 핵심적인 개념으로, 초월적 원리나 외부의 규범적 기준에 의존하지 않고, 세계 내부의 흐름과 변화를 바탕으로 윤리적 기준을 설정하는 방식을 말한다. Lorraine(2012)는 주체가 세계와 분리된 독립적 존재가 아니라 지속적인 변화를 겪는 관계적 존재임을 강조하며, 윤리는 이러한 과정 속에서 발생하는 것이라고 본다. 즉 고정된 도덕적 법칙이나 규범에 의존하는 것이 아니라, 내재적으로 형성된 지속적인 관계들 속에 생성되는 변화와 함께 윤리적 행위를 해야 한다는 것이다(Carstens, 2020).

* 출처: Lorraine, T. (2012). *Deleuze and Guattari's Immanent Ethics: Theory, Subjectivity, and Duration*. New York, NY: SUNY Press.

Carstens, D. (2020). *An ethics of immanence: Posthumanism and the politics of care*. New York, NY: Routledge.

리듬 타기

DJ와 그의 반 친구들이 L교사와 함께 『Gospel Cinderella』에 대해 토론하고 더블버블맵을 완성하기 시작한 날 아침은 미국 남동부의 한 2학년 교실에서 총 8개월로 예정된 문화기술지 연구가 약 6개월째 진행되고 있던 시점이었다. 다른 연구물에서 상세히 설명한 바와 같이(Sherbine, 2019, 2020), 처음에 내가 L교사와 교실의 아이들에 매료된 이유는 문해력 교육활동에 내재된 선택의 폭 때문이었다. L교사는 워크숍 모델을 기반으로 문해력 교육활동을 구성하였다. 수업은 특정 기술이나 전략에 초점을 맞춘 간단한 읽기 또는 쓰기 활동으로 시작되었고, 이후 학생들은 자신이 선택한 텍스트를 활용해 그 기술이나 전략을 충분히 연습할 수 있는 시간을 가졌다. 아이들과 텍스트와의 만남은 인기 TV 쇼, 음악, 스포츠 경기에서 가져온 이야기와 캐릭터를 혼합하고 재구성하여 내러티브가 생성되면서, 협력과 놀이로 가득 찼었다. 다시 말해, L교사와 학생들은 Dyson(2003a, 2003b)이 말한 '스며드는 교육과정permeable curriculum[7]'에 참여한 것으로, 이는 학교-기반 문해력과 가정-기반 관심사 간의 연결을 구축하는 것이었다. Ray-Ray와 Mello가 협력하여 만든 농구 만화는 학생들이 자신들에게 의미 있는 텍스트와 물건을 가지고 함께 작업하고 놀이하며 의미를 공동

---

7 역자주: 스며드는 교육과정permeable curriculum이란 학생과 교사의 세계가 서로 침투하며 상호작용할 수 있도록 유연하고 역동적인 교육적 접근을 의미한다. 현대의 표준화된 교육과 성과 중심 평가 시스템이 개인의 발달 과정을 반영하지 못한다고 비판하며, 학교가 학생들의 언어적, 문화적, 사회적 자원을 무시하고 있다는 점을 지적하였다. 또한 Dyson(1993)은 자신의 아들이 '학습 장애'로 분류된 사례를 통해, 이러한 장애의 개념이 학생보다는 학교 교육과정의 문제일 가능성을 제기하였다. 따라서 학교에서의 학습을 학생들의 개인적, 사회적, 문화적 경험과 통합하여 학생들이 교육과정에 능동적으로 참여하도록 해야 하며, 특히 문해력 교육에서 학생들이 사회적으로 의미 있는 방식으로 상징적 도구를 활용하고 의미를 협상하는 과정이 포함되어야 함을 강조하였다.

* 출처: Dyson, A. H. (1993). *Negotiating a Permeable Curriculum. On Literacy, Diversity, and the Interplay of Children's and Teachers' Worlds. Concept Paper No. 9.* Illinois: National Council of Teachers of English.

으로 구축한 사례 중 하나이다(Sherbine, 2020에서 WWE 레슬링 피규어와의 만남에 대한 심층 분석 참조).

문해력 수업에서 아이들이 대중문화로부터 얻은 아이디어에 몰입하는 모습을 보면서, 나는 아이들의 읽고 쓰기 활동에 함께 참여하면서 늘 가지고 다니던 작은 갈색 노트에 현장 기록을 하였다. 아이들은 곧 그 노트가 내가 관찰한 내용이나 종종 그들의 대화를 자주 기록하는 공간이라는 것을 알아차렸다. 한 아이는 여러 번 내가 적은 것을 읽어달라고 하거나, 나의 질문, 이론적 연결, 감정적 반응에 대한 메모가 적힌 종이를 유심히 들여다보곤 했다. 각 세션을 비디오로 녹화하였고, 녹화된 영상을 보며 내가 주의를 기울이지 못했던 디테일이나 내부-작용intra-action[8]에 주목하면서 현장노트를 확장해갔다. 연구 초기 아이들에게 비디오카메라는 다소 낯선 것이었다. 나는 교실이라는 공간에서 수업시간 동안 신체들과 객체들이 어떻게 움직이는지를 가장 잘 볼 수 있도록 촬영하기 위해, 매일 아침 교실의 한쪽 구석에 조심스럽게 카메라를 설치하였다. 첫 주 얼마동안 아이들은 삼각대를 옮기기도 하고, 카메라를 켜고 끄고, 줌 기능을 조작해 보기도 하였다. 교실 관찰이 셋째 주에 접어들었을 때, Million Dollar Man은 아침마다 내가 도착할 때쯤 직접 카메라를 설치해 주곤 했다.

아이들이 다양한 프로젝트를 함께 동시에 할 때, 나는 각 그룹별로 녹

8 역자주: 내부-작용intra-action이란 물리학자이자 철학자인 Karen Barad가 2007년 출판한 책 『Meeting the Universe Halfway』에서 제시한 개념으로, '상호작용interaction'을 대체하는 새로운 방식의 관계성 이해를 나타낸다. 즉, 상호작용은 이미 분리된 독립적 개체들이 서로 영향을 미친다는 의미를 담고 있지만, 내부-작용은 처음부터 분리된 개체가 존재하지 않으며 관계 속에서 존재들이 구성된다는 개념이다. 국내에서는 일부 학자들에 의해서 서로의 사이에 속하여 발생하는 운동의 의미로 '간(間)-행(行)'(박준영, 2021)으로 번역되기도 한다. 이 장에서는 원문 그대로 '내부-작용'으로 번역하였는데, 이는 최근 교육학 분야의 연구물 및 '어린이 교육 다시 읽기(Contesting Early childhood) 시리즈'와 같은 번역서의 방식을 따른 것이다.

* 출처: Barad, K. (2007). *Meeting the Universe Halfway: Quantum Physics and the Entanglement of Matter and Meaning*. Durham: Duke University Press.
박준영 (2021). 신유물론의 이론적 지형. 문화과학, 107, 73-100.

음기도 배치해 두기도 했다. 아이들은 카메라에 그랬던 것처럼 이 기계에도 마찬가지로 큰 흥미를 보였지만, 곧 작은 금속 상자의 존재에 익숙해졌고 이야기하는 사람 쪽으로 마이크를 돌리는 습관까지 갖게 되었다. 『Gospel Cinderella』에 관한 소그룹 활동을 한 후 며칠 지나, Ray-Ray는 나에게 농구 만화를 보여주었고, 나의 아이폰에 있는 음성 녹음 앱으로 자신의 목소리 볼륨과 억양이 바뀔 때마다 앱 화면의 선들lines이 움직인다는 사실에 주의를 빼앗기고 즐거워했다(녹음기가 담긴 가방을 깜빡 잊고 가져가지 않아, 아이폰으로 녹음을 한 날이다). 아이들은 누구 목소리를 더 크게 할지, 그리고 특정 순간에 어떻게 더 크게 할지를 함께 결정하면서 점차 나와 공동-연구자co-researchers가 되어갔다.

여기에서 아이들과 데이터 수집 기계의 마주침에 주목하는 것은 중요하다. L교사의 교실에서 전개된 문화기술지는 신체와 객체의 관계 그리고 상호연결성interconnections에 초점을 맞추기 때문이다. 교실에서 일어나는 일들을 관찰하며 데이터를 생성하는 객체들과 사람들은 아이들의 움직임과 얽혀 빠르게 그 사건들의 일부가 되었다. 연구 전반에 걸쳐 아이-객체-기계-연구자는 끊임없는 뒤섞임이 있었으며, 이는 스며드는 교육과정을 탐구하는 과정에서 드러난 흐릿한 경계를 보여준 것이었다.

DJ, 반 친구들, 클립보드, 그리고… 그리고… 그리고…

나는 앞서 소개한 일화를 고찰하면서 Deleuze와 Guattari(1977, 1987)의 철학적 개념들을 많이 참조하였다. 특히 나는 잠재성potential과 가능성possibility에 주목했다. Deleuze와 Guattari의 개념들은 존재의 재현, 즉 읽기, 쓰기, 놀이하기, 관찰하기, 연구하기에서 익숙한 재현에 초점을 두지 않는다. 대신, 세상에 존재하는 것이 어떤 의미가 될 수 있을지*might*를 새롭게 사유하도록 한다. 창의적인 방식으로 개념과 함께 사유하는 것은 우리가 알고 있다고 생각하는 것을 깨뜨리고 또 다른 어떤 가능성을 추측할 수 있게 한다.

교실에서 이루어지는 관계를 다르게 사유할 가능성은 Deleuze와 Guattari (1977, 1987)의 **배치**assemblage라는 개념으로 설명될 수 있다. 배치는 이질적인 부분들이 함께-모여coming-together 새로운 경험과 감정을 불러일으키는 것, 그리고 새로운 감응이 신체에 기입되는register 방식을 말한다. Leander와 Boldt(2013)가 말하듯이, 배치는 '어떤 맥락에서든 우연히 존재하게 된 것들의 집합체다. 이 집합체는 필연적인 관계항이 아니며, 조직적이지도 않다. 우연히 함께 모여 배치되고 이러한 배치는 배치된 요소들에 수많은 가능한 효과를 생성한다'(p. 25). 나는 DJ-반 친구들-클립보드-교사-더블버블맵-연구자 배치의 한 부분으로 명명할 수 있지만, 이러한 배치는 하나의 순간을 재현하는 고정적인 것은 아니다. 배치는 항상 진행-중in-process인 하기doing 또는 만들기making이며, 매 순간 변화하고 새로운 것을 생성한다.

DJ-반 친구들-클립보드-교사-이중버블맵-연구자 배치는 MacLure(2010)가 설명한 데이터 속의 '빛남glow[9]'으로 이해될 수 있다. 이러한 빛남은 교실 아동기에 대한 내 생각의 속도를 늦추기도 하고 동시에 가속시키기도 했

---

9 역자주: Maggie MacLure는 「The offence of theory」(2010)에 이어서 「The Wonder of Data」(2013)에서도 질적 연구에서의 '경이로움wonder'에 대한 개념을 탐구하며, 전통적인 데이터 해석 방식을 넘어서서 데이터를 다룰 것을 강조한다. MacLure는 일반적으로 데이터가 단순히 해석을 통해 의미를 부여받는 '무의미한 물질'로 간주되지만, 실제로 데이터 자체에는 경이로움을 불러일으킬 수 있는 잠재성이 있다고 주장한다. 특히 데이터에서 발산되는 강렬함이나 에너지를 'glow'라고 설명한다. 이 'glow'는 연구자로 하여금 주목하게 만들고, 전통적인 방식으로 데이터를 패턴이나 코드, 주제로 분석하는 기계적인 과정을 멈추게 한다. 대신에 'glow'는 연구자에게 강한 매력을 느끼게 하고 더 깊이 생각하도록 자극하며, 데이터와 연구자 사이의 더 깊은 교감을 불러일으킨다. 이는 연구자가 데이터를 단순히 해석하는 것을 넘어서, 데이터를 통해 새로운 통찰을 얻고 더 깊이 탐구하도록 만드는 순간과 연결된다. 따라서 이러한 관점에서 'glow'를 '강렬함, 반짝임, 매혹, 은은함, 울림'과 같은 의미가 함께 연상될 수 있도록 '빛남'으로 번역하였다.

* 출처: MacLure, M. (2013). The wonder of data. *Cultural Studies ↔ Critical Methodologies, 13*(4), 228-232.

다. 또한 현장노트와 인터뷰 기록에서 다른 조각들과 더 많이 연결하는 동안, 신체와 객체의 상호연결성을 더 깊이 들여다볼 수 있도록 해주었다. 그날 아침 그 '빛남'과의 마주함은 감응적인 응답이었고, 나는 DJ에 대한 L교사의 조급함과 DJ의 감정에 점점 더 조율되고 있었다. 이러한 조율attunement은 현장노트를 다시 읽고 비디오 데이터를 검토하는 중에도 계속되었다. 그들의 감정 표현은 내 몸과 정신에까지 기입되었으며, 수업 중에 드러나는 DJ의 생각과 기여가 그의 행동 방식만큼 중요하게 여겨지지 않았다는 점에서, 나는 DJ를 대신해 말하고 싶은 마음이 들었다.

이 특정한 배치는 빛을 발하며 다가오고, 더 깊은 탐색을 이끌어 낸다. 어느 정도는 그 소그룹 수업이 교실에서 문해력 교육이 전개되는 전형적인 방식과는 달리 이례적인 상황이었기 때문일 수도 있다. 워크시트의 엄격한 구조, 허용된 클립보드의 수, 연필을 특정한 위치에 두어야 한다는 요구, 아이들이 생각하고 글을 쓰는 데 주어진 시간의 제약, 그리고 DJ가 기대에 미치지 못했음을 공개적으로 지적한 일들은 모두 그날 문해력 학습과 참여에 있어 의미 있는 것*what counted*을 간과하도록 하였다.

아동기 [관찰]에 대한 발달적 관점

'의미 있는 것*what counts*'을 '교실에 적합한 것'으로 축소하는 관념은 '발달심리학의 헤게모니'(Tarr, 2003, p.7)에서 비롯된다. 교실은 집합적 배치의 잠재성이 아니라, 미리 정해진 결과를 향해 보편적인 궤적을 따라가는 개인과 그 개인의 노력에 초점이 맞춰져 있다(Genishi & Dyson, 2009; James et al., 1998; Sellers, 2013; Sherbine, 2016). Sellers(2013)에 따르면, 발달 패러다임은 정상화normalize와 병리화pathologize를 동시에 작동시킨다. 즉 '정상성을 중시하는 것은 어린이의 가능성을 제한하고, "정상"을 규정하는

규정하는 이들-대부분은 백인과 중산층 성인 전문가들-을 권력 계층의 최상단에 위치시킨다는 사실을 간과한다'(p. 36).

나아가 발달적 관점은 아동기를 고정된 관념으로 바라보게 하여, 아이들이 어떤 사람이 되어야 하는지, 어떻게 행동해야 하고, 어떻게 배워야 하며, 그들의 한계는 무엇인지 등에 대한 생각을 당연한 것으로 만든다(Lenz Taguchi, 2010; Sellers, 2013; Yelland, 2010). Sakr와 Osgood (2019)이 지적한 것처럼, '발달 패러다임은 발달 모델에서 필수적으로 제시하는 규준norms에 맞지 않는 어린이들을 주변화한다'(p. 2).

DJ-반 친구들-교사-클립보드-더블버블맵의 배치를 발달적 관점에서 바라본다면 아이들의 행동을 이상적인 기준과 비교하여 면밀히 분석하게 된다. 예를 들어, 교사의 질문에 곧바로 대답하였던 Bella는 L교사가 적절하다고 여겨지는 방식으로 과제를 수행한 것이다. 소그룹 수업 중 Bella가 소리 내어 자신의 생각을 말했을 때 L교사의 언어적 · 비언어적 반응뿐 아니라 다른 아이들로부터 조용히 하라는 제재를 받지 않음으로써 Bella의 행동은 정상적인 것으로 받아들여진다.

발달 패러다임으로 본다면, DJ는 클립보드를 가지고 놀며 집중하지 못해 반 친구들과 공유할 아이디어를 충분히 구상하지 못하고, 과제를 완료하기 위해 성인의 도움에 지나치게 의존하는 산만한 학생으로 여겨질 수 있다. 이러한 관점은 L교사의 언어적 지시와 DJ가 교사의 질문에 답하려 할 때 반 친구들이 기다려주지 않는다는 점에서 더 확고해졌다. 소그룹 수업 동안 학교에서 행해야 하는 특정한 방식이 있는데, 분명 DJ는 그러한 기대에 부응하지 못했다. 나는 이러한 발달적 관점이 DJ와 같은 아이를 결핍의 시선으로 바라보며, 이러한 관점은 윤리와 돌봄의 관점과 충돌한다고 생각한다.

마찬가지로, 발달의 관점으로 어린이를 관찰하고 연구한다는 것은 알 수 있거나 이해될 수 있는 결과와 대답할 수 있는 연구문제를 전제하는 일련의 공식과 절차를 수반한다. 집합체가 아닌 개체에 초점을 두는 발달적 관점은 관찰자/연구자를 외부자로 위치시킨다. 그로 인해 배치에서 자신이 어떻게 작동하는지를 인식하지 못한 채 어린이와의 마주침에서 벗어나 발생하는 사건만을 기록하게 된다. 발달 패러다임에서는 미리 정해진 가정에 따라 어린이가 할 수 있거나 할 수 없는 것, 혹은 해야 하거나 해서는 안 되는 것을 관찰한다. 이로 인해 예측할 수 없고, 실험적이고, 놀이성이 풍부한 어린이의 생생한 경험을 충분히 고려하기는 어렵다(Olsson, 2009).

아동기 관찰에 대한 포스트휴먼 관점

나는 Deleuze와 Guattari(1977, 1987), Barad(2007), Bennett(2010)의 연구를 포섭하는 포스트휴머니즘에 매료되었는데, 그 철학이 관계, 연결, 얽힘에 대해 주의를 기울이며 윤리와 돌봄의 발현을 중심에 두기 때문이다. 포스트휴머니즘은 세계에서 이기being와 되기becoming[10]의 다양한 방식이 항상 바로 그-순간-에in-the-moment에 있으며, 항상 다른 존재와의 관계 속에 있음을 인식한다. 나아가 이 관계는 인간에게만 국한되지 않는다. 즉 포스트휴머니즘은 인간과 비인간적 객체들이 함께-모여comings-together 무엇이 물질화되는지what matters, 그것이 물질화되는which they matter 조건들, 그리고 그 물질화the mattering에서 무엇이 생성되는지 고려한다(Barad, 2007)[11]. 인간

10 역자주: 포스트휴머니즘에서 이기being와 되기becoming는 존재의 본질을 이해하는 두 가지 중요한 개념이다. '이기'란 고정된 본질이나 정체성을 가리키며, 존재를 정적인 상태로 바라보는 전통적인 관점에서 사용된다. 이는 존재가 일정한 특성을 가지고 그 특성이 지속된다는 생각에 기반하며, 인간을 고정된 범주로 이해하는 데 중점을 둔다. 반면에 '되기'란 끊임없이 변화하고 형성되는 과정을 강조하는 것으로, 시간과 관계 속에서 변화하고 형성되는 과정적 존재로 이해한다. 즉, 되기는 변화와 흐름 속에서 관계적이고 역동적인 존재 방식으로 존재를 바라보는 것으로, 인간과 비인간(기술, 환경, 동물, 물질 등)이 내부작용하면서 열린 가능성으로 끊임없이 변화되어 가는 존재로 바라보게 한다.

11 역자주: 'matter'는 이중적 의미의 동사다. 하나는 '중요하다, 의미를 갖다'이며 또 다른

과 비인간의 얽힘entanglement은 생산적이며, 이들의 배치는 변형과 변화의 기회를 만들어 간다. 따라서 맥락적, 관계적, 비재현적, 그리고 발현적인 것에 관심을 두는 포스트휴먼 관점과 아이들을 이미 알려진 결과에 맞추어 분류하려는 발달적 관점 사이에는 상당한 간극이 존재한다(Leander & Boldt, 2013).

L교사의 교실에서 아이들과 함께 했던 연구를 떠올리며, 나는 아동기의 역동적이고 상호연결된 본질과 어린이 관찰을 고려하기 위해 발달적 관점을 넘어서서 **되기***becoming*(Deleuze & Guattari, 1987)와 **사물 권력***thing power* (Bennett, 2010)이란 개념을 불러오고자 한다.

꼬집기: 어린이-연구자-되기

Deleuze와 Guattari(1987)는 정체성identity에 대한 서구의 집착을 깨뜨리기 위해 **되기***becoming*를 정교하게 개념화하였다. 그들은 정적이거나 고정된 관념이 아니라 움직임, 흐름, 과정에 관심을 두고, '되기란 일련의 과정을 따라 진보하거나 퇴보하는 것이 아니다'(p. 238)라고 하였다. 발달 패러다임으로 바라보는 정체성은 항상 연속선상에 위치하지만, 되기는 관계와 연결, 차이의 출현을 내포하는 동사로서 그 차이는 미시적 수준까지를 포

하나는 '물질화 하다'이다. 신유물론 많은 학자들은 matter를 하나로 한정 짓기보다는 이중적 의미로 사용하고 있으며, 이를 통해 matter가 단순히 물질적인 것에 그치는 것이 아니라, 의미와 가치의 형성 과정에서도 중요한 역할을 한다고 본다. 즉, matter는 '중요하다'는 의미에서 가치와 의미의 문제에 깊이 관여하는 동시에, '물질화하다'는 의미에서 실제로 물질적 실체가 형성되는 과정에도 관련된다. 이는 물질과 의미의 경계를 허물고, 이로써 물질이 능동적으로 형성되고 세계 속에서 의미와 관계를 생성하는 과정에서 행위하는 존재로 재형상화된다. 참고로, 본문의 이 문장은 "무엇이 중요한지what matter, 그것들이 중요한which they matter 조건들, 그리고 그 중요한 것the mattering에서 무엇이 생성되는지를 고려한다(Barad, 2007)"로도 번역될 수 있다.

* 출처: Barad, K. (2007). *Meeting the Universe Halfway: Quantum Physics and the Entanglement of Matter and Meaning*. Durham: Duke University Press.

함하여 변화나 변형을 의미한다(Davies, 2014).

되기는 항상 함께-되기becoming-with다. 따라서 포스트휴머니즘 관점에서 아동기나 어린이 관찰을 사유하려면, 개별화의 관점이나 보편적 기준들로는 충분하지 않다. 되기는 신체와 객체 배치의 관계들 속에서 감응이나 잠재성을 수반한다. 그리고 잠재성은 지속적인 변형, 즉 어떻게 우리가 세상에서, 항상 관계 속에서, 항상 타자들과 얽혀 존재할 수 있는지에 대한 새로운 가능성을 이끌어준다. Lenz Taguchi(2010)는 되기와 페다고지의 관계를 다음과 같이 설명한다.

> 되기의 페다고지는 기본적으로 존재하는 것what is(실제the actual) 그리고 될 수 있는 것what might become(가상the virtual) 사이에서 우리가-동시에-움직이는 것을 것을 의미한다. Deleuze가 가상이라고 부르는 것은 우리 주변에서 모든 것과 상호연결하는 모든 기관들organisms의 잠재적 실재reality다. Deleuze의 사유를 따라 우리가 어린이, 기관, 또는 사건의 가상적 잠재성을 추구한다면, 어린이 (그리고 교사인 당신 자신) 스스로가 사건을 재창조한다는 것을 그리고 학습은 변형 상태라는 것을 긍정하게 될 것이다. (p.176)

되기와 이 장의 서두를 여는 일화를 함께 사유하기 위해서는 인간들과 객체들의 배치가 한 순간에서 다음 순간으로의 감응적 변형이나 재창조에 어떻게 관여하는지를 살펴보아야 한다. Ray-Ray와 Mello는 만화-만들기 재료와 농구 담론과의 관계에서 협력적인 그림 그리기와 스토리텔링을 통해 만화가-되기, 스포츠 방송인-되기, 예술가-되기를 보여주었다. 그들의 연필은 게임을 중계하는 마이크가 되기도 하였고, 말풍선을 추가하기 위해 멈추기도 했다. 그들은 만화의 요소를 그리면서 서로 대화했고, TV 방송에서 들은 적절한 언어를 가져오기도 하였다. 페이지 위의 흔적들이 저마다의 내러티브를 띠기 시작하면서, 익숙한 스포츠 장르가 그-순간-에 일어난 일과 얽혀들었다. 비록 잠깐이었지만, 아이들-만화-농구의 배치는 남자아이들로 하여금 글쓰기(농구, 만화-만들기, 교실에 존재하는 것)를 다르게 경험할 수 있는 기회를 주었다.

Gabby가 Million Dollar Man을 꼬집었을 때 출현한 배치는 평소 수동적이고 조용한 학생으로 묘사되었던 Gabby에게 선동자-되기becoming-instigator의 기회가 되었다. 그리고 Track Star는 보호자-되기becoming-protector와 중재자-되기becoming-mediator를 경험하는 기회가 되기도 하였다. 꼬집는 장면을 관찰하며 나는 Track Star의 언어적 신호에 이끌려 공감-되기becoming-empathy와 아마도 주의-되기becoming-attentive로 그 유동적 배치 속에 놓여졌고, 친구에 대한 공감을 증명해 보이려는 Track Star의 노력을 확인하고 싶었다.

Gabby-꼬집기-Million Dollar Man-Track Star-발 구르기 배치에서, 아이들과 나는 서로 신체들의 충돌과 움직임, 높아진 목소리의 말들, 그리고 리놀륨 바닥을 울리는 발 구르기의 리듬에 의해 변형되는 감응적인 마주침에 참여한 것이다. 나는 이 배치를 수동적으로 관찰하지 않았다. 오히려, Track Star가 교사와 대화를 나눈 다음*after* 나에게 말을 걸어왔을 때 내 심박수가 높아짐을 느꼈는데, 이때 아이들이-그 순간에는 최소한 Track Star가-나를 교실에서 어느 정도 권위를 가진 존재로 인식했던 것 같다. 그가 좌절감을 표현했을 때, 나는 M교사가 했던 방식과는 다른 어떤 제안을 할 수 있을까? M교사의 지도 방식을 존중하면서도, 나는 아이에게 공감과 돌봄의 마음으로 어떤 제안을 할 수 있을까? 단순히 체크리스트를 작성하거나 순간을 포착하여 신속하고 간단히 일화를 기록하는 것에 관찰의 초점이 있었다면, 이런 질문들은 떠오르지 않을 것이다. Lenz Taguchi(2010)는 다음과 같이 말한다.

> 학습하는 어린이가 변형의 과정에 있고 세계의 나머지와 내부작용하면서 상호 연결되어 새롭게 되어가고 있다고 믿는다면, 구성주의 이론에 근거한 학습 또는 발달에 적합한 실제(DAP)처럼, 미리-정해진 성숙 단계나 특정한 학습 내용만을 고수하는 것은 불가능할 것이다(p. 177).

포스트휴먼 관찰-그리고 페다고지 역시 마찬가지로-은 바로 그 순간의 되기 *becoming in the moment*를 포함하며, 이는 관찰자와 교사가 아이들과의 관계에서 출현하는 연결뿐 아니라 불협화음에도 기꺼이 조율하는 것을 의미한다.

리듬과 주변화: DJ-클립보드-되기

L교사의 교실을 관찰하면서 DJ와 교실 내 사물들과의 관계는 나에게 상호연결성이 얼마나 중요한지 다시금 일깨워주었다. 나는 DJ가 작은 봉제 인형(Sherbine, 논문심사 중), 레슬링 피규어 등과 얽혀있고, 그러한 객체들과의 만남이 교실에서 그의 수많은 역량competencies을 증폭시켜 주는 경향이 있다는 글을 쓴 적이 있다(Sherbine, 2019). Bennett(2010)은 사물things을 행위하도록 하는 객체의 능력을 **사물 권력***thing power*[12]이라고 정의한 바 있다. 사물 권력은 '차이를 만들고, 효과를 발생하고, 사건의 흐름을 바꿀 수 있는'(p. viii) 객체의 능력인 것이다. Latour를 인용하며, Bennett은 사물 권력을 '무생물의 객체가 활기를 띠고, 행위하며, 극적이면서도 미묘한 효과를 만들어내는 신비한 능력'(p. 6)이라고 설명했다. 그러나 무생물의 객체는 독자적으로 행동하는 것이 아니라, 항상 다른 인간과 비인간의 신체와 관계를 맺고 있다. Deleuze와 Guattari(1987)의 배치 개념을 확장하여, Bennett(2010)은 생물과 무생물이 함께-모여 형성된 '행위적 배치agentic assemblage'(p. 111)를 구상한 것이다(Jackson & Mazzei, 2016).

12 역자주: 생기적 유물론(vital materialism)을 주장한 Jane Bennett은 사물의 생동성과 그것이 갖는 권력을 다룬 저서 『생동하는 물질』에서 사물 권력thing power이란 개념을 제시하였다. 이는 사물들이 단순한 도구나 무생물이 아니라, 사회적, 정치적, 생태적 과정에서 능동적으로 작용하는 고유한 힘과 활력을 가진 존재라는 점을 강조한 것이다. 무력한 것으로 간주되어 온 물질이 행위성의 원천이고 언제나 우리의 안과 옆에서 흐르는 힘이며, 항상 인간의 몸과 얽혀 있는 역동적이고 활력 넘치는 사물이라고 주장한다.

* 출처: Bennett, J. (2020). 생동하는 물질: 사물에 대한 정치 생태학. (문성재 역). 서울: 현실문화. (원본 출판 2010년)

사물 권력과 행위적 배치로서 DJ-교사-연필-클립보드-더블버블맵-연구자를 함께-사유한다는 것은 곧 그날 아침에 인간과 비인간non-human의 얽힘이 무엇을 생성하였는지를 생각한다는 것이다. L교사, 학부모의 밤에 관한 이야기, 그리고 DJ가 이전에 문해력 교육에 참여했던 경험과 결합하여(Sherbine, 2019), 연필, 클립보드, 더블버블맵이 DJ와 그의 반 친구들에게 수행과 순응에 대한 압박을 만들어낸 듯하다. 연필-클립보드-더블버블맵은 DJ와 그의 친구들의 사고를 제한하는 도구로 작동했으며, 8.5×11인치 종이의 작은 동그라미 안에 무언가를 쓰도록 하는 방식을 요구했다. 또한 연필-클립보드-더블버블맵은 L교사의 교실에서 문해력 학습은 무엇인가에 대한 아이들의 개념을 혼란스럽게 만들었다. 소그룹에서 객체들에 의해 만들어진 구조는 아이들이 익숙했던 선택의 자유를 빼앗아, 그 순간 아이들에게 불확실성과 불안감을 분명하게 느끼게 했다.

연필과 클립보드는 DJ를 위해 그리고 DJ와 함께, 그리고 DJ와 함께, 리듬을 만들어 낼 수 있는 하나의 공간을 열어주었을 수도 있다. 어쩌면 그 리듬은 그룹 내에서 DJ의 기여가 간과되었던 순간, 그가 무언가를 만들어 낼 기회를 제공했을 것이다. 그 리듬은 반 친구들에 의해 그의 기여가 가려졌을 때, L교사의 시선을 DJ에게 향하도록 이끌었다. 아마도 클립보드와 연필로 시작된 리듬은 나중에 DJ가 책상에 앉아 아이디어를 적을 때 그의 생각을 계속 이끌었을 수도 있다. DJ는 자신만이 들을 수 있는 리듬에 맞춰 어깨를 위아래로 흔들면서 음악을 듣는 듯 보였다. 그는 내가 지켜보고 있는 것을 느꼈을 것이고, 나를 보며 미소를 지으면서 "거의 다 했어요!"라고 말했다.

Bennett(2010)는 '생동하는 물질에 대한 이론에서 개인이 자신의 영향에 대해 전적으로*full* 책임을 질 수 없는 존재'(p. 37)로 본다. 신체와 '그리고… 그리고… 그리고…'(Deleuze & Guattari, 1987, p. 25)의 배치는 항상 되기의 새로운 방식을 창출한다. 이는 교실 관찰에 시사하는 바가 있는데, 관찰의 초점이 단순히 아이들 또는 아이들과 교사에게 국한되지 않는다는 점이다. 관찰에서 사물 권력과 함께 사유하는 것은 인간과*and* 비인간의 신체들 간의 유동적이고 일시적인 관계를 설명해야 한다. 이는 교사와 아이들 사이뿐만 아니라, 텍스트, 필기구, 교육과정 자료, 교실 공간 자체, 연구 장비 등 간의 내부작용을 신중히 고려하는 것을 의미한다. 교실의 한쪽에 카메라를 설치하여 와이드 샷을 찍는 것도 교실 관찰의 한 부분일 수 있지만, 아이들이 객체와 함께 내부작용하는 모습을 면밀히 관찰하고, 다양한 맥락에서 아이들과 객체의 얽힘에 주의 깊게 귀를 기울이고, 이러한 얽힘에서 창발할 수 있는 되기의 존재에 대해 기꺼이 사색하는 것도 포스트휴머니즘 관찰의 일부다.

기꺼이 사색한다는 것은 우리가 교실에서 관찰하는 것을 정확하게 보거나 이해한다는 의미가 아니다. 신체와 객체와 마찬가지로, 배치의 전환과 변화에 따라 의미 또한 항상 움직이며 매 순간 새롭게 되어간다(Gannon, 2016; St. Pierre, 2013). 사물 권력이란 개념과 함께 사유하고 행동함으로써 우리는 비인간 객체에 보다 주의를 기울이며, 객체가 교사와 아이들과의 관계에서 지니는 잠재성을 인식하고, 이러한 관계에 더 신중하게 참여할 수 있게 된다.

내재성의 윤리와 잠재성에 대한 조율

교실에서 인간과 비인간 사이의 얽힘과 되기 과정을 성찰하면서, 나는 포스트휴머니즘 관점의 관찰이 아이들과 더불어 배워가는 교사들에게 새로운 기회를 어떻게 만들어 줄 수 있는지*might*에 대해 궁금해졌다. 교실의 관계들에서 드러날 수 있는 잠재성에 주의를 기울이면 바로 그-순간-의 아이들과 그들의 되기를 존중하게 되는데, 이것이 Lenz Taguchi(2010)가 언급한 '내재성의 윤리ethics of immanence'이다. Lenz Taguchi는 '교육에서 내재성의 윤리란 인간과 비인간 유기체, 물질matter과 사물thing, 학습 사건들을 통해 발현되는 내용contents과 학생의 주체성subjectivities 사이의 상호연결성과 내부작용에 관한 것이다'(pp. 175-176)라고 하였다.

내재성의 윤리에서 바라보면, 교사들은 아이들이 항상*always* 변화하고 있다는 것을 알아차릴 수 있다. 아이들을 미리 정해놓은 분류로 한정하는 것은 그들의 얽힘과 인간 타자 및 객체와 함께 되기 과정에서 출현하는 잠재성을 무시하는 것이다. 이처럼 내재성의 윤리는 잠재성에 초점을 맞춘다. 즉, 무엇이 되어야 하는가보다 무엇이 될 수 있는지*might*에 초점을 맞춘다. Stewart(2007)는 감응과 되기에 주목함으로써, 우리는 '재현적 사고와 평가적 비판으로 빠르게 전환되는 속도를 늦출 수 있으며, 우리를 실제로 자극하거나 끌어당기는 복잡하고 불확실한 객체들에 접근할 방법을 찾을 수 있다'(p. 4)고 제안한다. 데이터의 '빛남'이 교실의 생기적 얽힘과 행위적 배치에서 나타나는 되기를 더 깊이 탐구하도록 자극하는 것처럼, 이러한 탐구는 이기be, 되기become, 속하기belong가 무엇인지에 대해 더 넓고, 어쩌면 더 포괄적인 가능성을 고려할 공간을 열어준다.

내재성의 윤리는 감응에 주의를 기울이고 잠재성에 열려있으며, 관찰 순간에 자신이 아이들과 객체들과 얽혀있음을 인식하는 것을 의미한다. 내재성의 윤리는 우리가 알아차릴 수 있는 인간과 비인간 사이의 얽힘에 천천히 다가가 그 안에 머무르도록 하며, 그리고 그 얽힘이 무엇을 의미하는지 혹은 아이들을 어떻게 규정할지를 성급하게 단정짓지 않도록 한다. 더 나아가, 내재성의 윤리는 교실의 배치에서 항상 잠재성이 존재한다는 것을 인식하는 것이다. 새로운 철학적 개념을 배치에 접속하면서, 어린이의 학습과 놀이에 관한 교육적 기록, 일화 기록, 사진 등을 다양한 이론적 관점에서 재검토하는 것은 사물을 새로운 방식으로 읽을 기회를 만든다. 이렇게 함으로써 우리는 살아 있음과 관계 맺음이 지닌 지속적인 잠재성에 주의를 기울이게 된다.

관찰에서 내재성의 윤리는 가르침teaching을 둘러싸고 있는 맥락에서 새로운 그리고 발현적 되기가 필연적임을 제안한다. 무엇인가 보다 무엇이 될 수 있는지*might*를 항상 살펴봄으로써, 우리는 바로 그-순간에서 아동기가 지닌 잠재성과 계속 관계를 맺으면서 우리 자신의 되기에 주의를 기울여야 한다. Lenz Taguchi(2010)는 Colebrook의 연구를 언급하며 잠재성의 힘에 대한 유용한 통찰을 제공해 준다. 'Colebrook에 따르면, "Deleuze의 윤리란 "존재하는 것에 대한 사랑love for what is"으로, 이는 존재하는 것을 넘어 바깥에 있는 초월적인 어떤 진리나 정당성 또는 근거를 찾고자 하는 지식의 윤리가 아니다'(p. 176). 존재하는 것에 대한 사랑. DJ와 그들이 함께 만들어 간 클립보드, 연필, 리듬에 대한 사랑. Bella와 자신의 아이디어를 공유하려는 Bella의 열정에 대한 사랑. Track Star, Million Dollar Man, Gabby와 우정과 한계를 탐색할 기회를 제공한 꼬집기에 대한 사랑. Pickles의 그림에 대한 사랑과 그 그림에 대한 Pickles의 사랑. 만화에 대한 사랑. 농구 저널리즘에 대한 사랑. 교실의 생동성과 생기lived-ness를 말해주는 관계와 얽힘에 대한 사랑.

References

Barad, K. (2007). *Meeting the universe halfway: Quantum physics and the entanglement of matter and meaning*. Duke University Press.

Bennett, J. (2010). *Vibrant matter: A political ecology of things*. Duke University Press.

Blanchett, W. (2006). Disproportionate representation of African American students in special education: Acknowledging the role of white privilege and racism. *Educational Researcher*, *35*(6), 24-28.

Davies, B. (2014). *Listening to children: Being and becoming*. Routledge.

Deleuze, G., & Guattari, F. (1977). *Anti-Oedipus: Capitalism and schizophrenia*. Penguin Books.

Deleuze, G., & Guattari, F. (1987). *A thousand plateaus: Capitalism and schizophrenia*. University of Minnesota Press.

Dyson, A. (2003a). *Brothers and sisters learn to write: Popular literacies in childhood and school cultures*. Teachers College Press.

Dyson, A. (2003b). Popular literacies and the "all" children: Rethinking literacy development for contemporary childhoods. *Language Arts, 81*(1), 61-70.

Gannon, S. (2016). 'Local girl befriends vicious bear': Unleashing educational aspiration through a pedagogy of material-semiotic entanglement. In C. Taylor & C. Hughes (Eds.), *Posthuman research practices in education* (pp. 128-148). Palgrave MacMillan.

Genishi, C., & Dyson, A. (2009). *Children, language, & literacy: Diverse learners in diverse times*. Teachers College Press.

Jackson, A., & Mazzei, L. (2016). Thinking with an agentic assemblage in posthuman inquiry. In C. Taylor & C. Hughes (Eds.), *Posthuman research practices in education* (pp. 93-107). Palgrave MacMillan.

James, A., Jenks, C., & Prout, A. (1998). *Theorizing childhood.* Teachers College Press.

Jones, L., Holmes, R., MacRae, C., & MacClure, M. (2010). 'Improper' children. In N. Yelland (Ed.), *Contemporary perspectives on early childhood education* (pp. 177-191). Open University Press.

Leafren, S. (2009). *Reuben's fall: A rhizomatic analysis of disobedience in kindergarten.* Left Coast Press.

Leander, K., & Boldt, G. (2013). Rereading 'a pedagogy of multiliteracies': Bodies, text, and emergence. *Journal of Literacy Research*, *45*(1), 22-46. https://doi.org/10.1177/1086296X12468587

Lenz Taguchi, H. (2010). *Going beyond the theory/practice divide in early childhood education: Introducing an intra-active pedagogy*. Routledge.

MacLure, M. (2010). The offence of theory. *Journal Education Policy*, *25*(2), 277-286.

Milner, R. (2013). Why are students of color (still) punished more severely and frequently than white students? *Urban Education*, *48*(4), 483-489.

Olsson, L. (2009). *Movement and experimentation in young childrens learning: Deleuze and Guattari in early childhood education*. Routledge.

Sakr, M., & Osgood, J. (2019). *Postdevelopmental approaches to childhood art*. Bloomsbury.

Sellers, M. (2013). *Young children becoming curriculum: Deleuze, Te Whdriki and curricular understandings*. Routledge.

Sherbine, K. (2016). Emerging childhoods & immanent becomings: Considering difference in one child's encounters with popular culture. *Discourse: Studies in the Cultural Politics of Education, 37*(5), 785-797.

Sherbine, K. (2019). Wrestling with competency and everyday literacies in school. *Journal of Language & Literacy Education*, *15*(2), 1-22.

Sherbine, K. (2020). Track Star + thing power: Be[com]ing in the literacy workshop. *Journal of Early Childhood Literacy*, *20*(4), 613-630.

Sherbine, K. (Under Review). Choke holds and Chick-Fil-A cows: Intimate literacies in the elementary classroom.

St. Pierre, E. (2013). The appearance of data. *Cultural Studies O Critical Methodologies*, *13*(4), 223-227.

Stewart, K. (2007). *Ordinary affects*. Duke University Press.

Tarr, R (2003). Reflections on the image of the child: Reproducer or creator of culture? *Art Education*, *56*(4), 6-11.

Thiel, J. (2015). "Bumblebee's in trouble!": Embodied literacies during imaginative superhero play; *Language Arts*, *93*(1), 38-49.

Thomas, J., & Diaz, D. (2004). *The gospel Cinderella*. Amistad.

Yelland, N. (2010). *Contemporary perspectives on early childhood education*. Open University Press.

CHAPTER

02

아동기 예술에서 함께하기

: 어린이와 *함께* 관찰하기

Shana Cinquemani Rhode Island School of Design

2014년 가을에 나는 미국 남서부의 한 대학에서 10주 동안 토요일 아침마다 3-5세 어린이를 위한 예술교실을 열었다. 아이들은 자유롭게 예술-만들기art-making를 했는데, 다양한 물질들과 만나긴 했지만, 어떻게 사용해야만 한다는 구체적인 지침은 없었다. 일곱 번째 토요일에 아이들은 예술 스튜디오 같이 꾸며진 교실(대학 세미나실을 어린이 예술교실로 개조한 공간)로 들어서면서 눈길을 끄는 빛을 보게 되었다. 세 개의 삼각대에는 색색의 전구로 된 금속 조명이 달려 있었다. 조명은 옷걸이에 매달아 둔 흰 천 앞에 세워져 있었고, 천의 앞뒤에는 공간이 있었다.

스케치북에 그림을 그린 다음 본격적인 아침 일과로 접어들자, 몇몇 아이들이 나와 빛과의 상호작용을 시작했다. 그곳에는 아무런 규칙이나 지침이 없었기 때문에, 아이들은 자유롭게 탐색을 이어갔다. 아이들은 조명을 켰다 껐다 하기도 하고, 조명을 움직여 앞에 있는 천에다 바로 비추거나, 바닥이나 천장을 향하게 하기도 했다(사진 2.1 참조). 또 삼각대를 다른 곳으로 옮기거나, 조명들끼리 서로 비추도록 삼각대를 움직여가며 변화를 주기도 했다. 그런 다음 삼각대와 조명을 천의 앞에서 뒤쪽으로 옮기기도 했다. 아이들이 이 물질들과 놀이하는 동안 나도 그 곁에서 참여했다. 나는 아이들의 움직임과 내가 주목하는 색, 그림자, 형태 등을 말로 표현하였다. 이 수업에 함께 한 열네 명의 아이들 대부분은 이 빛에 이끌

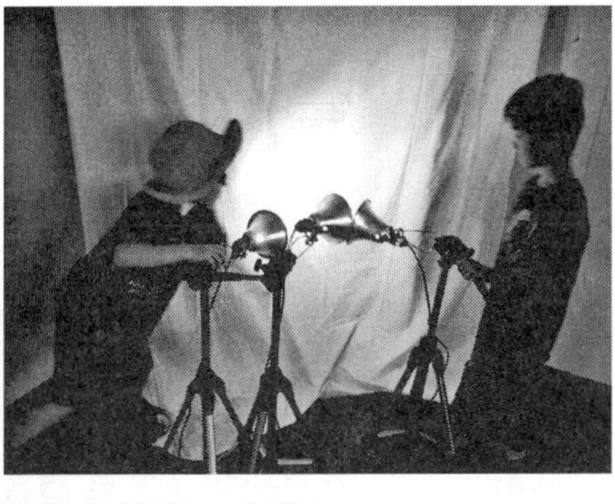

사진 2.1, 2.2 색색의 빛을 탐구하는 아이들

렸다 나오기를 반복했다. 아이들은 어떨 때는 자신이 직접, 또 어떨 때는 또래와 협력하여 빛과 함께 움직이거나 상호작용하였다(사진 2.2 참조). 물러서서 지켜보기만 하거나, 아예 참여하지 않으려는 아이들도 있었다.

그 경험에 이어 나는 그림자 인형 만들기를 제안했다. 검은 종이, 가위, 테이프, 나무막대를 주고, 이 재료들로 흰 천 뒤에서 그림자 공연을 할 수 있는 '인형puppets'을 만드는 방법을 보여주었다. 아이들 대부분은 스크린 뒤에서 연기할 캐릭터를 만드느라 분주하게 움직이는 데 그치지 않고 더 나아가 공연 예술 자체에도 큰 흥미를 보였다. 그래서 관객이 필요하게 되었다(사진 2.3 참조). 나는 다른 아이들(자기 차례를 애타게 기다리고 있거나, 관람만 하는 아이들)과 함께 앉아 스크린 뒤에서 펼쳐지는 이야기를 지켜보았다. 아이들이 만든 인형들은 살아 움직이며 드라마, 동작, 소리로 가득한 환상적인 이야기를 연기했지만, 이 이야기들이 제대로 전달되지는 않았다. 이러한 난관 속에서도 관람하던 아이들은 공연에 매료되었고, 이 공연의 조각조각들을 자신들의 작품에 반영해 나갔다.

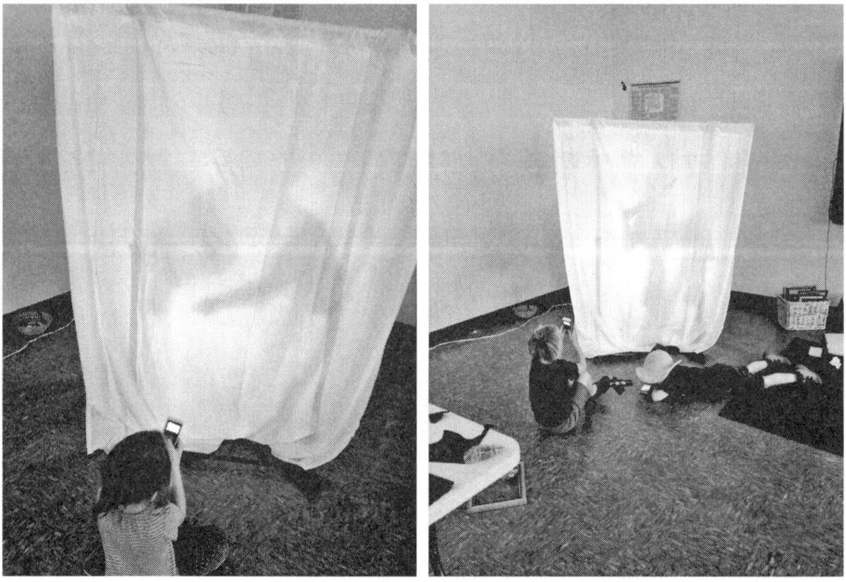

사진 2.3, 2.4 그림자 인형 공연을 관찰하고 기록하는 아이들

공연하기, 관찰하기, 기록하기의 행위를 둘러싼 이 경험에는 커다란 기쁨이 있었다. (어떤 면으로 보면 '예술 만들기' 경험의 핵심이라고도 할 수 있는) 인형 만들기는 그저 하나의 수단에 불과했고, 이것만으로는 아이들의 흥미를 끌지 못했다. 아이들은 자신들이 엉성하게 그린 그림을 오려서 상상의 공간에서 놀고 싸우는 생물들의 이야기를 서로에게 들려주었다. 아이들은 공연을 사람들에게 보여주고 싶어 했다. 객석에 있던 아이들도 그냥 보기만 하는 것이 아니라 주의 깊게 관찰을 하고 기록했다(사진 2.4 참조). 아이들은 교실에 있는 디지털카메라로 또래들의 공연을 촬영하고, 공연한 친구들과 함께 그 기록을 공유하고 감상했다. 나는 공연을 관람하거나 아이들이 차례를 기다리는 객석에 앉아 기록을 남기는 데 많은 시간을 보냈지만, 늘 그렇게 하지는 않았다. 때로는 옆에 앉은 아이들과 대화하면서, 이야기 속에서 일어나는 일들을 관찰하기만 했다. 그 순간에 아이들과 나는 하나의 집합체collective였으며, 혼자서는 할 수 없었던 것들을 만들어내었다(Mazzei & Jackson, 2012).

여전히 나는 그 순간 우리가 각자 관찰한 것이 무엇이고, 그 관찰들이 우리에게 어떤 영향을 주었는지 궁금하다. 아이들의 공연을 보았던 날을 되돌아보면서, 내가 개입할 수 있었던 순간들, 성인의 권력에 대해 질문을 던졌던 순간들이 떠올랐다. 내가 관찰에만 그치지 않고 무언가를 해야 했을까? 공연하는 아이들에게 더 가까이 가서, 목소리를 더 크게 내고 인형을 더 천천히 움직이라거나, 자기 그림자가 인형의 실루엣을 가리지 않게 몸을 옆으로 움직이라고 말해야 했을까? 아이들의 행동을 관찰하는 동안 이런 생각들이 머릿속을 스쳐 지나갔다. 하지만 나는 그러지 않았다. 그냥 다른 아이들과 함께 앉아서 관찰하기만 했다. 또 내가 궁금한 건 그 모습을 보던 아이들의 관찰이다. 공연이 명확하게 전달되지 않는 것에 아이들도 신경을 썼을까? 아니면 청중 앞에서 아이디어를 펼쳐나가는 공연의 즐거움을 관찰했을까? 화려한 조명을 받으며 스크린 뒤에서 인형이 움직이는 방법을? 청중에게 목소리가 들리긴 하지만 말소리가 분명히 전달되지는 않는 것을? 모든 사람이 자신을 지켜보고 있다는 사실을?

예술 교사-연구자로서 어린이와 함께 작업하기

대체로 나의 작업은 예술교육 연구의 전통적인 발달 프레임을 거부하고, 어린이의 예술-만들기에서 사회적, 문화적 내재성의 중요성을 강조하는 포스트-발달적 접근에 기반한다(Sakr & Osgood, 2019). 나는 어린이의 작품을 분석해 일련의 예측 가능한 단계에 따라 발달하는 방식으로 어린이를 이해하기보다(Kellogg, 1967/2007; Lowenfeld & Brittian, 1964/1987), '교사, 그리고 또래와 함께 이미지와 객체objects를 만드는 실천에 참여하는 어린이를 가까이에서 관찰'(Thompson et al., 2015, p. 399) 하기를 중시하는 사회문화적 모델에 기반하여 탐구하고자 한다. 이러한 실천을 통해 예술-만들기의 사건 그 자체 그리고 아이들의 아이디어와 만들기에 기여하는 모든 것들을 살펴볼 수 있다.

내가 참여하는 실천에서 나는 단순히 연구자가 아니라 교사-연구자라는 위치성을 가지는데, 이 둘 간에는 중요한 차이가 있다. 왜냐하면 나는 아이들과의 관계 속에서 예술교사를 다시-사유하는re-think 새로운 방식에 관심이 있으며, 이러한 관계가 교육과정이나 페다고지에 어떻게 작용하는지에 주목하기 때문이다. 따라서 나의 작업은 단순히 아이들이 창조하는 과정을 관찰하며 의미 있는 방식으로 관여하는 것을 넘어서, 예술교실에서 손님이 아닌 예술교사로 어떻게 이 작업을 할 수 있는지를 사유하는 것이다. 이러한 관점으로 이 장에서는 어린이와 함께*with* 보다 세밀히 관찰하는 아이디어에 기반한 경험을 공유하고자 한다. 이는 관찰을 '어린이가 무엇을 보고, 사유하고, 느끼며, 경험에 대한 의미를 어떻게 부여하는지를 그들과 함께 [궁금해하는]' 기회로 만드는 것이다(Gandini et al., 2005, p. 2).

학생에게 전달하는 모든 지식을 아는 존재로 교사를 바라보는 것을 거부하면서, 나는 어린이들과 함께하는 예술-만들기와 교육, 연구에서 집합적 관계에 대한 아이디어를 주로 탐구한다. 나는 성인과 어린이가 대화를 바탕으로 지식을 공동-구성co-construction해 갈 때 그들의 관계가 어떠한지를 탐구하는 데 관심이 있다. 이러한 탐구는 협력자이자 탐구 파트너로 아이들과 함께 작업함으로써 가능해진다. 아이들에게 내재되어 있는 창의성이 발현되도록 교사는 아이들의 예술-만들기에 개입하지 말고 그냥 내버려두어야 한다는 입장과는 다르다(McClure, 2011). 오히려 나는 어린이들과 성인들이 함께 협력하여 무언가 새로운 것을 창조하는 순간에 더 흥미가 있다(Cinquemani, 2014, 2019; Cinquemani & Kraehe, 2020). 어린이 예술교육에서 권력, 권위, 지식에 도전하는 연구 프로젝트에서 발췌한 사례들을 이 장에 소개하고자 한다. 이러한 아이디어를 구현하기 위해 스튜디오는 아이들이 직접 만들고, 주도하고, 영감을 받은, 예술-만들기 경험을 중심으로 구성되었다. 나는 절차나 결과 중심의 일반적인 어린이 예술교육과정에서 성인들이 한 걸음 물러나, 아이들이 자유롭게 물질을 만들거나, 가지고 놀이할 수 있게 되면 어떤 일이 일어나는지 발견하고 싶었다. 이런 관점에서 물질과 함께하는 놀이와 만들기는 어떠한 절차를 넘어, (레지오 에밀리아 접근에서 영감을 받아) 아이들에게 물질의 언어를 배울 수 있는 기회를 제공함으로써, 자신의 아이디어를 표현하기 위해 예술 매체를 다루는 방법을 배울 수 있게 해 준다. 이러한 접근은 또한 예술-만들기의 결과물을 넘어 어린이들과 물질 사이의 상호연결성을 탐색할 수 있게 한다.

권력 + 통제 거부하기: 어린이와 함께 관찰하기

앞서 언급한 예술교실의 맥락에서 관찰과 기록화documentation는 중추적인 역할을 했다. 이는 아이들의 관심을 이해하기 시작하는 방법이었으며, 그 자체가 수업의 핵심이었다(그래서 교사/성인의 통제를 거부하고 아이들의 아이디어에 더욱 온전히 귀 기울이도록 설계되었다). 또 이 프로젝트를 진행하는 동안 나는 아이들의 자발적인 예술-만들기와 물질 탐색에서 어린이와 성인 사이의 관계가 어떻게 형성되고 변화되는지에 깊은 관심을 가졌다. Via Vecchi(2010)에 따르면, 관찰과 기록화는 우리가 '어린이들의 [어린이들이 알고 있는] 방법이 놀랍고 아름다우며, 지적인 것임을 묘사할 수 있게 해주고... 어린이를 더욱 존중하고 더 잘 알고자 욕망하도록 [이끈다]'(pp. 132-133). 나는 이러한 것들을 제각각 묘사하지 않고 아이들과 함께 보여주는 데 더욱 관심이 있었다. 그래서 교실에서의 내 역할은 함께*with*라는 아이디어에 기초한 협력자collaborator였다.

이러한 관점은 유아교실이나 초등교실에서 이루어지는 예술에 대한 통념을 거부한다. 교실에서 아이들은 성인이 꼼꼼하게 설계한 수업에 맞추어 무언가를 만드는데, 단계별 지시에 따라 부분 부분을 작업하다 보면 종종 또래와 거의 비슷한 것을 만들게 된다. 이러한 예술-만들기의 관찰은 아이들이 지시를 잘 따르는지, '성공적으로' 작품을 완성하는지, 전형적인 발달 단계에 맞게 도구나 재료(또는 작품 자체)를 사용하는지를 판단하는 것이 된다. 어린이와 함께 관찰하기 아이디어는 이러한 전형적인 교육 공간에서의 권력과 통제를 거부하는 것이다. Canella와 Viruru(2004)가 지적했듯이, '주시하기gaze는 아동기의 모든 공간에서 권력의 적절한 물리적 구조로 받아들여져 왔다'(p. 109). 이러한 주시하기는 어린이를 열등한 존재로 위치시켜 두고 항상 감시해야 한다는 아이디어에서 비롯된다. 무엇을 관찰하거나 또는 무엇에 대해 관찰하는 것과는 달리, 함께 하는 관찰은 성인의 감시, 권력, 통제, 성공적인/올바른 결과물이란 아이디어를 거부한다. 아이들과 함께 할 때 또는 함께 관찰할 때, 우리는 집합적 경험과 소통의 공간을 만들 수 있다.

어린이와 함께*with* 한 예술교실의 관찰은 유기적으로 진행되었다. 그 공간에 있던 성인들(나와 두 명의 예술교육전공 학부생)은 아이들의 하기, 만들기, 사유하기에 적극적으로 참여했기 때문에, 혼자서 관찰하기는 거의 불가능했다. 아이들은 우리를 '다른 부류의 어른'(Christensen, 2004, p. 174)으로 받아들이고 있었다. 자신들과 협력하려는, 아이디어에 귀 기울이는, 예술적 비전을 실현하도록 도와주려는 그런 어른들로 우리를 이해했다. 때로 우리는 예술교실에서 통상적으로는 허용되지 않았던 재료materials를 아이들이 탐구하고 만드는 모습을 그냥 관찰하기도 했다. 그러다 우리가 아이들의 하기doing와 만들기making(질문하기, 아이디어 적기, 사진이나 비디오 찍기, 소리 녹음하기)에 함께 깊이 참여하는 모습을 보이면, 아이들도 그렇게 했다. 아이들은 다른 아이들이 재료를 사용하거나 자극을 불러일으키는 걸 지켜보다가 직접 시도해 보기도 하였다. 새로운 기술이나 전략을 배우려고 또래에게 질문도 했다. 가끔은 성인인 우리와 함께 또래들을 관찰하기도 했다. 이 교실은 자발적인 예술-만들기를 경험하는 곳이었으므로, 아이디어를 얻는 출발점으로 아이들도 관찰을 해야 했다.

경계 지대 – 아이들과 *함께* 이야기하기

Via Vecchi(2010)는 관찰과 기록화가 복잡하면서도 섬세하게 어린이의 이야기들을 들려줄 수 있다고 설명한다. 하지만 나는 그저 아이들'의of' 이야기를 하고 싶었던 것이 아니라, 아이들과 '함께with' 이야기하고 싶었다. 그러기 위해 서로를 관찰하기 위한 방법으로서, 아이들과 나는 기록을 공유하며 다시-살아내는 일종의 성찰적 스토리텔링reflective storytelling을 시도했다. 성찰적 스토리텔링이 포함된 실천 사례는 이러하다. 예술 수업에서 수집한 관찰과 기록을 가지고 매주 토요일에 '지난주 이야기'로 아이들을 초대했다. (아이들과 교사가 함께 참여한 작품에서 나온) 메모, 녹음된 소리, 사진과 영상으로 지난주에 일어난 일에 대한 내 기억을 담아 이야기를 만들었다. (아이들과 함께 했던 프로젝트처럼) 나에게 아주 흥미진진했던 순간, 내가 본 아이들과 재료들 사이의 상호작용, 스치며 마주했던 더 알고 싶은 순간이나 추가적인 맥락이 필요한 예술 사례 등을 공유했다. 나는 이 이야기들을 아이들에게 이미지/영상과 함께 들려주려고, 신중하게 써 내려갔다(사진 2.5, 2.6 참조). 그런 다음 아이들에게 내가 만든 이야기에 관해 의견을 물었다. 내가 빠뜨린 것은 없을까요? 작품이나 경험에 대해 좀 더 이야기해 줄 것이 있나요? 내가 잘못 이야기한 것은 없나요? 나는 기록물에 아이들의 말을 받아쓰고, 이미지 옆에 간단한 메모를 적기도 하면서 다양한 방법으로 아이들의 아이디어를 모았다.

사진 2.5, 2.6 지난주 예술교실에 대한 성찰적 스토리텔링에 참여한 아이들과 나

이 경험에서 흥미로운 점은 아이들과 함께 과거의 순간을 관찰해 가면서, 해석과 이해가 겹겹이 쌓이게 되었다는 것이다. 나는 다른 사람의 관점으로 볼 수 있을 때 우리의 이해와 경험이 달라지거나 변화할 수 있다고 믿는다. 아이들은 관찰자인 나의 시선으로 자신들과 자신의 작품을 서술해 놓은 이미지를 보았지만, 우리에게는 그 이야기를 함께 바꿀 기회가 있었다. 그러면서 혼자서는 불가능한 새로운 지식과 아이디어를 함께 만들었다. Mazzei와 Jackson(2012)의 말대로, 우리는 '둘 사이'의 공간, 즉 '둘 다의 것이기도both/각자가 연결되어 있기도 한and'(p. 450) '문턱threshold'[1]에서 사유한 것이다. 그리고 그곳에서 '서로의 부분들bits과 조각들pieces'[2](p. 451)을 발견하게 되었다. Mazzei와 Jackson은 이 사이 또는 경계 구역이 '모두가 전체에 기여하기 위해 노력하는 것이 아니라, "둘"이 경계구역 밖에서는 불가능한 것을 생산해 내는 과정이자, 다른 방법으로는 불가능한 사유를 만드는 곳'(p. 451)이라고 설명한다. 아이들과 함께한 스토리텔링은 어수선하고 불완전했다. 하지만 나 혼자만의 관찰이 아니라 아이들 모두가 함께 참여할 수 있는 집합적 기억과 경험의 기회를 만들어 내었다.

예술 만들기에 함께하기

예술교실에는 매 순간 서로 함께 관찰하기, 기록하기, 창조하기, 만들기가 늘 존재했다. 아이들의 관심에 의해 발현적 교육과정이 실행되었기 때문

1 역자주: threshold는 어떤 공간으로 들어가거나 나가는 문턱, 즉 물리적 경계로, 어떤 사건이나 변화가 시작되는 지점이나 어떤 상태에서 다른 상태로 넘어가는 대목을 비유적으로 표현하는 언어다.

2 역자주: bits and pieces에서 bits는 비정형적이거나 무작위적인 일부분을, pieces는 전체를 구성하는 특정 조각이나 구체적인 일부를 나타낸다.

에, 아이들에게는 자신이 원하는 어떤 예술작업을 하거나 재료를 탐색하기에 충분한 자유가 있었다. 또 (항상 무언가를 만들어야 한다는 압박 없이) 편안하게 관찰할 수 있는 시간과 공간이 있었기에, 아이들은 다른 사람의 경험을 내면화하여 새로운 것으로 변형할 수 있었다. 아이들이 새롭고 흥미로운 방식으로 서로에게 영감을 주고받는 순간이 많았다. 작품과 재료에 대한 탐구 아이디어는 교실 전체로 번져나갔고, 몇 주 후에 다시 떠오르게 되는 아이디어도 있었다.

이 교실의 특성들, 그리고 협업에 초점 맞추기는 아이들이 각자, 성인들과 함께 또는 아이들끼리 관찰하는 즐거움과 가치를 발견하는 공간을 조성하였다. 아이들은 그러한 순간들에서 영감을 얻었고, 관찰과 함께 만들기는 아이들로 하여금 개인the singular이 아닌 집합the collective이라고 여기도록 격려했다는 점에서 가치 있었다. 아이들이 만들어 낸 모든 것은 서로의 경험을 관찰하지 않고서는 불가능한 것이었다. 우리 모두가 창조 작업에 참여했기 때문에 작품과 예술-만들기 경험은 더욱 의미가 있었고 역동적이었다. 단순히 교사가 무엇을 만들라고 지시하거나 아이들이 서로를 '따라 만드는copying' 것이 아니었다. 우리에게 체화된 경계지대에서 집합적 영감이 발생한 것이다. 우리는 개별 작업과 집합적 만들기를 오가며 온 공간을 넘나들었고, 결국 서로가 없었다면 불가능했을 것들을 만들어 내었다.

References

Canella, G. S., & Viruru, R. (2004). *Childhood and postcolonization: Power, education, and contemporary practice.* Routledge Falmer.

Cinquemani, S. (2014). Entering the secret hideout: Fostering newness and space for art and play. *The Bank Street College of Education Occasional Papers, 31.* http://bankstreet.edu/occasional-paper-series/31/part-i/entering-the-secret-hideout/

Cinquemani, S. (2019). Working with children in the spaces between. In C.

Schulte (Ed.), *Ethics and research with young children: Personal pedagogies* (pp. 77-88). Bloomsbury Press.

Cinquemani, S., & Kraehe, A. (2020). Thinking alongside children: Explorations of Artistic Practice and Research in Early Childhood. *Art Education, 73*(6), 4-11. (Editorial).

Christensen, R H. (2004). Children's participation in ethnographic research: Issues of power and representation. *Children and Society, 18*, 165-176.

Gandini, L. Hill, L., Cadwell, L., & Schwall, C. (Eds.). (2005). *In the spirit of the studio: Learning from the atelier of Reggio Emilia.* Teachers College Press.

Kellogg, R. (1967 [2007]). *Rhoda Kellogg child art collection.* https://www.early-pictures.ch/kellogg/archive/en/

Lowenfeld, V, & Brittain, W. L. (1964 [1987]). *Creative and mental growth.* Prentice Hall.

Mazzei, L. A., & Jackson, A. Y. (2012). In the threshold: Writing between-the-two. *International Review cf Qualitative Research, 5*(4), 449-458.

McClure, M. (2011). Child as totem: Redressing the myth of inherent creativity in early childhood. *Studies in Art Education, 52*(2), 127-141.

Sakr, M., & Osgood, J. (Eds.). (2019). *Postdevelopmental approaches to childhood art.* Bloomsbury Press.

Thompson, C. M., McClure, M., Schulte, C., & Sunday, K. (2015). New directions in researching young children's art making. In O. Saracho (Ed.), *Handbook of research methods in early childhood education: Review of research methodologies volume II* (pp. 393-432). Information Age.

Vecchi, V (2010). *Art and creativity in Reggio Emilia: Exploring the role and potential of ateliers in early childhood education.* Routledge.

CHAPTER

03

움직임과 동시성 그리고 안무

: 어린이 그림과 조율하기

Sylvia Kind Capilano University

이 장에서는 어린이의 예술적 참여를 관찰하고 기록하는 것을 현재 진행되고 있는 것에 맞추고 또 거기에서 리듬과 동시성을 찾는 과정으로 바라본다. 그리고 관찰과 기록은 어린이의 예술성artistry에 대한*about* 정보를 수집하는 것이 아니라, 어린이와 함께*with* 조응해 가는corresponding 방식을 찾는 행위라고 본다. 이러한 관점은 Manning, Massumi, Ingold, Kontturi의 실험적 연구와 예술가들의 실천 사례에 근거하였으며, 만들기를 통한 사고thinking through making(Ingold, 2013)와 하기를 통한 사고thinking through doing 개념을 참고하였다. 여기에서 관찰과 기록은 어린이의 예술작업 과정과 예술성에 대해*about* 알기 위한 것이 아니라, 몰입하고 반응적으로 경청하는 것 그리고 주의를 기울이는 것이다. 이러한 관찰로 기록은 흔적-만들기mark-making, 그림 그리기, 재료, 신체가 어떻게 함께 움직이는지 그리고 우리가 아이들의 리듬, 방식, 공동-창작co-composition의 과정에 어떻게 반응하고 참여해야 할지 질문하게 한다. '동적-관계적motional-relational' 앎(Manning and Massumi, 2014, p. 42)과 체화된 느낌-앎bodied feeling-knowing (Manning, 2012)을 통해 사물을 다르게 알게 되는 것이 중요하다.

만들기나 예술창조, 또는 그리기를 하나의 프로젝트로 바라본다면(Ingold, 2013) 우리는 과정과 결과물에 초점을 맞추게 되며, 마치 아이디어가 형태로 이어지는 궤적처럼 이해하게 된다. 즉, 마치 아이가 머릿속에 떠올린 아이디어를 재료를 통해 형태로 만들어가는 것처럼 보는 것이다. 아주 어린아이의 경우, 우리는 종종 그들이 특정한 결과를 의도하지 않은 채 탐색하고 과정 자체를 즐기는 것에 초점을 맞추거나, 단순한 흔적에서 점점 더 구체적인 이미지로 발전해 나가는 과정에 주목한다. 그러나 만약 만들기making를 힘들forces의 장에서 형성되는 조응correspondence(Ingold, 2013)의 과정으로 바라보고 아이들을 능동적인 물질들의 세계에서 행위하는 참여자로 여긴다면(Pacini-Ketchabaw et al., 2017), 우리는 기존과는 다르게 조율하고, 지각적으로 참여하고, 주의를 기울이게 될 것이다. 아이들의 예술성을 탐구하는 것은 그 과정을 단순히 기술하는 일이 아니다. 이는 창작에 따라 움직이는 배움에서 무엇이 일어나고 있는지를 세심히 사유하는 과정으로, 어떤 것도 '포착될captured' 수 없으며 오직 반응될responded to 뿐이다.

이 장에서는 1-3세의 영아infants and toddlers와 함께 했던 그림 그리기의 탐구 과정이 어떻게 시작되었는지 소개하고자 한다. 나는 대학 캠퍼스 내 어린이집에서 아틀리에리스타atelierista로, 이 기관의 영아 교사들과 함께 탐구에 참여하였다. 영아의 그림 그리기를 탐구하면서, 나는 주의를 기울이고, 기록하고, 출현하는 통찰에 참여하고 반응하는 과정을 공개하였다. 이러한 과정을 '관찰'로 한정하지 않고, 일어나고 있는 일에 참석하고 주의를 기울이며 반응적으로 조율한다는 것이 어떤 의미인지에 더 관심이 있었다. '참석attend'이란 단어는 라틴어 attendere에서 파생된 것으로 앞으로 뻗어 나간다는 뜻을 내포하고 있다. Ingold(2018)는 이를 돌봄, 경청, 기다림, 현존하기, 함께하기, 동참하기, '삶에서 뻗어 나가기'(p. 21)로 풀이하였다. 이와 비슷하게, 나는 조율attunement을 누군가 또는 무언가에 대해 아는 것이 아니라, 민감한 교호성reciprocity, 공생적 화합, 함께 움직이기라고 이해한다. 무언가에 맞추어 조율한다는 것은 그것에 세심한 주의를 기울이고, 그것을 향하며, 그것과 리듬과 동시성을 함께 하는 것을 찾는 것이다(Kind, 2020). 조율은 한 악기가 다른 악기의 소리에 맞추는 것이다. 즉 조화하거나 대비시키기 위해 리듬과 템포를 맞추는 것, 지금 이*this* 상황에서 무엇이 중요하고 또 어떻게 표현해야 할지 감각을 갖는 일이다. 조율은 단순히 듣거나 보는 것을 넘어서는, 우리가 평소에 잘 인식하지 못하는 것들을 향해 더 가까이 다가가고 자신을 뻗어나가게 하는 행위다. 또 수동적으로 받아들이는 것이 아닌, 주의를 기울이며 체화된 반응적 경청이다. 주목하고 경청한다는 것은 곧 감응에 열려있다는 것을 의미한다(Davies, 2014).

영아교실에서 그림 그리기는 주로 그룹활동으로 이루어졌다. 이때 교사들은 그림을 그리는 아이들과 종종 나란히 앉아 작업에 참여했다. 교사들과 함께 한 이 프로젝트를 통해 나는 보다 생동하는 공간을, 즉 함께 그림을 그리고, 반응하며, 사건과 조응하는 민감한 책임성을 위한 상황을 열고 싶었다. 함께 그림을 그릴 때, 단순히 아이들이 하는 것을 따라 하거나 그저 흔한 흔적에 반응하는 것을 넘어서려고 했다. 우리의 탐구 목적은 (깊이 이해하기를 바라기는 하지만) 아이들의 그림 그리기에 '대해 많이 아는 것'이 아니라, 새로운 방식으로 삶의 페다고지life-living pedagogy를 활성화하고, 길-찾기way-finding와 교육과정-만들기curriculum-making(Vintimilla & Kind, 2021)의 과정으로서 기록화와 주의 기울이기에 참여하는 것에 있다. Cristina Delgado Vintimilla(n.d)가 논의한 것처럼, 페다고지는 단순히 현 상황을 기술하는 것이 아니라, '대안적인 가설과 의도를 실험하는 살아있는 교육과정을 불러올 수 있는 가능한 지향들을 활성화하는 데' 관심을 두어야 한다(7항). 이 프로젝트는 예술과 페다고지가 교차하는 곳에서 형성되었고, 그곳은 공동의 그리기 그리고 텍스처, 톤, 리듬, 그리기의 공동-구성이 이러한 욕망과 만나는 곳이었다. 이 프로젝트가 가지는 교육적 의미는 함께 삶을 창조하고, 함께 하는 앎 그리고 삶과 창조의 새로운 방식을 활성화하는 것에 있다.

그리기를 위치시키기

일반적으로는 어린아이들의 그리기를 관찰할 때 파스텔, 크레파스, 연필이 종이를 만나 이미지가 형태가 되기 시작하는 흔적-만들기의 순간에 주의를 기울인다. 아이를 관찰하고 귀 기울이고 아이들이 만든 흔적의 특성에 주목하며, 드러나는 과정과 말이나 이야기에 주의를 기울이면 아이들의 그림이 무엇을 담고 있는지 발견할 것으로 기대한다. 그리기를 자기-

표현, 언어 또는 의사소통의 한 형태로 위치시키면서, 이러한 노력을 통해 아이 내면의 세계, 창작된 내러티브, 그리고 상징적이거나 표상적 시도를 이해할 수 있는 통찰이 있다고 본다. 여기에서 어린이는 그림과 언어적 내러티브의 주인공이자 창조자로 간주된다. 이러한 프레임에서 아이를 관찰하고, 개별 과정을 기록하며, 처음 흔적을 긋는 순간부터 그림이 완성되는 순간까지의 과정에 주목하고, 이미지의 진행 과정과 이야기가 명확해지는 방식을 고려하는 것은 자연스러운 일이다. 영아의 그리기를 이렇게 위치시키면, 시간의 흐름에 따라 흔적-만들기와 재료 사용이 얼마나 더 유연해지고 세분화되는지에 주목하게 되고, 아이들의 그리기를 학습의 발달적 과정으로 여기게 된다. 그 결과, 아이의 그리기 방식은 점점 더 정교한 접근과 표상을 개발해 가는 발달 단계에 따라 받아들여지게 된다.

분명, 아이들의 그림은 말하고, 의미하고, 표상하고, 소통한다. 아이들이 생성해 내는 흔적, 선, 이미지, 말, 이야기, 관점과 해석에는 충만한 아름다움과 다양함이 들어있다(Vecchi & Ruozzi, 2015 참조). 개별 아이가 지닌 특이성singularity, 작업 과정, 시각적 내러티브, 예술적 성장과 학습은 중요하다. 그러나 예술을 재현, 즉 프로젝트나 대상으로 또는 아이의 지식이나 기술을 반영하는 것으로 여기는 생각에서 벗어난다면, 다른 가능성들이 열리게 된다. 아이가 무엇인가를 지니고 있다고 보고 그 아이에게 초점을 맞추어 관찰하는 대신, 물질과 관계로 이루어진 생태계의 참여자로 아이를 볼 수 있게 된다. 이와 같이 관점을 전환하면, 힘들이 교차하는 장에서 펼쳐지는 그림을 함께 바라보는*looking-with* 것에 초점이 맞추어진다. 여기에서 그리기는 항상 집합적인 사건이며, 또 함께 움직이는 다중적 관계 속에 있게 된다. 공간spaces, 장소places, 재료, 표면, 아이, 교사, 신체, 아이디어, 언어, 소리, 그리는 행동, 출현하는 흔적과 이미지는 함께 움직인다. 따라서 그림 그리기는 종이의 경계를 넘어 움직이면서 가시화된 아이디어 그 이상인 것이다. 이런 식으로 그리기는 교환exchange, 상호성, 내부작용의 향연이 되어, '생동하며, 살아 움직이고, 변형 가능한 것'(Penn, 2021, p. 151)으로 되어간다(사진 3.1).

사진 3.1 움직이는 그리기

Kontturi(2018)에 공명해서 표현해 보자면, 그리기는 항상 과정 중에 있는, '끊임없는 움직임'(p. 9)이다. 따라서 의미는 개별 작품, 흔적, 이미지 안에 있거나 아이에게 또는 아이와 함께 있는 것이 아니다. 의미는 살아가고, 행하고, 만들어지는 과정 그리고 얽힘, 관계, 그리고 배치 속에서 생성된다. 여기에서 주된 관심은 작업이 어떻게 작동하는지에, 행위와 활성화에, 그리고 움직임을 가능하게 하는 것에 있다. 이는 그 순간 만들어지고-있는in-the-making 그리기에, 또 그것의 펼침과 관계들에 주목하는 것을 의미한다. '따라간다는 것은 예술을 "작업work"으로 받아들이는 것이며, 예술작업의 물질적, 감응적, 관계적 행위는 이미 알고 있는 것의 재현을 넘어 새로운 무언가를 제공해 준다'(Kontturi, 2018, p. 10).

춤으로서의 그리기

우리는 John Matthews(2003)의 글을 함께 읽으며 영아의 그리기에 관심을 갖게 되었고, 흔적-만들기라는 행위에 대해 이해를 넓힐 수 있었다. Matthews는 예술 발달적 관점에서 매우 어린아이들의 운동 감각적이고, 촉각적인, 신체와 몸짓의 그리기 행위를 풍부하게 묘사하였다. 그는 신체적 움직임으로 그리기 행동에 대한 세밀한 통찰을 제공하며 어린이들의 그리기 행동의 세부적이고 특수한 요소를 더 많이 알아차릴 수 있게 해준다. 그러나 무엇보다 우리에게 지속적으로 호기심을 불러일으키는 것은 그리기를 '시간과 공간 속에서 이루어지는 하나의 패턴화 된 춤'으로 생각하자는 제안이었다(p. 34). 그리기를 이런 방식으로 보게 된다면 즉, 그리기가 안무choreographies로서 '단순히 행위의 주도자로 머무르는 것이 아니라 진화하는 환경milieu과 긴밀히 참여하는 신체 표현의 장field'으로 변화한다면 어떤 일이 일어날까?(Manning, 2013, p. 101).

O'Sullivan(2006)은 '예술은 질문하는 방식에 의해 미리 결정된다'(p. 14)고 기술한 바 있다. 어린아이들의 그리기가 춤과-같은 안무적 사건으로 구체화될 수 있다는 제안을 받아들인다면, 우리는 아이들의 이미지나 의도를 이해하거나 더 많은 지식을 얻거나 Matthews의 주장을 증명하는 것이 아니라, 그러한 제안에 참여하여 리듬, 움직임, 집합적 즉흥성을 느끼며 그 과정에서 무엇이 드러나고 해체되는 것을 발견하는 목표를 갖게 될 것이다. 우리는 Manning(2013)이 제안한 안무적 사고chorecographic thinking에 동참하며, 관계의 장-타자들과 함께 그리고 리듬과 속도와 제스처의 표현과 공동-출현co-emergences이 나타나는 즉흥연주의 장-에서 움직이고, 창조하고, 구성하는 방식으로서 그리기를 생각하였다. 즉 그리기는 단순히 정해진 방향으로 나아가는 예술적 발달 과정이 아니라, 바로 그 사건의 모습인 것이다. 이러한 방식으로 그리기에 주목한다는 것은 생각하기-

행하기thinking-doing 혹은 동적-관계적 앎에 의해 형성되며, 여기서 '만약이라는 가능성what-if'이 스스로 사고를 움직이게 하는 것이다(Manning & Massumi, 2014, p. 43). Kontturi(2018)의 설명처럼, '펼쳐지는 삶의 물결에 들어가는 것이며, 그 움직임에 의해 끌려가고, 그것과 함께 움직이는 것이다'(p. 8). 이는 그리기가 어떻게 안무적인 방식으로 움직이는지에 대한 질문을 불러온다. 어떤 움직임, 흔적, 리듬, 교호성reciprocities, 초대와 시간성이 그리기를 형성하고 있는가? 그리고 이러한 측면들이 그리기의 수행적 측면, 즉 그리기가 무엇을 하고 우리로 하여금 무엇을 하게*do* 만드는지에 대해 주목하는 방식은 무엇을 의미할 수 있을까?(O'Sullivan, 2006, p. 20) 이는 어떤 경험과 공동-운동co-motions을 만들어 낼까? 이것은 아이들을 바라보거나 관찰하는 것에서, 즉 보이는 것이 직접적으로 알려줄 수 있는 것처럼 보는 것에서 함께-바라보는 것*looking-with*으로 초점을 이동시키며, 함께-움직이고*moving-with*, 함께 감각하며, 공생적 공동-되기co-becomings(Vintimilla & Kind, 2021)에 조율하는 과정으로 우리를 열어준다.

이러한 그리기 안무에서 '인간이 환경environment을 주목하는 것이 아니라 환경 스스로가 주의를 발산하기'(Manning & Massumi, p. 6) 때문에, 우리는 재료, 공간, 상황의 반응성에 주목한다. 이는 인간과 비인간 타자의 '상호 행동의 즉시성immediacy of mutual action'을 강조하는 것이다. 그리기 공간은 관계성과 집단성을 활성화하기 위해 중앙의 개방된 곳에 위치하였는데, 이는 모임을 위한 가시적인 초대장이었다. 탐구가 지향하는 바와 어린 아이들의 움직임에 어울리는 그리기 재료에 민감한 교사들은 파스텔, 부드러운 연필, 목탄, 흑연을 준비해 두었다. 서로 혼합되고, 퍼지고, 함께 뒤섞이며 표면과 신체 사이에서 쉽게 움직이는 재료인 분필 파스텔과 부드럽고 두꺼운 수성의 나무로-감싼 파스텔 연필이 주요 매체였다. 이러한 재료들은 종이, 표면, 아이들의 손에 흔적을 남긴다. 조화로운 색 배열은 겹겹의 흔적과 지속적인 혼합과 변형을 만들며, 시간이 흐르면서 움직임과 교환에 가시적인 심미감을 주고, 유동성fluidity과 상호성mutuality, 반응성, 공동-함의co-implication의 감각을 키워준다. 수성의 파스텔과 연필은 움직임과 재료와 흔적을 환대할 수 있는 공간을 열어주었다. 바닥에 깔려 있는 긴 종이, 벽지와 낮은 나무 의자들은 모임과 탐구를 불러왔고 작은 종이도 다양한 움직임과 여정을 열어주었다. 유연한 시간 속에서 아이들은 자유롭게 오갔다.

공간은 반응적이고, 환대적이며, 움직임 속에 있다. 수년에 걸쳐 교사들은 세심하게 공간을 구성해 왔으며, 옆 교실과 바깥의 나무가 보이는 창문에 그림을 그리거나 벽에 게시된 아이들의 사진 위에 그림을 그리는 것처럼 투명성과 관계적 요소를 끌어당기는 중력이 즉흥적으로 공간을 만들기도 하였다. 그리고 그에 대한 반응이 나타났는데, 창문에 그리는 것을 확산하기 위해 그리고 다른 사람의 그림과 그리기 방식의 관계를 확대하기 위해, 그림을 모아두던 공간이 두 개의 낮은 나무 벤치 사이에 대형 플락시글라스 이젤 같은 패널을 끼워 재구상되기도 하였다. 몇 장의 아이들 사진이 투명 필름에 인쇄되어 플락시글라스에 게시되어 관계성의 층위를 더해주었다. 우리는 작은 반응적인 제스처로 드러나는 것들을, 즉 교실과 물질들, 아이들의 움직임의 심미성과 유동성에 그리고 그것들이 함께 만들어 내는 것에 주목하였다. 또 우리는 일상의 안무와 공간, 상황, 신체, 그리기가 함께 움직이는 것에 주목하였다.

일상적인 안무에 대해 생각하고 그리기의 안무 방식에 맞추어 조율하면서, 우리는 예술가 Justine A. Chambers의 춤을 떠올렸다. 그녀가 생각하는 안무는 이러하다.

> 안무는 감정이입적 실천이며, 협력적 창작과 세밀한 관찰 그리고 신체의 축적되고 체화된 아카이브가 그 근간을 이룬다. 보이는 것보다 느껴지는 것을 중시하면서, 그녀는 '이미 거기에 있는' 춤, 일상 속에 존재하는 사회적 안무와 함께 작업한다(National Arts Centere, n.d. para 1).

운 좋게 나는 그녀가 자신의 작품 발표회에 몇 번 참석할 수 있었고, 일상적인 제스처를 모아 재구성하는 그녀의 춤 창작 방식에 매료되었다. 예를 들어, Family Dinner(Chambers, n.d)[1]에서 그녀는 함께 식사하는 사람들의 제스처를 모아 구성해서 식사 안무를 공연하였다. 그녀는 제스처의 친숙한 어휘를 탐구하고, 다른 사람들의 제스처가 기억되고 보존되어 움직임 실천의 언어가 되는 아카이브로서 신체를 개념화한다. 그녀의 작업에 관해 나눈 대화를 시작으로, 우리는 그리기의 관계적 안무에 맞추어 조율하고 또 그러한 관계적 안무를 함께 만들어가는 여정을 이어갔다.

기록의 과정

우리는 관계성, 공동-구성 그리고 아이들이 타인과 상호작용하는 그리기 순간에 초점을 맞추어 그리기 사건을 비디오로 기록하는 것에 관해 깊이 사유하였다. 개체 발달적 관점에서 벗어나기 위해, 우리는 신중한 자세로 교환과 상호성의 순간에 주목하였다. 비디오, 움직이는 이미지, 신체, 재료, 제스처, 행위화[enactment], 소리, 음성, 관점의 변화는 움직임 안에서 사고하기(Manning & Massumi, 2014)를 이끌었고, 재료와 아이들과 교사가 함께 조응하는 방식을 엿볼 수 있게 해 주었다. 비디오는 표현적이고 해석적이며 예술적인 매체로서 잠재력을 가지고 있으며, 편집을 통해 특정 아이디어에 주목할 수 있도록 재구성하고 병치하는 것이 가능하다(Cooley, 2007; Kind & Argent, 2017). 우리는 비디오를 단순히 일어나는 일을 보

---

1 역자주: 'Family Dinner'는 Chambers가 고안한 몰입형 공연 프로젝트로, 관객을 공연자와 함께 식사에 참여하도록 초대하는 독특한 형식의 작품이다. 이러한 작품을 통해 일상적인 사회적 제스처와 습관을 예술적 맥락에서 탐구하며, 관객과 공연자 간의 경계를 허물고 새로운 형태의 참여적 공연을 제시하고자 한다. 더 자세한 내용을 알고 싶다면 아래 영상을 참고할 수 있다.
 * 참고: https://www.youtube.com/watch?v=pS0LjyjdUeQ

여주는 선형적이며 객관적인 기록이나 반복으로 여기지 않았다. 우리는 비디오가 지니는 해석적이고 시적인poetic 가능성과 함께 작업했으며, 이렇게 함께 촬영하고, 편집하고, 감상하고, 고찰함으로써 보다 섬세하고 다양한 방식의 알기, 보기, 감각하기, 반응하기를 불러올 수 있었고 또 그에 맞추어 조율될 수 있었다.

사건의 비디오 기록은 공동-구성의 순간을 강조하고 특정 발현 순간의 아이디어, 찰나의 순간들, 제스처, 교호성에 주목하기 위하여 짧은 클립이나 간격 또는 '구pharase'를 이용하여 나뉘었다. 각각의 비디오 영상은 특정 아이디어의 형성 과정에 초점이 맞추어졌다. 비디오 기록은 사건의 선형적인 흐름이 아니라 공통의 관심사를 중심으로 재구상되고 집단화된 것을 통찰하도록 이끌어주며, 무엇*what*이 발생하였는지에 관한 단순한 서사에 저항하도록 해 준다. 우리는 함께 공명한 '제스처'를 모아 비디오 영상 아카이브로 만들었다.

나와 아이들, 교사들이 함께 한 그리기 사건 동안 우리는 비공식적으로 대화를 나누며, 격주로 화상 회의를 열어 비디오를 함께 보면서 토론을 벌였다. 이 토론에서 우리는 사물들things이 함께 어떻게 흐르고 움직이는지 그리고 명제적 개념을 형성하는 것을 통해 이에 형태를 부여하는지 그 디테일이나 뉘앙스, 또는 독특함에 다가가고자 하였다. 이는 우리가 추후 그리기 사건에서 무엇에 주목해야 하는지에 대해 안내하고 조정하며 정교화하는데 도움을 준다. Manning(2012)은 '개념을 창조한다는 것은 언어의 전제조건prearticulations과 함께 움직이는 것이라고 하였다. 사고/느낌 모드에서 언어의 의미는 미정이다. 어떤 의미일지 규정되지 않는 상태에 있는 것이다'(p. 5). 일련의 과정을 거치고 시간이 지나면서 우리는 발현하는 관계성, 공동-창작, 물질성, 교호성, 제스처, 흐름, 리듬, 소리, 동시성, 환대, 관대함, 투명성, 수렴과 연합에 대해 생각하게 되었다. 이는 이러한 사건들이 어떻게 흐르고 무엇이 그 흐름을 만들어 내는지에 관해 제안하는 개념들이다. 이들은 무언가를 묶어놓은 범주나 완전하게 정의되어 있는 개념이 아니다. 그것들은 서로 겹쳐지고 엉키기도 하면서 놀이 속에 존재한다.

개념의 형성을 돕기 위하여, 나는 특히 공명한 순간들을 선택하여 글로 묘사하였다. 이렇게 그 순간을 언어로 묘사하는 과정은 우리가 움직임의 창작에 보다 주의를 기울이면서 더 민감해질 수 있도록 그리고 막 시작되는 것에 대해 사색할 수 있도록 하는 데 도움을 주었다. 이미 알려진 개념을 적용하거나 단순히 해석적 또는 이론적 관점을 더하거나 사건을 객관적으로 설명하지 않았다. 그것은 내재적이고 발현적인 개념과 아이디어를 설명하고 그것들에 형태를 부여하는 과정으로, 늘 진행 중에 있다. 나는 '유생 상태의 아이디어larval ideas'(Vintnkilla in Nuxmalo, Vintimilla & Nelson, 2018, p. 437), 즉 아직 완전히 형성되지는 않았지만 생동하는 그러한 아이디어를 찾고자 하였다.

비디오의 장면을 글로 그대로 옮겨 경험을 정확하게 묘사하는 것은 불가능하다. 그리고 경험의 정확한 묘사가 중요한 것이 아니다. 경험은 항상 재현되는 것 이상의 것이기 때문에, 나는 경험을 글로 쓸 때 그 순간의 마음과 템포, 존재와 행위를 전하려고 하였다. 처음에는 글쓰기가 단편적이고 충분하게 느껴지지 않았지만, 다시-보고 다시-쓰면서 물질로 향하는 길을 발견하기 시작했다. 박동과 생생한 관계성의 감동을 주고 예전에는 생각지 못했던 무언가가 드러내는 글쓰기는 우리에게 응답하며 또 마치 그것이 살아있는 것처럼 느끼게 해 준다. 나는 '세계를 느끼는' 언어(Manning, 2012, p. 215), 함께 감각하고 움직이는 언어, 창조된 질감과 음색에 스며드는 언어로써 묘사하고 싶었다. 이러한 글쓰기의 과정은 우리가 주목하고 있는 것과 그것의 이전 형태를 좀 더 충분히 설명하고 보여주는 데 도움이 되었다. 그러한 과정을 통해 우리는 그리기의 리듬, 흐름, 움직임에 맞추어 조율할 수 있게 되었고, 사물 존재를 느낄 수 있었으며, 반응적인 상황을 만들고, 작은 즉흥연주의 기회를 제공할 수 있었다. 나는 여전히 완전히 드러나지 않은 경계에서 창작하고, 또 잠재되어 있는 사건을 일으켜서 '예술이 만들어지는 과정에서 지식을 창조'(Kontturi, 2018, p. 11)하는 데에 중점을 두었다. 우리는 주의, 문서화, 비디오 기록, 토론, 글쓰기의 과정을 반복하면서 길-찾기의 여정을 이어갔다(사진 3.2 참조).

사진 3.2 그리기의 환대에 동참하기

Ingold(2013)는 '세상과 조응하는 것은...... 그것을 묘사하거나 재현하는 것이 아니라, 세상에 응답하는 것*answer to it*'(p. 108)라고 하였다. 우리의 의도는 단순히 설명하거나, 배우거나, 또는 '다음에 무엇을 해야 할지 아는' 것이 아니라, 잠재력을 활성화하고 그 흐름에 동참하는 것에 있었다. 이를 통해 주의의 춤dance of attention은 단지 이 순간 우리에게 드러나는 것에만 머무르지 않고, 앞으로 다가올 것들, 예를 들어 우리를 더 큰 무언가로 나아가게 하는 작은 제스처나 사소한 움직임들에도 주의를 기울이는 것이 된다. Manning(2016)은 Deleuze와 Guattari를 참조하여 미세한 제스처

minor gestures를 '경험을 잠재적인 변형으로 열어주는 제스처의 힘force'으로 설명한 바 있다. '제스처의 힘은 경험 그 자체에서 생기며, 톤의 변화를 활성화하고 질적 차이를 만들어 낸다'(p. 1) 미묘한 변화와 함께 즉흥적으로 나타나고 점점 더 조율해 가는 작은 제스처들과 어우러지며, 우리는 움직임과 사건에 응답하고 동참하였다.

관대함, 환대 그리고 초대

Sage는 교사 MJ의 무릎 위에 앉아 있다. 그곳에는 플렉시글라스, 긴 의자에 붙어있는 종이, 벽에 걸려있는 종이에 남아있는 시간에 걸쳐 생긴 흔적들이 겹겹이 쌓여 있다. Sage는 무슨 일이 일어나고 있는지 지켜보면서, 그리기에 몰입하지는 않았다. Justine이 다가오자, 그리기 행위가 중단되었다.

> Justine이 두 사람에게 다가와 잠시 옆에 앉더니, 긴 의자 아래에 있는 부서진 파스텔 조각들을 모으기 시작한다. Justine은 작은 투명한 용기 두 개에 파스텔을 담고, 나에게 하나를 건넨 후에 MJ에게 다가가서 그녀의 손을 바라본다. 그리고 그 사이를 왔다 갔다 하며 나, MJ, 그리고 Sage에게 하나씩 파스텔을 건넨다. MJ는 매번 손을 펼쳐 파스텔을 기꺼이 받지만, Justine이 Sage에게 파스텔을 내밀 때마다 Sage는 잠시 고민한 후 고개를 저으며 거절한다. Justine이 우리 사이를 오가며 파스텔을 건넬 때마다 관대함의 리듬은 이어졌다. Sage의 조용한 거절에도 불구하고 Justine은 매번 파스텔을 내민다. 어느 순간 Justine은 파스텔을 건네며 Sage를 바라보고는, Sage가 이 재료를 받아들이지 않음을 알아차린 듯 스스로 고개를 젓는다. 하지만 Justine은 여전히 활짝 웃으며, 마치 초대할 때의 즐거움과 관대함을 느끼는 듯 행동을 이어간다. 거기에 강요는 없으며, 열린 환대만이 있다.
>
> 앞서 나는 Sage가 가는 검은 펜으로 작은, 섬세한 물결선을 그리는 것을 보았

다. 나는 비슷한 펜을 Justine에게 주었고, 그 아이는 플렉시글라스 이젤에 펜을 사용해 보고는 Sage에게 그것을 건네주었다. Sage는 곧바로 그 펜을 받았다. Justine은 기다리고 지켜보다 되돌아와서는 나에게 파스텔을 더 달라고 하였다. 그리고 다른 재료들도 함께 모아서 Sage에게 그것을 계속 건네주었다. 그러는 동안 Sage는 긴 의자 위에 있는 종이에 그림을 그리기 시작했다. Justine도 또 다른 펜을 집어 들고 Sage와 함께 그림을 그렸다.

활짝 열린 손과 그릇들, 여러 개의 파스텔과 펜 속에는 환대hospitalities가 깃들어 있다. 거절을 받아들이는 태도, 그리고 그 거절이 열어주는 또 다른 가능성 속에도 환대는 있다. 누군가 함께하길 기다리는 마음, 기꺼이 기대하는 희망, 그리고 몸과 몸을 이어주는 거닐고 얽히고 흐르는 선들 속에도 환대는 흐른다. 우리뿐만 아니라 아이들에게도 그리기는 다른 사람과 조율하는 과정이었다. Justine이 Sage의 거절의 순간을 받아들이는 장면은 아이들이 그림을 그리면서 다른 사람들의 제스처를 수집하는collect 방법에 대해 궁금하게 만들었다. 이는 Justine A. Chambers가 표현한 것처럼 하나의 아카이브가 되는, 몸에 체화된 느끼기-알기 속에서 이루어진다. 우리는 또한 어떤 다른 제스처들, 초대, 그리고 환대가 어떻게 확장되고 교호하는지에 대해서도 궁금해졌다. 무엇이 우리를 그리기로 이끄는 것일까?

이른 아침, 아이들이 하나둘씩 도착할 때 커다란 종이로 덮인 낮은 나무 발판을 둘러싸고 교사 Rachel과 교사 Lily 그리고 Cedar, Harper, Sunny가 모여 있었다. 파스텔-펜이 손에서 손으로 건네지고, 한 손으로 연필을 잡다가 두 손으로 잡고, 몸들은 발판 주위를 움직인다. 종이로 덮인 나무 표면 위에 파스텔-펜으로 톡-톡-톡 소리를 내며 점과 같은 흔적이 계속 만들어졌는데, 이것은 마치 모임에 초대하는 것처럼 느껴졌다. 톡-톡-톡 소리는 부드럽고 유연한 그림의 선과 아이들의 부드러운 움직임과 함께 어우러졌다. 아이들은 왔다 갔다 하기도 하고, 그림 위에 올라가기도 하고, 도착하는 아이를 맞이하러 나갔다가 되돌아오기도 하였다. 톡-톡 소리는 그리기를 불러일으키는 음향이 되어 계속 이어졌다.

Justine이 MJ 교사 옆에서 종이에 그림을 그리고 있고, 그 모습을 Heloisa, Sage, Ava가 지켜보고 있다. Justine은 종이와 플락시글라스 위에 반복적으로 선[lines]을 그리고, 톡-톡-톡 흔적을 만들고는 마치 초대하듯이 손을 떼고 잠시 멈추었다. MJ는 Justine의 톡-톡-선의 흔적과 소리에 응답하면서, 톡톡 소리-선-그리기의 대화와 리드미컬한 교환이 이루어졌고, 동시에 움직이는 체화된 공명과 즉흥연주 속에서 선들, 소리들, 흔적들이 동시에 하모니를 만들었다. 어느 순간 Justine은 Sage를 향해 톡-톡 소리를 내었는데, 이때 Sage는 플락시글라스 맞은편에서 있었고 그리기에 참여하고 있지는 않았지만 Ava가 쥐고 있는 펜을 유심히 바라보았다. Justine은 MJ 교사와 함께 리듬을 타며 움직이는 동시에 Sage에게 동참을 바라며 소리 초대장을 보내고 있었다.

우리는 이러한 그리기 사건들을 제스처, 소리-흔적, 리듬, 초대의 집합으로 바라보기 시작하였다(사진 3.3 참조).

사진 3.3 그리기의 관대함

교호성과 관계성

교사 Gabe와 Madi는 서로 마주 앉아 바닥에 펼쳐진 긴 종이에 함께 그림을 그리고 있다. 종이 위에는 몇 주에 걸쳐 그려진 그림과 아이들의 자취들, 교차점들이 남아있다. 이들은 각각의 그림이 고립된 사건이 아니라 여러 가지가 동반된 관계 속에 있음을 조용히 드러낸다.

Gabi는 목탄 연필을 선택해 종이 위에 계속해서 원형 선을 그리다가, Madi를 바라보며 그리기를 멈추었다. Madi는 흑연을 집어 들어 Gabi가 그린 원형 선 옆에 동그란 모양을 그렸다. 흑연의 부드럽게 미끄러지는 특성은 빠르게 그리고 계속해서 선을 만들어 내었다. Madi는 부드럽게 미끄러지는 동작으로 확대해 가더니 조금 더 힘을 주어 Gabi의 그림에 동그라미를 겹쳐지게 그렸다. 마치 Gabi의 흔적을 인정하면서 그리기를 계속하자고 초대하는 것 같았다. Madi가 흑연을 종이에서 떼어내며 잠시 멈추었다. 이에 Gabi는 강해진 선의 힘에 반응하며 약간 더 빠르고 에너지가 가득한 동작으로 두 개 원의 가장자리를 색칠하였다. 잠시 멈추어 Madi는 흔적들을 보고 나서 Gabi를 힐끗 쳐다본 뒤 다시 흔적으로 시선을 돌리며 미소 지었고, Gabi가 그린 원형 선 위로 동그라미를 그림으로써 활기차게 응답하였다. 그 선들의 에너지는 Madi의 맨발에서부터 몸을 타고 팔, 손, 흑연, 그리고 종이로 이어지는 것처럼 보였다.

마치 무언의 약속을 한 것처럼, 리드미컬한 교환이 자연스럽게 이루어졌다. Gabi가 흐름과 속도를 바꾸기 전까지, Gabi와 Madi는 모양, 강도, 속도, 리듬을 서로 비슷하게 하여 반응하면서 그리기-보기-멈추기-교환하기-그리기-멈추기-반복하기를 이어갔다. Gabi가 그려진 원형 선을 따라 짧은 톡-톡-톡 소리-흔적을 만들자, Madi의 눈은 그 길을 따라갔다. Madi는 좀 더 오랫동안 Gabi를 바라보았다. 손이 이마로 가서 머리카락을 넘기고, 잠깐의 망설임 후 더 강하고 길게 원을 그리며 Gabi에게 자기가 잘못된 방식으로 게임을 하고 있었다는 듯한 신호를 보낸다. Gabi는 몸을 기울여 더 강하게 원을 그리며 이에 맞추고, 두 사람의 원을 그리는 대화가 계속되었다. 이번에는 강도는 더 세지고, 주고받는 사이의 멈춤도 짧아진다.

목탄의 부드러움과 풍부함, 유연함, 검은 색깔, 가변성에 주의를 기울이면서 Gabi는 속도를 다시 한번 바꿔, 더 느리고 차분하며 좀 더 정교하게 선들을 그렸다. Madi는 순간 혼란스러운 듯 손으로 머리를 감싸 쥐더니, 다시 힘차게 원을 그리며 반응하였는데, 집중하고 있다는 것을 강조하듯이 좀 더 오랫동안 그림을 그렸다. Gabi는 초대를 유지하고 또 대화를 확장해 줄 수 있는 목탄의 가능성을 유지하면서, 리듬과 강도에 맞춰 반응하였다. 매번 주고받는 과정에서 그녀는 톡-톡 소리와 함께 원을 그리며 약간씩 변화를 주었지만, 여전히 리듬을 유지하였다. 두 사람의 교환은 계속 이어졌다. 그러다 짧은 순간, Madi는 Gabi가 만든 톡톡 소리의 흔적을 자신의 원 그리기에 기꺼이 받아들였다. 하나의 원형 선, 빠르고 짧은 다섯 번의 톡-톡 소리 흔적들, 그리고 계속 이어지는 원형의 반복들.

이 '게임'의 리드미컬한 특성을 보면서, 우리는 그리기와 멈추기의 속도, 강도, 간격, 교호성이 사건을 만들어 내는 방식에 주의를 기울이게 되었다. 멈춤이 지닌 초대의 힘, 그리고 Madi와 흑연이 어떻게 속도와 리듬을 불러오고 이를 Gabi가 자연스럽게 받아들이는지, 또 Gabi와 목탄이 미세한 흔적의 변화를 통해 대화를 확장하고 Madi가 그 대화에 동참하는지에 주목하였다. 목탄, 흑연, Madi, Gabi, 흔적과 원형의 반복이 함께 창작한 것이다. 이때 그리기는 공생적인 상호작용interplay 안에서 서로를 향해-다가가는reaching-toward, 공동-함의co-implication이자 공동-창작co-composition의 모습을 띤다. Manning(2016)은 '향해-다가감은 경험에 내재된 관계성을 드러내며, 세상과 함께-느끼는 것임'(p. 2)을 강조한다. 그러한 반복적인 제스처, 리듬, 힘, 강도를 보면서 우리는 Justine A. Chambers(2020년 1월 6일)와 그의 동료들이 함께 공연한 *One Hundred More*[2]를 떠올렸다. 그 공

2 역자주: One Hundred More는 안무가이자 공연자인 Justine A. Chambers와 Laurie Young이 공동으로 제작한 무대 예술 작품이다. 이 작품은 현재의 사회 · 정치적 분위기에서 영감을 받아, 집단적 분노와 저항, 그리고 그에 대한 대응을 신체 움직임으로 표현한다. 특히 이 작품은 Erin Manning의 에세이인 The Minor Gesture에 영감을 받아 제작되었으며, '사소한 몸짓(minor gesture)'이 기존의 통념과 상식에 어떻게 도전하고, 인간 관계를 변형하며, 새로운 존재와 인식, 행위의 형태를 제안하는지를 탐구한다. 더 자세한 내용을 알고 싶다면 아래 영상을 참고할 수 있다.
* 참고: https://youtu.be/9iqX8ZSG9GY?si=VfH1dCqepLCjpvU2

연은 그들은 반복적인 제스처와 작은 리드미컬한 움직임으로 저항을 표현하였다. 제스처의 힘과 강도는 매우 감동적이었으며, 관객들은 이를 몸으로 느낄 수 있었다. 언어를 초월하는 느낌-앎, 즉 감각하기sensing는 우리로 하여금 일상적인 그리기 행위에 드러나는 강도, 리듬, 제스처를 계속 탐구하도록 이끌었다.

제스처, 리듬 그리고 소리

우리가 그리기의 리듬적 특성에 주목하면, 미묘한 초대와 순간적인 제스처, 작은 순간들이 우리를 이끌어주었다. 각각의 순간이 그 자체로는 중요해 보이지 않았지만, 그러한 순간들이 함께 모여 공명이 일어났다. 듣고 반응하는 제스처는 지속적이고 사색적이며 미묘하다. 그러한 제스처는 리듬을 분출하고 템포와 강도와 높낮이를 느낄 수 있게 해 주며, 사건의 안무적 뉘앙스 그 이상을 불러온다. 주의를 기울이고 반응하는 모든 행위는 울림으로 이어져서, 우리에게 아이들의 제스처, 리듬, 소리와 함께 할 수 있는 길을 열어주었다.

Madi는 여러 개의 길고 느린 곡선을 그린 다음, 짧고 빠르게 교차선을 그린다. Madi의 그리기는 느리게-빠르게, 곡선-직선을 오가며 유연하게 반복하며 진행되었다. 예측 가능하거나 패턴화 된 것은 아니었지만, 그 아이의 흔적에는 내재된 리듬이 있는 것 같았다.

Will은 종이에 선을 길게 그리더니, 마치 비행하듯이 허공에 대고 속도를 내어 손과 파스텔로 선을 이어갔다. 선 그리기는 변화하며 계속 이어졌는데, Will은 종이 위에서 파스텔이 움직일 때처럼 스으윽스으윽 소리를 내기도 하고, 이륙하듯 손을 들어 소리를 내면서 공중에서 선을 이어가기도 했다. 손에 쥐고 있던 파스텔이 공중에서 바닥으로 떨어졌지만, 선 그리기는 계속 이어졌다. 선들은 종이 위에, 공중에, 그리고 소리에 흔적을 남겼다.

> Ava, Goldie, 그리고 교사 MJ는 바깥 울타리의 그림판 위에 그림을 그리고 있었다. Antonio는 한쪽에서 고음과 저음을 오가는 멜로디 같은 소리를 반복해서 내었다. MJ는 이 소리에 맞추어, 높게-낮게-미끄러지는 듯한 리듬의 선을 반복해서 그렸다. Ava는 소리-흔적의 위와 옆에 그림을 그리며 반응하였고, Antonio는 MJ와 반복되는 노래-소리, 선들을 유심히 보다가, 다른 소리의 톡톡 두드리기와 미끄러진 흔적을 만들며 짧은 멜로디 대화에 동참하였다.

우리는 특정 부분에 주의를 기울이기 위해, 대부분 30초 이하의 짧은 비디오 클립을 선택하였다. 그 비디오에는 손, 손가락, 파스텔, 몸, 선, 흔적들이 동시에 조화를 이루면서 움직이거나, 무언가 창작하거나 또는 제스처로 이루어진 비디오 시video poems가 만들어지는 모습이 담겨있다. 여기에서 우리는 체화된 '사회적 안무social choreographies', 즉 그 순간 어린이와 교사, 손, 선, 그리고 흔적들이 함께 조응하며 만들어내는 리듬의 친밀함과 뉘앙스에 주목하였다. 우리는 제스처가 담긴 비디오를 반복해서 보면서 맥박과 울림을 느꼈고, 그 강도는 우리를 관통하면서 체화된 느낌-앎의 형태로 우리에게 와닿았다. 아이들이 그림을 그리고, 교사들이 비디오 클립이 재생되는 노트북 주변으로 모일 때 MJ는 플루트를 가져와 리듬을 연주하였다. 이는 동시성을 가시화하고, 본 것뿐 아니라 느꼈던 강도에 몰입하고, 그리기의 리듬을 되살려 느낄 수 있도록 하기 위함이었다. 그 순간들은 아이들의 주의를 이끄는 순간이었을 뿐 아니라, 우리가 함께-느끼고, 함께-움직이며, 그에 반응하는, 즉 함께 조율하는 순간이었다. 비디오가 재생되면, 아이들과 교사들은 독창적인 방식으로 소리와 리듬을 되돌려 보낸다. 한 아이가 소리를 내면 그 소리가 다른 이들 사이에 울려 퍼지고, 몸들이 공간을 돌아다니며, 그 누구도 조용히 있거나 가만히 있지 않았다.

사진 3.4 그리기-춤의 시작

이는 움직임에서의 사고 또는 행위에서의 사고(Manning & Massumi, 2014)였다. 모든 작업은 집단적이고 교호적인 리듬을 활성화하는 동시에 작은 변화를 생산하는 새로운 형상을 제안하는(Kind, 2020), 실험이자 창조와 사고의 과정이었다. 그것은 아이들이 의미하는 바를 찾아 그들의 관심사를 파악하거나 확장하거나 심화시키거나 그리기 과정을 이해하기 위한 전형적인 탐색이 아니었다. 공동-운동과 공동-창작에 참여하기 위한 탐색이었으며, 그 안에서 우리는 반응하고 지속적으로 교환하며 함께 움직이는 것을 배웠다. Manning(2013)은 이것을 공생적인 '함께-표현하기 expression-with'(p. 11)와 '함께-전의식적인 조음하기 preconscious tuning-with로 표현하였는데, 이것은 새로운 관계의 집합을 촉발하며 개별 사건들이 그 사건 안에서 스스로 드러나는 방식에 영향을 미친다'(p. 11)고 한다. 이는 우리를 반응하고 움직이게 하며, 사건의 리듬과 함께-움직이는 것에 좀 더 가까이 다가가게 한다(사진 3.4 참조).

> MJ, Sage, Alexis, Justine, Linden은 벽에 붙어있는 긴 종이 앞에 모여 있다. Linden은 낮은 상자 위에 올라서서 그리기 시작하였다. Linden이 팔을 들어 올릴 때, 기대감이 Linden의 몸을 통해 느껴졌다. 수직으로 선을 길게 반복적으로 그리면서 체화된 그리기-춤은 종이로 옮겨갔다. 교사인 Alexis가 한쪽에서 긴 선 그리기에 동참했다. Linden은 잠시 멈추어, Alexis가 그리는 움직이는 선을 살펴보았다. 그리고는 교사 MJ와 함께 다른 쪽에서 종이 위에 리듬과 소리가 있는 선들의 합창을 만들어내었다. 반복적으로 수직선들이 그려지면서 동시에 Linden의 손가락과 팔에서 발끝까지, 그리고 종이 아래까지 울림이 생겼다. MJ와 Alexis는 Linden의 기쁨에 초대되어 함께 하였고, Linden과 그 아이가 그린 선들에 동적-관계적으로 반응하고 그것과 함께 리듬을 가지고 조응하면서 몸을 통해 선들의 박동을 느끼는 것 같았다. 그러한 합창은 선들이 움직이고 그려진 선들이 살아 숨쉴 때까지, 즉 Linden이 종이 위쪽 높은 난간을 부여잡고 매달려서 선이 될 때까지 이어졌다.

Justine A. Chambers(Early Childhood Pedagogy Network, 2021)는 다른 사람들의 움직임을 통해 그들을 알아가는 과정에 대해 '그들을 잊지 않기 위해 그 몸들을 담는 것'(30:15)이라고 설명한 바 있다. 이렇게 몸은 아카이브가 되고 동작, 말투, 손짓을 통해 타인을 불러올 수 있다. 우리는 움직이는 선들과 만들어지는 리듬을 따라가는 길을 찾아가는 한편, 아직 완전히 형성되거나 표현되지 않은 사물들과 함께 감각sensation하는 것에 대해 생각하게 되었다. Manning(2012)은 만들어지고 있는 사건event in-the-making을 '발화 직전의 사고thought, 즉 움직임 안에 있는 발화 이전의 사고'(p. 5)로 묘사한다. 소위 '안무적으로 사고한다는 것choreographic thinking은 움직이면서 사고의 움직임을 활성화시키는 것이다. 안무적 사고 그 자체는 언어로 표현되지 않으며, 신체와 리듬을 가로지르는 박동으로 표현된다'(Manning, 2013, p. 103). 그리고 이때 신체와 리듬은 시간성, 관계성, 그리고 움직임을 창작해 낸다.

안무

작은 순간들에 가치를 부여하는 것은 우리가 뉘앙스와 교호성에 맞추어 조율하는 데 도움을 준다. 그리고 사건의 흐름, 억양, 속도, 박자를 더 깊이 이해하고, 어린아이들의 그리기가 지닌 특징인 관계성과 공동-창작의 본질을 볼 수 있게 해 준다. 다른 사람과 나누는 관대한 리듬과 교환의 공간과 그것의 가시화를 통해, 우리는 영아의 생동성과 그리기 사건이 어떻게 확장되는지를 볼 수 있었다. 또한, 이러한 사건들을 아이들이 거치는 단계가 아니라, 그리기 그 자체가 지닌 구조와 충동으로 본다면 어떨까? 와 같이 다른 '만약'의 질문들이 생겨났다. 어떻게 하면 어린이집 전체와 유아들에게도 이런 일이 일어날 수 있도록 할 수 있을까?

> 나는 관대함이 흐르는 걸음마기 아이들의 교실로 들어갔다. Sage가 펜에 애착을 갖는 것을 보고 우리가 구입한 새로운 '미니펜'을 Goldie가 시험해 보고 있었다. 아이들이 도착하자 Goldie는 그들에게 펜을 하나씩 건넸다. 곧 작은 종이 조각들, 펜, 파스텔이 손을 통해 움직이며 몸과 함께 흐르는 주고받기의 리듬이 만들어졌다. 펜으로 흔적이 남겨지고, 다른 사람에게 건네지고, 손은 그리기 도구를 교환하며 더 많은 흔적을 만들어갔다. 종이는 작은 조각으로 찢어져 다른 사람들에게 건네지고, 잠시 공중을 날며 표시가 남겨지고, 구겨지고, 다시 다른 것으로 교환되었다. 그러한 움직임과 리드미컬한 교환, 관대함과 환대는 사람들을 그 공간으로 이끌어, 종이가 덮인 큰 나무블록 주변으로 몇몇이 모이기 시작하였다. 그곳에서는 개별적 자기표현이나 재현하거나 흔적 남기기의 그리기는 볼 수 없었다. 그곳에서 볼 수 있었던 첫 번째 춤은 바로 관대함과 환대였다. 그 춤은 아이의 그리기가 자기-중심적이고 자기-표현적이며 개인적이라는 인식을 무너뜨렸다.
>
> 교사 Heloisa와 Goldie는 벽에 길게 붙은 종이 위에서 나란히 그리기 시작하였다. 그들은 작은 원을 반복해서 그렸는데 그것은 다채로우면서도 시각적으로 조화를 이루었다. 종이 위의 선들은 초대장이 되었고, Linden, Ava, Avery, 교사

Judianne가 차례차례 거기에 합류하였다. 한 손이 다른 손을 따라가며 리드미컬한 조응의 순간들이 반복되었다. 교사와 아이가 서로의 움직임에 반응하며, 때로는 교사가 또 때로는 아이가 움직임을 이끌어갔다. Linden이 Judianne 옆에서 중간 크기의 곡선을 느리게 그렸고, Linden과 Judianne의 팔과 손, 흑연, 선들이 서로의 템포에 맞춰 움직였다. Ava와 Avery는 잠시 어깨를 나란히 하고 몸이 닿은 채로 파스텔로 수직선을 반복해서 그렸는데, 그때 그 아이들은 동시에 리듬을 만들고 있었던 것이다.

이것은 단순히 선과 흔적의 놀이가 아니다. 더 아래를 향하는 선, 힘차게 위로 향해 가는 역동적인 에너지, 유연한 곡선, 주목을 끄는 날카로운 소리-흔적, 따라가기를 거부하는 수평의 선과 같이, 선의 힘을 감각하고 느낄 수 있는 움직임과 강도의 놀이다. 우리는 Justine A. Chambers가 말한 것처럼(Zakharova & Chambers, 2021, April 19), 제스처 그 자체가 아니라 '제스처의 힘'(1:23:46)을 생각하게 되었다.

파스텔과 펜은 서로를 향해 끊임없이 환대하는 분위기 속에서 손들 사이를 오갔다. 몇 주 동안의 그리기가 겹겹이 덧대어 있는 종이는 아래에 그려져 있는 것과 몰입해서 만든 창작물들에 관심을 갖도록 우리를 이끌었다. 그 종이에는 그리기의 신체성physicality, 즉 팔에서 발끝까지 몸을 따라 움직이는 선들이 있었다. 또 거기에는 중단의 순간도 있고, 다른 사람들을 춤으로 이끌어 주는 멈추었다가 다시 시작되는 선들도 있었다. 우리는 선들이 무엇을 의미하거나 나타내는가 보다, 선들이 무엇을 하는지에 주목했다. 이를 통해 '무언가가 행해질 때, 새로운 관계적 장이 형성되고, 그와 함께 새로운 존재 방식이 생겨난다'(p. 30)는 Manning (2016)의 주장을 확인할 수 있었다.

우리는 동시적인 리듬 속에서 아이들이 함께하는 모습을 보았다. 아이들 사이에서 제스처, 리듬, 흔적, 재료들이 움직이는 방식과 서로의 움직임과 강도를 빌리고 확장하며 참여하는 방식을 볼 수 있었다. 열린 손, 고개를 흔드는 동작, 선의 비상, 그려진 선 끝에서 초대하는 듯한 멈춤, 파스텔 연필의 탁-탁 소리, 분필 파스텔로 긋는 쉭쉭 소리 등 제스처를 우리는 서로를 향한 몸짓이라고 생각한다. 이러한 제스처는 여전히 형성 중에 있으며, 환대에 열려 있고, 타자에게 반응하고 함께 즉흥연주를 한다. 이러한 흔적과 강도를 느끼면서, 우리는 그리기의 제스처를 드러내는 어휘를 확장하였으며, 그러한 어휘와 함께 공동-창작의 움직임에 주의를 기울였다.

교사들이 아이들과 함께 이러한 만남에 참여하는 것은 매우 민감한 작업이다. 이러한 작업은 단순히 정보를 수집하고 통찰하는 것에 끊임없이 저항하기를, 그리고 보다 풍부하고 지속적으로 교육적, 예술적으로 조율하기를 요구한다. 우리는 교사들이 새로운 이해를 열어두기를, 잘 알지 못하는 곳으로 들어가고, 확신 없이 함께 참여하며, 어린이와 나란히 창작할 수 있는 길을 찾기를, 그리고 그러한 노력들이 반응적이고 리드미컬한 공명 속에서 또 사건의 유동성, 흐름, 변이, 템포, 강도, 안무에 몰입하여 조율하는 속에서 일어나기를 바란다. 함께 함being together의 가능성과 대안적 방식이 활성화되기를 바라는 마음으로, 우리는 작은 움직임, 소박한 초대 제안, 미세한 제스처를 모아 제시하였다. Manning(2016)은 '미세한 제스처는 새로운 삶의-방식을 창조하고'(p. 8) '새로운 존재 양식과 함께 그리고 그 안에서 우리는 존재한다'(p. 2)고 하였다. 체현된 반응에 주의를 기울이고 Justine A. Chambers와 함께 공명하면서, 우리는 '움직임 안에서 제안하는'(Chambers in Zakharova & Chambers, 2021, 4월 19일, 31:21) 상황을 만들었고, 그러한 상황 속에서 일어날 일을 지시하거나 결정하지 않고 반응적인 자세를 견지하였다.

함께-움직이기moving-with와 함께-되어가기becoming-with의 공생적 과정은 기존의 관습적 사고, 즉 도구주의, 어린이를 자기-표현적이거나 발달하는 존재로 보는 관점, 교사를 주도자나 촉진자-관찰자로 보는 시각, 어린이의 그림을 단순한 흔적이나 발달적 진보로 보는 관점, 분리되어 객관적으로 이루어지는 관찰을 통해 얻어진 지식과 같은 것에 저항하여, 다르게 사고할 수 있는 생생한 기회를 제공해 준다. 이러한 과정과 그리기에 주의를 기울이기 위해서는 많은 시간이 필요할 것이다. 이러한 통찰은 쉽게 얻어지거나 적용할 수 있거나 일반화될 수 있는 것이 아니다. 그것은 관계의 맥락과 사유를 가능하게 하는 넉넉한 공간을 지지하는 곳에서 가능하며, 그러한 공간을 만드는 것은 일어나고 있는 일에 맞추어 조율하는 것만큼이나 중요하다. 우리는 그 여정을 천천히 지나면서 무언가 발명하고 재구상하며 시간을 보냈다. 이제 일상에서 우리는 계속해서 삶의 페다고지를 만들어 가고 있으며, 그리기 모임을 환대, 관계성, 동시성, 공생적 함께-되기co-becomings, 변화하는 우리 자신들로 가득 찬, 풍부하고 생기 넘치며 활기찬 것으로 만들어 갈 것이다.

감사의 글

이 프로젝트에 참여하며 민감하게 반응해 준 선생님들(Alexis Conlinn, Deb Fayle, Ivy Lam, Heloisa Porto Alves Alcantara Martim, Gabi Neves, M. J. Paculan, Nicole St Laurent, Judianne Tompson, Lily Wan, Rachel Weal)께 깊은 감사의 뜻을 전합니다.

References

Chambers, J. A. (2020, January 6). *One hundred more.* Justine A. Chambers.

Chambers, J. A. (n.d.). *Family dinner.* Justine A. Chambers. https://justinechambers.com/family-dinner-the-lexicon/

Cooley M. (2007). Video poems: Seeking insight. *Canadian Review of Art Education Research & Issues,* 34(1), 88-98.

Davies, B. (2014). *Listening to children: Being and becoming.* Routledge.

Early Childhood Pedagogy Network. (2021). *In dialogue with contemporary art* [video]. https://ecpn.ca/event/in-dialogue-with-contemporary-art/

Ingold, T. (2013). *Making: Anthropology, archeology, art, and architecture.* Routledge.

Ingold, T. (2018). *Anthropology and/as education.* New York: Routledge.

Kind, S. (2020). Wool works, cat's cradle, and the art of paying attention. In C. Schulte (Ed.), *Ethics and research with young children: New perspectives* (pp. 49-61). Bloomsbury Publishing.

Kind, S., & Argent, A. (2017). Using video in pedagogical documentation: Interpretive and poetic possibilities. In A. Fleet, C. Patterson, & J. Robertson (Eds.), *Pedagogical documentation in early years practice* (pp. 35-42). Sage.

Kontturi, K. (2018). *Ways of following: Art, materiality, collaboration.* Open Humanities Press.

Manning, E. (2012). *Relationscapes: Movement, art, philosophy.* The MIT Press.

Manning, E. (2013). *Always more than one: Individuation's dance.* Duke University Press.

Manning, E. (2016). *The minor gesture.* Duke University Press.

Manning, E., & Massumi, B. (2014). *Thought in the act: Passages in the ecology of experience.* University of Minnesota Press.

Matthews, J. (2003). *Drawing and painting: Children and visual representation* (2nd ed.). Paul Chapman Publishing.

National Arts Centre. (n.d.). *Dance artist.* Justine. A. Chambers, https://nac-cna.ca/en/bio/justine-a.-chambers

Nuxmalo, F., Vintimilla, C. D., & Nelson, N. (2018). Pedagogical gatherings in early childhood education: Mapping interferences in emergent curriculum. *Curriculum Inquiry,* 48(4), 433-453. https://doi.org/10.1080/03626784.2018.1522930

O'Sullivan, S. (2006). *Art encounters Deleuze and Guattari: thought beyond representation.* Palgrave Macmillan.

Pacini-Ketchabaw, V., Kind, S., & Kocher, L. (2017). *Encounters with materials in early childhood education.* Routledge.

Penn, L. R. (2021). Wow we're stepping on the weeds: Animation and aliveness in children's classroom drawing(s). In H. Park & C. Schulte (Eds.), *Visual arts with young children: Practice, pedagogy, learning* (pp. 139-58). Routledge.

Vecchi, V., & Ruozzi, M. (Eds.). (2015). *Mosaic of marks, words, material.* Reggio Children.

Vintimilla, C. D., & Kind, S. (2021). Choreographies of practice: Mutualities and sympoetic becomings in early childhood teacher education. In H. Park & C. Schulte (Eds.), *Visual arts with young children: Practice, pedagogy, learning* (pp. 33-46). Routledge.

Vintimilla, C. D. (n.d.). *What is pedagogy?* Early Childhood Pedagogies Collaboratory. https://www.earlychildhoodcollaboratory.net/what-is-pedagogy

Zakharova, T., & Chambers, J. A. (2021, April 19). *The materiality of play: Early childhood education research in diffractive dialogue with dance as an artistic practice* [video]. Disrupting early childhood: Inheritance, pedagogy, curriculum. https://www.earlychildhoodcollaboratory.net/disrupting-early-childhood

CHAPTER

04

어린이 교육에서 리터러시 관찰 도구 해킹하기

Karen Nociti, Mindy Blaise Edith Cowan University

Djilba[1](Noongar의 전환과 성장의 계절)의 태양이 강해지고 있다. 차갑고 따뜻한 날씨가 섞여 결국 뜨거운 Kambarang(Noongar의 환절기)로 이어지는 Djilba의 오늘은 따뜻하다. 햇빛과 나무, 부드러운 바람이 어우러져 마른땅 위에 깜빡이는 그림자를 만들어낸다. 회색 모랫길을 따라 걷다 보면 발자국이 흔적을 남긴다. 이 길에는 또 어떤 생물이 발자국을 남겼을까? 모랫길이 촉촉하고 푹신한 땅으로 변하는 것이 느껴진다. 이러한 미묘한 변화와 함께 낙엽이 분해되며 내는 퀴퀴한 냄새가 개울이 가까이 있음을 알려준다.

개울에 도착해서 우리는 미리 받아놓은 리터러시 관찰 도구[literacy observational tool]가 꽂혀 있는 클립보드를 슬쩍 내려다본다. 교사들은 어린이들의 리터러시 기술과 지식을 관찰하기 위해 이 도구를 이용한다.

어린이들과 교사들, 수생 생태학자[water ecologist]가 무리 지어 개울가에서 종이배의 부력을 실험하고 있다. 두 명의 남자아이가 웅크리고 앉아 흐르는 개울에 두 개의 종이배를 띄운 후, 다리 위까지 달려가 물살에 따라 움직이는 배를 관찰한다. 종이배 하나가 느려지더니 멈춰 섰다. 우리는 무엇이 이러한 멈춤을 불러왔을지 궁금해졌다. 개울가를 따라 늘어선 나무의 뿌리가 개울 근처까지 드러나 있다. 아마도 그 종이배는 나무뿌리에 걸린 것 같다.

우리가 그 순간 주목한 것과 달리 관찰 도구에 적혀 있는 것이 제한적이어서 클립보드를 내려다보며 곤란함을 느꼈다. 관찰 도구에는 어린이들이 개울과 개울가에 늘어선 나무 사이의 관계를 알아차리고 설명하는 방법이나 개울의 흐름과 계절을 어떻게 연결 짓는지에 관한 것은 나와 있지 않다.

우리는 이 도구가 지금 이 순간의 장소로부터 그리고 장소와 함께 생겨나고 있는 리터러시의 유형을 설명하기에 충분하지 않다는 것을 깨달았다(2021년 8월 16일, Karen과 Mindy의 현장노트와 대화에서 발췌함).

개울, 나무, 바람, 해 그리고 많은 것들과의 만남은 호주 서부지역 Boorloo (Perth)에서 열린 걷기 행사 중에 이루어졌다. 저자(Karen과 Mindy)는 여

---

1 역자주: Djilba는 호주 서부 원주민인 Noongar인의 전통적인 여섯 계절 중 하나로, 대략 8월에서 9월에 해당한다. 늦은 겨울에서 이른 봄으로 전환되는 시기로, 날씨가 불안정하며 야생화가 만발하고 동물들이 번식하는 변화의 계절이다.

러 달 동안 매주 Bush School을 방문하여 스무 명의 6, 7세 어린이와 세 명의 교사와 함께 걸었다. Bush School은 유럽의 숲 학교 프로그램을 모델로 삼고 있었다(Elliot & Chancellor, 2014). Bush School은 호주의 기후와 문화적 맥락에 맞게 만들어졌고, 이곳을 다니는 어린이들은 교실 밖과 근처 숲에서 수업 시간의 일부 또는 전부를 보낸다. 이 학교의 아이들은 Noongar 원주민들이 (백조의 강이라고 부르는) Derbarl Yerrigan 끝자락의 Gabbiljee 습지를 함께-걷는다(사진 4.1 참조).

사진 4.1 Gabbiljee(Derbarl Yerrigan 끝자락에 있는 습지)

두 해 넘게 이 학교를 다닌 어린이들은 습지에 서식하는 다양한 조류, 곤충, 식물의 특성에 익숙해 있었다. 주중의 프로그램은 다양하지만, 보통은 현지 날씨 변화에 맞춰 계획되었다. 오두막 만들기나 나무 깎기와 같이 사전에 계획된 활동이 걷기 프로그램에 포함되기도 하지만, 당일 어린이들의 관심사에 따라 새로운 활동이 등장하기도 한다. Bush School의 걷기 프로그램은 지방 토착 문화에 관한 지식과 땅에 대한 존경(Acknowledgement of Country)[2]에 중점이 있었다. 어린이들은 Gabbiljee[3]가 Whadjuk Noongar인들에게 특별한 의미가 있으며 그곳이 중요한 계절 식량의 공급원이라는 것을 알고 있다(City of Melville, n.d.). 이 지역은 또한 Noongar인들에게는 이른바, Noongar Dreaming으로 불리는 강한 영적 의미를 지니고 있다. 즉 그들은 무지개 뱀 Waugal이 Derbarl Yerrigan과 Dyarlgarro Beeliar(개천)을 습지로 만들었고, 자신들을 이 땅의 수호자로 세웠다고 믿는다(https://www.noongarculture.org.au/spirituality/). 식민지 시대 Noongar 사람들과 정착민들 사이의 불편한 관계에 관한 이야기가 어린이들에게 친숙한 것은 아니었다(City of Melville, n.d.). Gabbiljee를 걸을 때, 우리는 그곳을 장소 Place(Sundberg, 2014)[4]로 인식함으로써 따라오는 불편한 역사와 긴장감과

---

2 역자주: '땅에 대한 존경'은 호주의 땅을 지켜온 호주 원주민과 Torres 해협 섬 주민들에 대한 존경을 실제 드러내 보이는 행동을 의미한다. 비원주민도 이를 행할 수 있으며, 일반적으로 행사를 시작할 때 이를 표현한다(ACARA, 2014).

* 출처: Australian Curriculum, Assessment and Reporting Authority (ACARA). (2014). The Australian Curriculum: Aboriginal and Torres Strait Islander Histories and Cultures. Retrieved from https://www.australiancurriculum.edu.au

3 역자주: 호주 서부 원주민 Noongar인의 언어로 '물의 장소(Water Place)'를 의미한다. 강, 호수, 습지 등 물이 풍부한 지역을 가리키며, 이들은 물이 생명의 근원이자 문화적, 영적인 중요성을 지닌다고 여겨왔다. Gabbiljee는 Noongar 사람들의 전통적 지식 체계와 생활 방식에서 중요한 역할을 한다.

4 역자주: 대문자 '장소(Place)'는 어린이 교육에서 일반적으로 개념화되는 장소와 세계와 현실을 형성하는 능동적인 존재로서 장소를 구분하는 의도로 표기된 것이다. 이러한 표기는 Mohawk와 Anishinaabe 출신의 학자 Watts(2013)의 연구에 기반하고 있으며, 그녀는 원주민의 '장소-사유(Place-Thought)' 개념을 통해 원주민 존재론에서 장소와 사고를 분리하는 것이 불가능함을 보여준다. 이 작업의 핵심은 식민주의적 존재론이 (인간의) 앎knowing을 (자연의) 만들어지는 세계world-making와 분리시키고 행위성을 인간에게만 한정짓는다는 것을 알아차리게 하는 데 있다.

* 출처: Watts, V. (2013). Indigenous place-thought and agency amongst humans and non-humans (First Woman and Sky Woman go on a European world tour!). Decolonization: Indigeneity, *Education & Society, 2*(1), 20-34.

도 함께 걷고 있다는 것을 알아차리게 되었다.

우리의 걷기는 Bush School에서 장소-어린이들의 만남에서 나온 장소 이야기를 1년 동안 탐구하는 Karen의 박사학위 논문의 일환으로 계획되었다. 이 프로젝트의 주요 목표 중 하나는 어린이들을 장소와 분리시키는 서구 교육의 방식에 문제를 제기하면서, 장소-기반 페다고지place-based pedagogy의 대안적인 방법을 이해하는 것이었다. 생태 위기에 대응하는 교육의 역할을 인식하는 한편, 현재 교육에서 장소를 개념화하는 방식을 검토하는 것은 시의적절할 뿐만 아니라 미래의 생존을 위해서도 필수적이다(Common Worlds Research Collective, 2020). 지속가능성을 교육과정의 우선순위에 두어야 한다는 교육적 요구에 따라, 어린이들이 지역의 장소를 방문하여 배우는 장소 기반 학습 모델의 인기가 점점 더 높아지고 있다(Barrable & Booth, 2020). 이러한 프로그램 중 상당수는 어린이들이 지속 가능한 미래를 구현하기 위한 지식과 기술을 개발할 수 있도록 환경 리터러시environmental literacies를 가르친다(Barrable & Booth, 2020; Elliot & Chancellor, 2014). 이러한 프로그램들은 어린이를 세상의 문제에 대한 해결책으로 보는 관리 모델stewardship model에 근거한다는 비판을 받고 있다(Taylor, 2013). 이와 같은 접근은 어린이를 자연을 고칠 수 있는 존재로 위치시키고, 자연과 깊이 연결되어 있는 아이들을 자연으로부터 분리시킨다는 것이다(Taylor, 2013).

장소Place 리터러시라는 개념은 장소place-기반 교육 접근 다른 가능성을 열어준다. 즉 장소Place와 함께*with* 사유하기와 배우기의 가능성을 제시해 준다(Somerville, 2007). 장소 리터러시는 장소-어린이의 관계에서 나타나며, 이때 장소는 리터러시에서 어린이와 동등한 행위성을 지닌다. 이런 방식으로 장소와 리터러시를 생각하는 것은 쉽지 않다. 교육 상황에서 성인들이 견지하며 아이들에게 행해왔던 규범적인 방식을 급진적으로 재구상해야 하기 때문이다. 그러나 환경 및 지속가능성 교육이 기존 방식으로 계속 진행된다면 의미 있는 영향을 미치지 못할 것이라는 증거가 늘어나고 있다. 교육에서 유일한 대안은 획기적으로 무언가를 다르게 하는 것이다(Common Worlds Research Collective, 2020).

확장된 개념으로 장소와 리터러시를 이해하기 위해 교사들은 의무적인 교육과정과 평가의 한계 속에서도 리터러시를 다르게 생각하고 실천해야 한다. 다르게 대응한다는 것은 기존의 방식을 창의적으로 재구상하고, '늘 하던 대로'의 사고방식을 깨뜨리는 것을 의미한다. 이 논문은 해킹하기Hacking가 그동안 아동기에 행해져 왔던 관습적인 관찰 방식에 대해 다시 생각하고 새로이 목적을 정할 수 있는 공간을 열어준다고 주장한다(Hamilton et al., 2021). Bush School에서 우리는 두 가지에 목표를 두고 해킹하기를 시도하였다. 첫째, 전형적인 리터러시 관찰 도구의 제약을 해체하고 재구상하여, 장소와 함께 등장하는 리터러시를 보다 폭넓게 이해할 수 있는 공간을 만들고자 했다. 둘째, 우리는 교사들이 미리 정해진 교육과정과 평가 도구의 제약 내에서도 다른 방식으로 리터러시를 관찰할 수 있는 방법인 해킹하기의 실례를 제시하고자 하였다.

리터러시 관찰 도구의 역사

우리에게 주어졌던 리터러시 템플릿과 같은 관찰 도구는 리터러시 습득 발달이론에 근거하여 설계되었다(Clay, 1991). 리터러시 학습에 대한 발달론적 관점은 1920년대 이후 지배담론을 형성해 왔으며, 읽기 교육의 이러한 초기 접근은 어린이가 발달적으로 준비되었을 때 읽기를 배울 수 있다는 생각에 뿌리를 두고 있다(Kuby et al., 2019b). Marie Clay는 발현적 리터러시emergent literacy라는 용어를 제안하면서, 개인의 환경과 경험에 의해 영향을 받는 점진적인 과정으로서 리터러시 습득을 이론화했다(Clay, 1991). 1970년대 이후 보다 다양한 기술들, 개념적 이해, 지식 및 태도를 설명하기 위하여 리터러시, 발현적 리터러시, 리터러시들literacies 용어가 사용되었다. 시간이 지나면서 리터러시의 기술, 이해, 지식 및 태도는 연령 또는 발달 단계에 맞추어 어린이가 성취해야 할 일련의 단계로 구조화되었다(Clay, 1991; Rees et al., 1997). 이러한 관점에서는 문해력 있는 성인을 사회에 참여하는 능동적인 구성원으로 규정하고, 어린이가 이러한 성인으로 되어 가기 위해 궁극적으로 나아가야 할 궤적trajectories을 제안한다.

리터러시 습득에 대한 발달론적 관점이 시간이 지남에 따라 우세해졌지만, 리터러시의 개념에 대해 공통의 합의에 도달한 적은 없었다(Snow, 2006). 사회 변화에 따라 급변하는 세계에 대응하여 리터러시에 대한 정의가 지속적으로 확장되고 적용되어야 한다는 주장이 제기되었다(Kuby et al., 2019b). 리터러시 발달에 영향을 미치는 문화, 정체성, 개인적 상황 등을 통합적으로 인식하기 위해 리터러시의 정의는 점점 더 복잡해졌다. 이와 동시에, 읽기의 과학적인 측면에 초점을 맞춘 대규모의 양적 연구들은 어학과 기술-기반 교수로 리터러시의 복잡성을 축소시켜 왔다(메타분석을 실시한 Ehri et al., 2001 참조). 이러한 다양하고 종종 상충되는 관점들로 인해 교사들이 의사소통 및 비판적 리터러시 교육과 동시에 기본적인 읽기 기술을 가르치는 식의 교육적 관행이 생겨났다. 어린이들은 말하기, 글쓰기, 이미지, 디지털 매체, 그리고 다양한 양식이 결합된 텍스트를 경험하면서 초기 문해 경험의 기초를 형성하며, 다양한 소통 방식을 통해through 함께with 매체를 활용하여 읽고, 보고, 표현하고, 비판적으로 사고하는 방법을 배운다. 이러한 유형의 경험은 일반적으로 교실 내에서 이루어지며, 종종 장소-기반 프로그램에서 계획한 학습을 지원하기 위해 이루어지기도 한다. 예를 들어, 교실로 돌아온 어린이들은 야외에서 관찰하거나 배운 것을 이야기하거나 텍스트를 읽거나 만든다. 또는 실화의 텍스트를 함께 읽으며 야외에서 관찰한 것을 설명할 때 사용할 수 있는 새로운 어휘를 배울 수도 있다. 야외에서도 배움이 일어나지만, 일반적으로 리터러시는 네 벽으로 둘러싸인 교실 안에서 계획되고, 가르쳐지며, 관찰된다.

우리에게 주어진 리터러시 관찰 도구

우리에게 주어졌던 리터러시 관찰 도구(사진 4.2 참조)는 읽기 발달의 특정 단계에서 어린이에게 기대하는 기술과 지식을 중시하는 발달적 논리에 근거하여 만들어졌다(Burman, 2017). 관찰 도구는 일반적으로 읽기 발달에 필수적이라고 여겨지는 다섯 가지 영역(Snow, 2006)으로 구성되어 있다. 그리고 각각의 영역은 A에서 C까지 등급에 따라 해당 기술이 하위범주로 촘촘하게 구분된다. 종종 교사는 이런 유형의 도구를 이용하여 어린이가 읽기 능력과 지식의 연속선상 어디에 속하는지 판단한다. 어린이의 특정 영역에 대한 발달을 파악하거나 성취 (또는 부족) 수준에 대해 다양한 이해관계자와 소통하기 위한 방법으로도 자주 이용된다. 교사는 어린이가 읽기 숙달을 향해 계속 궤적을 따라갈 수 있도록 계획을 세울 때 이러한 루브릭을 참고하기도 하며, 거기에 적혀 있는 기술과 지식을 어린이가 나타내는지 주목하기 위해 관찰 도구로 사용하기도 한다. 이러한 루브릭이 특정 유형의 리터러시와 지식을 관찰하는 데 유용하게 쓰일 수는 있지만, 특정 유형의 신체에만 초점을 맞추어 관찰이 축소되는 동시에 다른 것들은 간과하게 된다는 점에서 문제가 있다.

1학년					
2학기 등급	**음소 인식:** 구두 조작에 집중하기	**발음:** 철자/코드 지식	**유창성:** 단어 및/또는 텍스트 수준 읽기	**이해력:** 듣기/읽기	**어휘:** 2단계
A	• CVC, CVCC, CCVC CCVCC CCCVCC[5] 단어의 초성, 중간음, 종성을 정확하고 빠르게 추가, 삭제, 대체할 수 있다. • 4/ 5/ 6음 단어를 정확하게 조합하고 분할할 수 있다.	• 다양한 이중모음을 사용하여 CVCC, CCVC 단어 및 다음절 단어를 대부분 정확하게 읽고 철자를 맞출 수 있다. • -ed -ing과 같은 접미사를 정확하게 사용한다. 대체 철자를 정확하게 선택한다.	• WPM[6] 100+ • 확장 코드의 조합이 자동으로 이루어진다. • 구두점에 반응하여 의미를 강화하기 위해 억양을 사용한다. • 유창하고 표현력 있게 정확하게 읽는다.	• 서면 텍스트에서 특정 정보를 찾을 수 있다. • 배경 지식을 사용하여 추론할 수 있다. • 텍스트를 연결하여 자신의 현재 지식을 구축한다. • 잘 구조화된 질문을 통해 설명을 구한다.	• 문맥 지식을 사용하여 모르는 단어의 의미를 파악할 수 있다. • 다양한 어휘를 사용하여 아이디어를 표현할 수 있다. • 잘 선택된 어휘를 사용하여 세부 사항과 흥미를 더할 수 있다.
B	• CVCC, CCVC, CCVCC, CCCVCC 단어에서 일부 초성, 중성, 종성을 추가하고 바꿀 수 있다. • CCVC, CCVC, CCCVCC 단어에서 단어의 시작과 끝에서 인접한 자음을 까다롭게 삭제할 수 있다. • CVC 단어에서 초성, 중성, 종성을 삭제, 추가, 교체할 수 있다. • 4/ 5/ 6음 단어를 정확하게 혼합하고 분할할 수 있다.	• 다양한 이중모음을 사용하여 음소를 표현하는 실험. • -cd -ing과 같은 일반적인 파생 접미사의 철자를 시도하지만 여전히 음성적으로 표현할 수 있다(예: 점프).	• WPM 80-90 • 다음절이거나 익숙하지 않거나 자주 사용하지 않는 코드가 포함된 단어를 소리 내어 읽을 수 있다. • 일부 어린이보드를 소리내어 읽어도 합리적인 속도와 읽기 속도가 유지된다.	• 배경 지식을 사용하여 쉽게 예측하고 추론할 수 있다. • 예측하고 추론할 수 있다. • 세부적인 이야기를 다시 이야기할 수 있다. • 세부 사항과 근거를 비교하고 대조할 수 있다. • 설명을 위해 질문을 한다. • 연관성을 설명하는 텍스트에 반응하고 텍스트를 개인적인 경험과 연결한다. • 접속사/형용사/세부 어휘를 사용하여 많은 사건을 포함한 이야기를 다시 이야기한다.	• 다양한 형용사(세부적이고 정확한 표현을 위해)를 사용하여 설명하고, 다시 말하고, 요약한다. 2단계 어휘를 쉽게 암기하고 새로운 어휘를 적절하게 사용한다. • 문법적으로 정확한 문장으로 말한다. • 단어 의미에 대해 문의한다.

C	• CVC 단어 안팎에서 소리를 삭제, 교체, 추가할 수 있다. • CCVC, CVCC 소리 단어를 정확하게 혼합하고 분할할 수 있다. • CCVC/CCVC 단어에서 인접한 자음을 조작할 수 있도록 도움이 필요하다.	• 이중자음과 학습된 이중모음이 포함된 CVCC, CCVC 단어를 읽고 철자를 읽을 수 있다. • 이니셜 코드, 이중자음 및 학습된 이중모음이 포함된 1음절 및 2음절 단어를 읽을 수 있다. • -ed 및 -ing과 같은 일반적인 파생 접미사를 읽을 수 있다.	• 40-60WPM • CVC 단어와 비단어를 자동으로 읽을 수 있다. • CVC 비단어를 읽을 수 있다. • CVCC, CCVC 단어 및 비단어를 성공적으로 디코딩하거나 읽을 수 있다. • 알려진 HF 단어의 대규모 뱅크 100개 이상 단어를 소리내어 다음 페이지에서 다시 읽을 수 있도록 유지한다. • 자체 수정/다시 읽기 • 간단한 다음절 단어를 해독할 수 있다. • 문장 수준에서 쉽게 읽을 수 있다.	• 읽거나 들은 간단한 텍스트로부터 얻은 아이디어를 순서대로 이야기하거나 설명한다. • 개인적인 연결을 통해 이해력을 보여준다. • 익숙한 텍스트와 예측 가능한 구조의 텍스트를 해석하여 추론할 수 있다.	• 간단하고 흥미로운 형용사, 동사, 부사를 다양하게 사용한다. • 2단계 어휘를 학습한다. • 일부 콘텐츠별 어휘를 사용한다.

사진 4.2 리터러시 루브릭

5 역자주: CVC, CVCC, CCVC, CCVCC, CCCVCC는 영어 음운학에서 단어의 음운 구조phoneme pattern를 나타내는 약어로. C는 자음consonant, V은 모음vowel을 의미한다. 따라서 각의 구조를 예를 들어 설명하면 다음과 같다: CVC: 자음-모음-자음(예: cat), CVCC: 자음-모음-자음-자음(예: hand), CCVC: 자음-자음-모음-자음(예: stop), CCVCC: 자음-자음-모음-자음-자음(예: truck), CCCVCC: 자음-자음-자음-모음-자음-자음(예: sprint). 따라서 이러한 루브릭은 1학년 학생이 단어의 초성(첫 번째 자음), 중간음(모음), 종성(마지막 자음 또는 자음군)을 빠르게 추가, 삭제, 또는 대체하는 능력을 평가하는 기준을 뜻한다. 발달주의 관점에서 이러한 영어 음운 인식(phonemic awareness)과 철자법(spelling skills)을 익히는데 중요한 요소로 본다.

6 역자주: WPM는 분당 단어 수(Words Per Minute)의 약어로, WPM +100은 1분 동안 읽거나 쓰는 단어 수가 100개 이상이라는 뜻한다. 따라서 문해력 루브릭에서 WPM 100+은 학생이 1분에 100단어 이상을 유창하게 읽을 수 있는지 평가하는 기준이다.

특정한 유형의 물질적 신체에 특권 부여하기

발달 논리에 기반을 둔 리터러시 관찰도구에는 무엇이 '정상적인' 읽기 발달인지에 대한 보편적인 설명이 들어있다. 어린이의 발달이 정상적으로 표시되기 위해서는 리터러시 관찰 도구에 그려진 작은 칸 중의 하나에 꼭 맞아야 한다. 발달 지도가 개인이 자신만의 경로를 따라갈 수 있도록 해 준다고 주장할 수도 있지만, 최종 숙달을 향한 궤적은 협상할 수 있는 것이 아니다(Rees et al., 1997). 표준적인 어린이는 역사적으로 '학교 교육을 받은 합리적이고 이성적인 백인'(Truman et al., 2020, p. 4)에게만 특권을 부여하는 서구화된 교육 모델에 기반을 두고 정의된다. 그러한 아이디어에 양육 문화, 돌봄 관행, 언어적 다양성 등은 고려되지 않는다(Burman, 2017). 보편적인 인간의 신체가 갖는 특권은 교사가 도구를 사용하여 어린이를 관찰하는 방식에 암묵적으로 영향을 미친다. 예를 들어, 어린이들은 도구에 설명되어 있는 대로 자신이 알고 있고 또 할 수 있다는 것을 나타낼 수 있도록, 그것이 가능한 방식으로 물질과 시간, 자원이 조직될 수 있다. 결과적으로, 읽기 발달을 모니터하기 위해 노력하는 교사들은 도구에 적혀 있는 준거에 가장 가까운 어린이들을 관찰하고 가르치며 계획하는 데 보다 많은 시간을 할애하게 된다. 그것은 사회적 불평등의 지속적인 고리를 만드는 데 일조하는 것이다(Burman, 2017).

이러한 도구는 특정 인간*human*의 신체에 특권을 부여할 뿐만 아니라, 인간을 리터러시의 유일한 생산자이자 소비자로 간주한다. 예를 들어, 이 도구는 인간-너머 요소인 장소를 리터러시를 생성할 수 있는 신체로 간주하지 않는다. 하지만 본 연구자들은 리터러시 주체를 보다 폭넓게 이해하면서 서구 교육 시스템에 스며든 위계적 구조를 해체하려고 한다. 이러한 작업의 대부분은 사회과학 분야에서 광범위하게 일어나고 있는 존재론적 전환을 반영하고 있다. 흔히 물질적 전회material turn라고 불리는 이 관점은 물질의 내재적 생명성을 조명하고, 사건을 형성하고 변화시킬 수 있는 물질의 행위성을 인정한다(Bennet, 2010). 포스트휴먼 리터러시라는 광범위한 용어로 불릴 수 있는, 아동기의 리터러시를 연구하는 학자들은 리터러시 지식, 관계 및 실재의 유일한 생산자이자 소비자인 인간에 대한 초점을 흔드는 방법으로 페미니스트 신유물론 관점을 가져온다(Hackett & Somerville, 2017; Kuby & Rowsell, 2017).

Karen Barad의 행위적 실재론은 내부작용이라는 개념과 함께, 연구자들에게 자료(예: 책, 종이, 필기구)가 시간, 공간, 사람과 만나 어떻게 리터러시를 생산하는지를 이해하는 데 있어 대안적인 공간을 제공한다(Barad, 2007). 내부작용은 자료를 행위성을 지닌 것으로 본다는 점에서 상호작용과는 다르다. 리터러시가 인간과 자료 간의 내부작용에서 발생한다고 보는 것이다(Hackett & Somerville, 2017). 서구화된 교육 모델이 집단보다 개인의 지식을 우선시하는 반면, 이 관점은 장소의 인간적 요소와 인간-너머의 요소 모두에서 '강렬한 움직임과 소리'로부터 나오는 집합적 의미-만들기로서 리터러시에 주목한다(Hackett & Somerville, 2017, p. 380).

인간과*and* 인간-너머 요소인 장소의 행위성을 인정한다면, 관계적 존재론에서처럼 우리가 사는 세상을 만드는 데 장소가 능동적으로 기여하는 방식에 주목할 기회를 갖게 된다(Hackett et al., 2020). 이 연구에서 중요한 것은 세계를 바라보는 관계적 존재론이 원시 우주론Indigenous cosmologies에서 항상 핵심적인 것이었음을 이해하는 것이다. 장소-사유Place-Thought라는 개념처럼, 원주민들은 '살아 숨 쉬며 생각하는' 것으로 그리고 앎과 분리될 수 없는 것으로 장소를 이해한다(Watts, 2013, p. 21). 어린이 교육에서 Catherine Hamm은 호주의 상황 속에서 어린이들과 장소가 함께 걸을 때 탈식민주의적 실천인 장소-사유 걷기Place-Thought Walks를 제안하였다(Hamm, 2015). Hamm은 걷는 동안 장소의 영향을 받는 다양한 방식의 앎을 개발하기 위해 토착적 지식을 강조한다(Hamm, 2015).

포스트휴먼 리터러시 분야에서 연구하는 일부 학자들은 어린이와 장소의 관계에서 발생하는 리터러시를 이해하기 위해 앎과 존재에 대한 원주민의 방식과 함께-생각think-with하는 것이 도움이 된다는 사실을 발견하였다(Nxumalo & Cira Rubin, 2019; Somerville, 2007). 장소에 관한 원주민의 이야기를 통해 장소에는 이미 서사가 존재함을 인식하게 되며, 어린이 교육과 연구에서 장소를 탈식민화할 수 있게 된다(Nxumalo & Cira Rubin, 2019). 여기에서는 두 명의 비원주민 여성non-Indigenous women[7]이 Noongar 지역을 걷고 함께-사유하면서 도전한 몇몇 실천을 제시하고자 한다. 우리는 교육의 식민주의적 영향과 교육이 세상을 이해하는 데 있어 부분적이고 주관적인 방법만을 제공해 왔다는 것을 인식하게 되었다. 장소와 함께 알고 살아가는 그러한 원주민 방식과 함께 사유하는 것이 우리의 탈학습 과정의 핵심이었고, Sundberg(2014)가 말한 '다원화된 세계the world as pluriverse'(p. 41).에 기여하고자 의도적으로 구체적인 장소의 서사와 역사를 가시화하였다.

사고하는 특정 신체에 특권 부여하기

우리에게 제공된 것과 같은 리터러시 관찰 도구는 교사가 리터러시 사건을 보여주는 특정한 '사고하는 신체'에 주목하도록 고안되었다(Truman et al., 2020). 예를 들어, 사고하는 신체는 즉각적으로 장소Place를 리터러시의 일부로 고려하지 않는다. 리터러시를 미래를 향하는 것으로 정의하면, 교사는 어린이의 읽기 숙달을 최종 목표로 기대하며 여기에 주목하게

7 역자주: 우리는 침략과 식민화된 장소에 우리 스스로를 위치시키면서, 이 장에서 '정착민settler'이라는 용어를 사용하지 않았다. 우리의 존재가 단순히 정착하는 행위보다 훨씬 더 깊이 연관되고 폭력적이기 때문이다. 또한 '비원주민(non-Indigenous)'이라는 용어 역시 광범위하게 적용할 수 없는 구분을 암시할 수 있어서 문제가 될 수 있음을 알았다. 현지 Noongar인들은 비원주민을 'wedjela'라고 부른다.

된다. 항상 미래의 성취에 초점을 맞추면, 지금 이 순간 일어나고 있는 일은 무시되기 마련이다. 또한, 지식과 기술의 증거를 찾기 위해 리터러시의 생산물에 항상 관심을 기울이게 된다(Kuby et al., 2019a). 이것은 그리 놀라운 일은 아니다. 왜냐하면 오랫동안 어린이 교육에서 인식론적으로 리터러시를 바라보는 것(말하자면, 우리가 어떻게 알고, 어린이들이 어떻게 리터러시를 배우는가에 대한 생각)이 리터러시 연구의 초점이 되어 왔기 때문이다. 그러나 알기와 되기, 행하기가 실제 분리될 수 없다는 윤리-존재-인식론ethico-onto-epistemology을 주장한 Karen Barad에 주목한다면, 교육에서 리터러시 앎literacy knowing(Barad, 2007)에 관한 다양한 질문들, 즉 리터러시는 어떻게 생성되며, 또 리터러시는 우리가 살고 있는 세계를 어떻게 생성하는지(Kuby et al., 2019a)와 같은 질문을 던질 수 있게 된다.

Barad의 학문적 관점을 연결하여, Kuby와 동료들은 교육이 리터러시 존재론을 함께-사유할 것을 제안한다. 리터러시 존재론의 초점은 인간만이 행위성을 가지고 있어서 인간이 리터러시를 생산한다는 생각을 전환하여, 자료, 공간, 시간, 어린이가 내부작용하여 새로운 리터러시를 생성하는 방식에 대해 생각하는 것에 있다(Kuby et al., 2019a). 예를 들어, 장소와 어린이(들)를 별개의 주체로 바라보지 않고 장소-어린이(들)의 **관계들***relations*에 주목하면, 그 순간 리터러시가 어떻게 생성되고, 또 장소-만들기에 기여하는지를 볼 수 있는 여지가 생긴다. 항상 인간 지식의 산물로서 리터러시를 바라보는 것에서 전환하여, 장소-어린이(들)의 알기, 되기, 행하기가 얽혀 있는 리터러시를 바라보는 것이 필요하다(Kuby et al., 2019a). 리터러시 존재론은 우리가 이미 알고 있고 할 수 있는 것을 계속 재생산하기보다는 새로운 관계, 새로운 리터러시, 그리고 궁극적으로 우리가 살고 있는 세계의 새로운 실재들의 가능성을 열어준다(Kuby et al., 2019a).

페미니스트 비판적 탐구 방법으로서 해킹

인류세 해킹*Hacking the Anthropocene* 아카이브에서 Astrida Neimanis는 해킹을 집단적 사고와 행동을 포함하는 실험의 과정이라고 설명한다(Neimanis, 2021). Neimanis와 마찬가지로, 우리 또한 실험을 불안하고 위험하며 불완전한 행위(Neimanis, 2021)로 이해한다. 장소와 어린이들과 함께 걷기, 대화 나누기, 고심하기grappling, 생각하기, 배우기, 듣기를 행하면서*doing*, 우리는 해킹 전략을 사용할 수 있었다. 전략적 반응이란 개념은 의도적이고 전략적으로 해킹하는 접근을 의미하며, 전략은 '사용 가능한 수단을 사용하는 방법 또는 기술'로 정의된다(Merriam-Webster, n.d.). 이러한 의미는 특히 해킹이 현재 일어나고 있는 일을 단순히 없애려는 것이 아님을 이해하는데 도움이 된다. 해킹 전략은 어린이 교육에서 리터러시 관찰 도구 사용의 목적을 재설정하고, 그것을 통해 장소-기반 교육과 리터러시를 대하는 방식을 재구상할 수 있게 해 준다. 각 전략을 수행할 때 고심하기는 매우 중요하다. 무언가를 고심한다는 것은 일종의 긴장 상태를 의미한다(Merriam-Webster, n.d.). 장소, 리터러시, 어린이에 대한 보편적인 아이디어에 들어맞지 않는 개념으로 함께 사유할 때 생기는 긴장감을 지닌 채 고심한다는 것은 어려운 일이다. 고심한다는 것은 예정된 결과를 추구하는 것에서 불확실성의 가능성으로 전환하는 것을 필요로 한다.

해킹이라는 용어는 다양한 맥락에서 사용되지만, 최근에는 컴퓨터 시스템에 대한 무단 접근을 의미할 때 주로 사용된다. 컴퓨터 해킹과 달리 비판적 탐구 방법으로서의 해킹은 시스템의 약점을 찾아내고, 개입하여 변화시키려고 하는 것이다. 비판적 탐구 방법으로서의 해킹은 교육 시스템 내에서 작동하는 지배적인 사회의 권력을 무너뜨리고 규범적 관행을 변화시키려는 교사들에 의해 사용되어 왔다(Andrzejewski et al., 2019). 해킹의 의도가 특정 유형의 신체에 특권을 부여하는 제도적 관행을 변화시키고 이를 행동으로 옮기는 것이라는 측면에서 해킹 역시 뚜렷한 페미니즘적 실천으로 이해될 수 있다(Clover & Williamson, 2019). 페미니스트 해킹의 예로, 페미니스트 박물관 해킹Feminist Museum Hack[8]을 들 수 있다. 그것은 '가능성의 페다고지'를 통해 창의적으로 개입하여, 박물관이 특정 내러티브나 장르, 미학에 특권을 부여하는 방식을 재구성하였다(Clover & Williamson, 2019, p. 1). 다양한 해킹 전략을 통해 박물관과 소통하는 새로운 방식의 가능성을 열었다.

리터러시 관찰 도구를 해킹하기 위해 우리는 리터러시와 리터러시 사건에 대한 규범적 정의에 문제를 제기하는 한편, 행위성을 지니고 있으며 상호 연결되어 있는 인간-너머 요소인 장소를 포함하여 리터러시 신체의 개념을 확장하고자 하였다. 만약 장소와 같이 인간-너머 요소를 루브릭에 포함한다면, 장소 리터러시는 어떻게 이해될 수 있을까? 그리고 개별 어린이가 아니라 관계와 집합에 초점을 맞추어 리터러시 도구가 재구상된다면, 어떤 일이 벌어질까?

리터러시 관찰 도구 해킹하기

어느 날 오후 우리는 Bush School에서 받은 리터러시 관찰 도구(사진 4.1 참조)와 함께 걸었다. 이 도구는 루브릭에 적힌 내용과 일치하는 어린이들

8 역자주: 페미니스트 박물관 해킹Feminist Museum Hack은 박물관과 미술관의 전시 및 운영 방식에서 성 불평등과 편견을 분석하고 재구성하는 비판적이고 창의적인 접근을 시도하였다. 이 해킹 방식은 박물관 내에서 전통적으로 남성우월적 관점에 의해 형성된 내러티브와 전시 방법을 재평가하고, 여성과 소외된 집단의 서사를 더 포괄적으로 표현하기 위한 시도로 발전하였다. 이 접근법은 관람자들로 하여금 비판적 사고와 사회적 참여를 촉진하여, 박물관이 단순히 과거의 유물과 예술품을 보존하는 공간에 그치지 않고, 현재의 사회적 문제와 가치를 반영하는 교육적 장으로 역할을 하도록 장려한다. 관람객이 페미니스트 관점에서 전시와 해설을 분석하고, 성평등과 다양성을 반영하는 새로운 관점을 제안하며, 박물관의 역할을 재구상하게 한다.

* 출처: Clover, D., & Williamson, S. (2019). The Feminist Museum Hack as an Aesthetic Practice of Possibility. *European Journal for Research on the Education and Learning of Adults (RELA)*, 10(2), 143-159. https://rela.ep.liu.se/article/view/899

의 지식과 기술 능력을 찾도록 우리를 이끌었다. 도구의 원래 목적대로 사용한다면, 우리는 클립보드와 어린이를 번갈아 보면서 이런 질문들을 던지게 될 것이다. 어린이가 어떤 어휘를 사용하고 있는가? 어린이들이 이 단어로 자신의 생각을 표현할 수 있는가? 어린이들이 교실에서 배운 단어와 오늘 Bush School에서 일어나는 일을 연결할 수 있는가? 그러면서 우리는 루브릭에 적혀 있는 문구에 들어맞는 무언가를 관찰하고, 그것을 기록하는 방법으로 도구의 특정 지표에 표시할 수도 있을 것이다.

우리는 도구에 적힌 단어가 리터러시를 어떻게 정의하고 있는지에 주목하였다. 예를 들어, 이 도구에는 어린이가 텍스트*text*를 연결하고, 반응하고, 다시 이야기할 수 있다고 기술되어 있다. 호주 서부 지역 교육과정에서는 텍스트를 '의사소통을 위한 수단'으로 정의한다. 그리고 텍스트의 형태와 규칙이 다양한 목적을 위해 다양한 청중과 효과적으로 소통할 수 있도록 개발되었다고 본다. 텍스트는 글로 작성된 것, 음성 또는 다중모드, 인쇄물 또는 디지털/온라인 형태로 만들어진 것을 의미한다(School Curriculum and Standards Authority [SCSA], 2014). 그리고 이러한 텍스트에 대한 정의에 따라서 어린이들이 텍스트를 어떻게 사용하는지 그 예를 찾아보게 한다. 가끔 어린이들이 디지털 텍스트의 일종인 iPad를 Bush School에 가져오는 경우가 있었다. 어린이들은 iPad로 사진과 동영상을 찍고, 목소리를 녹음하고, 이야기를 들려주고, 그림 그리기 앱을 사용하면서 새로운 다중모드 텍스트를 만들어내었다. 하루는 어린이들이 iPad를 가지고 있지 않았고, Bush School로 가기 전에 논픽션 텍스트를 읽었다. 만약 우리가 이 도구를 기존의 방식대로 사용했다면, 몇 명의 어린이들이 수업 시간에 읽은 글에서 배운 '침식'이란 단어와 지금 Bush School에서 보고 있는 침식된 개울 둑을 어떻게 연결시킬 수 있는지 이해하기 쉽지 않았을 것이다. 텍스트의 개념을 협소하게 규정하게 되면, 관찰자는 매우 구체적인 방식으로 자신의 지식을 증명하는 어린이들의 모습에만 초점을 맞추게 될 것이다. 우리는 클립보드를 보면서 도구에 사용된 언어가 어린이들과 함께 개울물, 개울 둑, 날씨에 관심을 기울이는 데 방해가 됨을 알아차렸다. 이러한 한계를 느끼면서 우리는 첫 번째 해킹 전략을 시도하였다.

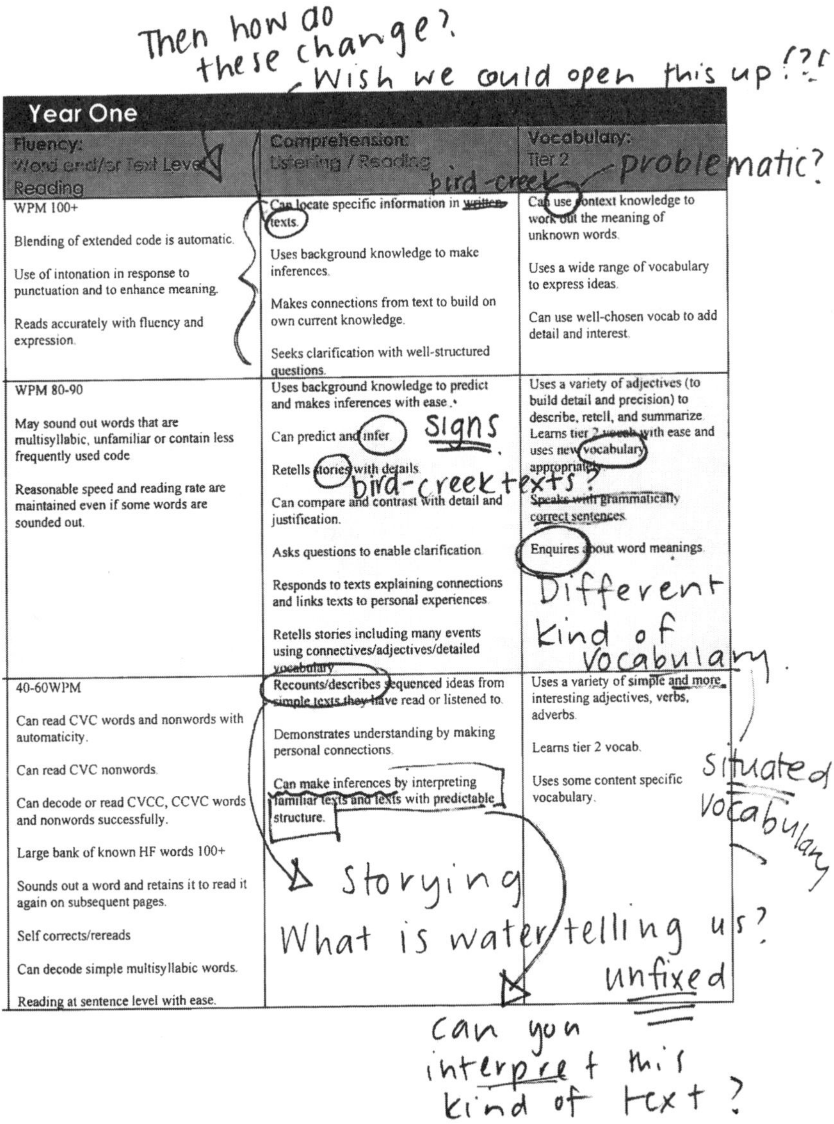

Year One

Fluency: Word and/or Text Level Reading	Comprehension: Listening / Reading	Vocabulary: Tier 2
WPM 100+ Blending of extended code is automatic. Use of intonation in response to punctuation and to enhance meaning. Reads accurately with fluency and expression.	Can locate specific information in written texts. Uses background knowledge to make inferences. Makes connections from text to build on own current knowledge. Seeks clarification with well-structured questions.	Can use context knowledge to work out the meaning of unknown words. Uses a wide range of vocabulary to express ideas. Can use well-chosen vocab to add detail and interest.
WPM 80-90 May sound out words that are multisyllabic, unfamiliar or contain less frequently used code Reasonable speed and reading rate are maintained even if some words are sounded out.	Uses background knowledge to predict and makes inferences with ease. Can predict and infer Retells stories with details Can compare and contrast with detail and justification. Asks questions to enable clarification Responds to texts explaining connections and links texts to personal experiences Retells stories including many events using connectives/adjectives/detailed vocabulary	Uses a variety of adjectives (to build detail and precision) to describe, retell, and summarize. Learns tier 2 vocab with ease and uses new vocabulary appropriately. Speaks with grammatically correct sentences. Enquires about word meanings.
40-60WPM Can read CVC words and nonwords with automaticity. Can read CVC nonwords. Can decode or read CVCC, CCVC words and nonwords successfully. Large bank of known HF words 100+ Sounds out a word and retains it to read it again on subsequent pages. Self corrects/rereads Can decode simple multisyllabic words. Reading at sentence level with ease.	Recounts/describes sequenced ideas from simple texts they have read or listened to. Demonstrates understanding by making personal connections. Can make inferences by interpreting familiar texts and texts with predictable structure.	Uses a variety of simple and more interesting adjectives, verbs, adverbs. Learns tier 2 vocab. Uses some content specific vocabulary.

사진 4.3 흐트러진 리터러시 관찰 도구

해킹 전략 #1: 함께-흐트리기

도구에 사용된 언어를 고민하면서, 우리는 단어에 줄을 긋고 밑줄을 긋고 동그라미를 치기 시작했다. 어린이들의 성취를 나타내는 단어나 문구를 강조하는 대신, 우리는 어린이 교육에서 리터러시를 이해하는 방식을 즉각적으로 차단할 수 있는 특정 단어들에 의도적으로 주목하였다. Kuby, Gutshall Rucker 그리고 Kirchofer(2015)가 글쓰기에 대한 제한적인 교육과정의 정의를 '해방open up'하는 실험을 한 것처럼, 우리도 텍스트, 어휘, 읽기와 같은 단어의 정의를 해방시키면 어떤 일이 일어날지 생각해보았다. Kuby와 그의 동료들(2015)은 2학년 학생들의 글쓰기 워크숍 관찰을 바탕으로, 어린이들이 시간, 공간, 자료와 새로운 관계를 맺을 가능성을 창출할 수 있도록 글쓰기를 보다 넓게 정의해야 한다고 주장하였다. 우리는 도구에 적혀있는 제한적으로 정의된 특정 단어들을 고민하고 또 이를 해방시키는 실험이 함께-흐트리기messing-with 전략에서 필수적임을 알게 되었다. 도구를 사용하는 기존 방식에 도전하는 언어의 함께-흐트리기는 걷는 동안 장소, 어린이, 리터러시를 바라보는 우리의 방식을 함께-흐트렸다.

동그라미를 치고, 줄을 긋고, 연결 지으며, 질문을 적다 보니 도구는 금세 지저분해졌다. 페미니스트 박물관 해킹에서 갤러리 공간을 해킹하기 위해 포스트잇 메모를 사용했던 방식과 유사하게, 이 전략은 도구의 단선적이고 위계적인 구조에 직접적으로 도전하면서 즉각적으로 비판하고, 추측하고, 실험하는 공간이 되었다(Clover & Williamson, 2019). 우리는 미지의 영역으로 이동하고 있었으며 항상 위험이 수반된다는 것을 알고 있었기 때문에, 머뭇거리기도 하였다. Veronica Pacini-Ketchabaw, Affrica Taylor와 함께 작업했던 Mindy는 당연한 것으로 여겨왔던 인간의 지식을 탈-중심화하는 데 따르는 위험(Pacini-Ketchabaw et al., 2016)을 잘 알고 있었다. 우리는 이 전략의 예측할 수 없는 특성이 리터러시 도구를 다르게 생각하는 데 도움이 된다는 사실을 발견했다. 걷는 동안 우리는 궁금해졌다. 장소를 포함하도록 텍스트나 어휘와 같은 단어의 의미를 확장하면 어떤 일이 일어날까? 그리고 어떻게 보일까? 우리는 함께 고심했다.

만약 장소를 하나의 텍스트로 이해한다면, 장소는 어떤 텍스트를 생성해 낼까?

흐르는 개울물이 텍스트라면... 물살이 배를 어떻게 움직였는지 기억하니? 그 물살은 우리에게 무언가를 말해주고 있어...

흐르는 개울물이 텍스트가 될 수 있을까? 흐르는 개울물 텍스트는 어떤 모양과 소리를 낼까? 이런 종류의 텍스트를 어떻게 읽을 수 있을까? 이 장소와 계절에 관한 구체적인 지식을 그리고 계절이 물살의 움직임과 어떻게 관계 맺고 있는지를 알아야 할 것 같아. 그렇게 하면 장소 텍스트Place texts는 별개의 것이 아니라, 계절과 바람과 함께 읽어야 할 흐름-개울물-물 텍스트가 될 거야.

장소 텍스트와 함께 이야기하고 무언가 만들려면 어떤 어휘들이 필요할까?

그렇게 하려면 다른 종류의 어휘가 필요할 것 같아. 이 장소에 있고 또 구체적인 것이어야 해. 그리고 Noongar식 이름도 중요하다고 생각해. 아이들이 수업 시간에 배우는 단어도 중요하지만 그것만으로는 장소와 함께 이야기하고 창작하기에는 충분하지 않아. 어휘는 바로 그 순간에 생겨나야 한다고 생각해. 장소 텍스트에 귀 기울이고 반응하면서 만들어질 수 있을 거야..... 어쩌면 모든 장소 텍스트에 관해 이야기할 수 있는 인간의 단어가 없을지도 모르지.

만약 장소가 인간의 언어로는 표현되지 않는 고유한 어휘를 가지고 있다면, 우리는 그것을 어떻게 알아차릴 수 있을까?

움직임이나 리듬을 통해서? 개울물이 움직일 때 나는 다양한 소리를 통해서? 아니면, 나뭇잎을 흔드는 바람의 소리? 우리가 배워야 할 다른 언어가 있을까? 어

> 쩌면 우리는 그 언어를 배울 필요가 없을지도 몰라... 우리가 배워야 할 언어가 아닐 수 있어. 어쩌면 그 장소를 여러 번 방문하면서 그 장소의 언어를 알게 되고, 계절에 응답하는 언어의 미묘한 변화를 알게 될 거야. 그것은 지금까지와는 다른 귀 기울임과 주목하기지.

함께-흐트리기 전략은 이러한 질문들을 생성해 냈고, 리터러시 도구를 해방시켜 장소를 위한 여백이 만들어지도록 했다.

해킹 전략 #2: 함께-읽기

> 개울 건너편에서 '까악 까악' 소리가 들려온다. 우리는 개울에서 배를 실험하는 아이들에게서 고개를 돌려 그 소리에 집중한다. 낮게 매달린 나뭇가지에 Wardong 까마귀가 앉아 있다. 개울은 끊임없이 움직이며 거품을 일으키고 물결을 일으키며 다리 아래로 흐른다. Wardong은 앉은 채로 우리와 어린이들, 개울을 지켜보고 있다. '까악 까악' 소리가 나무 사이로 울려 퍼진다. 고개를 들어보니 나무에 더 많은 Wardong들이 앉아 있다.
>
> Wardong 한 마리가 나뭇가지에서 개울 가장자리로 뛰어내렸다가 다시 한번 더 뛰어내려 얕은 개울로 들어간다. 목을 구부려 물을 마신다. Wardong은 한참을 머물며 감물 색 물에 몸을 담그고 있다. 가끔 목을 구부려 개울에 부리를 담그기도 한다. 아마도 나무뿌리 사이를 들락날락하는 작은 물고기와 개울의 얕은 물에 떠 있는 헐거워진 나뭇가지를 먹이로 삼고 있는 것 같다.
>
> 갑자기 Wardong이 개울에서 나와 경사진 둑으로 뛰어오르며 날개를 빠르게 펄럭거린다. 잠시 멈춘 뒤 고개를 앞으로 숙인 Wardong은 풀숲을 가로질러 나무를 향해 빠르게 날아간다. 다시 날개를 펄럭이며 나뭇가지에서 나뭇가지로 점프해 마침내 낮은 나뭇가지에 내려앉는다. 다른 Wardong 한 마리가 같은 나뭇가지에 내려앉자 두 마리 새의 무게에 나뭇가지가 위아래로 흔들린다. 나뭇가지에 나란히 앉은 새들이 이곳에서 만난 데는 이유가 있는 듯하다.

사진 4.4 Wardong과 개울

우리는 Wardong과 개울, 나무가 무언가 소통하고 있음을 감각했다. 그게 뭘까? (2021년 8월 16일 현장노트에서 발췌)

원주민 작가의 작품 함께-읽기는 의도적인 해킹 전략으로, 관찰도구가 장소에 대한 원주민의 앎과 함께 사유할 수 있는 공간을 만들어 줄 수 있을지 실험의 가능성을 열어주었다. 앞선 일화에서 어린이들과 종이배, 혹은 리터러시 관찰 도구에 시선을 두는 대신, 우리는 Wardong의 울음소리와 개울의 변하는 리듬에 주의를 기울였다. 어린이들과 그들의 리터러시 학습에 맞춰진 초점을 바꾸면, 바로 그 순간 장소의 생동성에 주의를 기울일 여유가 생겨난다. Wardong과 개울에 집중하는 것은 이러한 해킹의 일부다. 함께-읽기 전략은 걷기에 앞서*prior to* 작가 Ambelin Kwaymullina의 산문집을 함께-읽으면서 시작되었다. 그런 다음 걷기 중에*during* Kwaymullina와 함께 생각하고 걷는 전략을 통해 장소를 다른 방식으로 생각하며 주의를 기울이게 되었다. 예를 들어, Kwaymullina는 자신의 저서 『Living on stolen land』에 홀리즘Holism이라는 개념 제시하였고, 이과 함께-사유하도록 우리를 이끌어 주었다. Palyku 출신 원주민 작가인 Kwaymullina(2020)는 홀리즘의 관점에서 장소를 시공간을 오가며 연결되어 있는, '수많은 실로 짜여진 패턴'이라고 묘사하였다(p. 21). 홀리즘은 Wardong과 개울이 함께 연결되어 있듯, 우리 모두 서로 연결되어 있음을 일깨워준다. 다시 말해, Wardong과 개울은 Bush School에서 일어나는 인간 활동의 배경이 아니라, 모든 것이 장소 리터러시인 것이다.

Kwaymullina와 함께-읽는다는 것은 그녀의 작품을 읽는다는 것이 아니라, 반대로 '우리 곁에서 말하고 있는 누군가에게 의도적으로 귀 기울여 듣는다'(Liboiron, 2020, p. 98)는 의미다. 함께-읽기는 세계-만들기에 대한 원주민의 기여를 인식하게 하면서, 서구 연구의 관행인 일부를 뽑아 읽는 방식에 문제를 제기한다(Todd, 2016). 우리는 이를 염두에 두고, Kwaymullina의 홀리즘 개념을 걷기나 관찰 도구 사용 방식에 적용하지는 않았다. 대신, 다른 지식 체계를 존중하면서 사고하고, 듣고, 행동하는 것(Sundberg, 2014)으로서 해킹 방법을 사용하였다. 예를 들어, Wardong과 개울, 나뭇가지를 서로 연결되어 있다고 생각하면 Wardong은 개울에 음식과 물을 의존하고 나무의 뿌리는 개울에서 생명력을-주는 물을 흡수한다는 사실을 알아차릴 수 있다. Wardong은 나무에서 채집한 질긴 음식을 부드럽게 만들기 위해 개울을 이용한다(van Dooren, n,d.). 또한 나무는 Wardong이 해질녘에 다른 Wardong들과 함께 모여 밤을 지낼 때 잠을

자는 곳이기도 하다(van Dooren, n.d.). 개울 위의 나무들은 Wardong들의 울음소리로 가득 차 있으며, 이 나무들은 Wardong들에게 중요한 장소로, 울음소리를 통해 영역을 주장하고 다른 위험을 경고한다. 어쩌면 우리는 Wardong에게 잠재적인 위험거리일 수 있으며, 아니면 적어도 그들이 환경 안에서 상호작용할 수 있는 자원일 수도 있다(van Dooren, n.d.).

홀리즘과 함께-사유하기는 장소의 개별 요소에 주목하는 것을 벗어나, 우리와 Wardong, 개울, 나무 등의 관계를 포함한 모든 관계에 주의를 기울이도록 해 준다. 이러한 방식으로 장소와 함께-사유하면, 개인의 지식과 발달을 지향하는 리터러시 도구의 문제점이 드러나게 된다. 홀리즘과 함께-사유하면, 리터러시 또한 집단적이고 관계적인 것으로 생각하게 된다. 집단적이고 관계적인 리터러시는 기존 도구의 엄격성에 도전한다. 즉 원주민의 앎이 스며들 수 있도록 관찰 도구에 그어진 선들을 없애버리면 어떤 일이 일어날지를 생각하게 한다.

Noongar 연구자이자 교육자인 Libby Jackson-Barrett은 토착적 지식을 전면에 내세우는 비-원주민의 시도가 서로 다른 지식 체계를 더욱더 분리시킬 수 있다고 지적한다. 교육과정과 정책에서 시행 및 강조와 같은 용어를 써서 교육과정에 토착적 지식을 '추가'해야 할 것으로 제시한다(Australian Curriculum, Assessment and Reporting Authority [ACARA], 2014). Jackson-Barrett(2021)이 제안한 **스며듦***infusion*의 아이디어는 토착적 지식을 교육과정과 실천에 단순히 포함시키는 것 이상을 의미한다는 점에서 도전적이다. Kwaymullina와 함께-읽기 전략은 우리가 장소와 아이들과 함께-걷는 과정에서 원주민 지식을 내재화할 수 있을지에 대한 생각의 가능성을 열어준다. 나아가, 관찰 도구에서 장소와의 관계에서 생성된 리터러시를 중요하게 다룬다면, 우리는 장소 리터러시를 탐색하게 될 것이다. 그리고 어떻게 장소가 세상과 함께 관계 맺고 살아가는 새로운 방식을 생성하는지를 이해할 기회를 더 많이 갖게 될 것이다.

해킹 전략 #3: 함께-블로그하기

리터러시 관찰 도구의 세 번째 해킹 전략으로, 걷기에 이어 함께-블로그하기blogging-with가 진행되었다. 걷고 난 후에 Karen이 작성한 블로그를 걷기에 참여한 어린이들과 그 가족들, 교사들이 공유했고, 이 프로젝트에 관심 있는 일반인이나 학자들에게도 공개되었다. 우리는 함께-블로그 하기의 과정에서 블로그가 지닌 집단적이고 생성적인 성격을 발견하였다. 블로그는 결코 고립된 채로 구성되지 않으며 항상 장소, 어린이, 교사, 이론, 역사와 함께-블로그 하고 있다는 것을 알아차렸다. 개별 어린이의 고정된 결과에 초점을 맞추는 관찰 도구의 방식에 전면적으로 맞서기 위해, 이 전략에서 블로그를 공적으로 가시화하는 일은 매우 중요했다. 흔히 리터러시 관찰 도구는 어린이의 학습이 고정된 발달 단계의 연속선상 어디에 위치해 있는지를 보여주기 위해 사용되었고, 교사와 부모는 이 정보를 이용하여 어린이가 발달의 다음 단계로 나아갈 수 있는 방법을 계획하였다. 이러한 도구는 어린이와 학습의 결핍이론에 근거하여, 항상 어린이의 발달을 증진하거나 개선하는 방법에 초점이 맞추어져 있다(Burman, 2017). 이와 대조적으로, 블로그는 장소-어린이들의 **관계들***relations*을 중요하게 보면서 장소-어린이(들)의 만남을 이야기한다. 블로그는 학습의 '다음 단계'에 대한 답이나 계획을 제공하기보다, 걸으면서 출현한 아이디어를 계속해서 고심할 수 있는 공간을 열어준다. 블로그는 고정된 최종 산물이 아니라, 생각과 대화를 공유함으로써 항상 새롭고 다른 관점을 만들어낸다.

함께-블로그 하기 전략은 『Hacking the Anthropocene』(Hamilton et al., 2021)에서 사용된 아카이빙archiving 전략과 그 특성과 유사하다. 예를 들어, 아카이빙과 마찬가지로 함께-블로그하기는 장소 이야기를 다른 관점에서 들음으로써 우리가 모든 것의 일부만 알고 있다는 것을 깨닫게 해

준다(Neimanis, 2021). 교사는 우리가 제공받았던 것과 같은 리터러시 도구를 사용하여 어린이의 리터러시를 관찰하도록 훈련받아왔다. 리터러시 발달을 관찰의 전면에 내세우거나 관찰의 중심에 두게 되면, 장소 리터러시의 가능성을 간과해 버릴 수 있다. 블로그는 각 이야기의 전면에 장소를 내세움으로써 장소-어린이 마주침을 재방문하고 다시 탐구할 수 있도록 해주었다. 이러한 의도적인 전략은 걷기에 참여한 교사들이 걷기를 장소 리터러시의 관점에서 다시 생각하도록 이끌어 주었다. 프로젝트에 참여한 어느 교사는 블로그가 리터러시와 장소의 보다 확장된 개념을 가질 수 있도록 자신의 생각을 바꾸어주었다고 회고하였다.

> 블로그를 읽고 나서... 언어는 그 사회에서 중요한 것들과 관련하여 점점 더 구체적이고 복잡한 단어들을 지니게 된다는 점을 다시금 깨달았다... 이 블로그를 통해 우리 Bush School과 관련된 리터러시, 그리고 이 공간에서 아이들과 함께 할 수 있는 일들에 대해 더 깊이 생각하게 되었다. 이 공간은 확실히 더 깊이 탐구해 볼 가치가 있다고 생각한다. (Shona, 프로젝트에 참여한 교사)

함께-블로그 하기 전략의 의도는 어린이 교육에서 장소와 리터러시가 어떻게 다르게 접근될 수 있는지를 지속적으로 대화하고 사유할 기회를 만드는 데 있었다. 교사용 지침서 같은 전통적인 자료와는 대조적으로, 블로그는 교수 내용이나 교수법을 공식화하거나 기술하지 않는다. 오히려 블로그는 규범적 접근에 반하는 아이디어를 고심할 때 발생하는 복잡성과 긴장의 공간이다(Nxumalo & Cira Rubin, 2019). 예를 들어, 블로그는 교사들로 하여금 어휘에 대한 지식과 장소 관계들에서 생성되는 어휘의 방식을 보다 광범위하게 생각하도록 자극을 주었다. 함께-블로그 하기 전략은 교사들을 이러한 긴장 속으로 초대했으며, 리터러시 관찰 도구에서 사용해 온 언어의 한계를 교사들에게 드러내 보여주었다.

결론

Wardong, 개울, 어린이와의 다양한 만남을 통해 우리가 제공받은 리터러시 관찰 도구의 한계가 드러났다. 이 도구는 그 자체의 설계와 발달 논리에 기초하여 특정 유형의 리터러시와 리터러시를 가진 신체를 중시하였다. 이러한 리터러시가 특정 목적에는 부합될 수 있지만, 리터러시를 생성하는 장소의 기여를 이해하는 데는 적절하지 않다. 장소 리터러시는 어린이와 교사가 장소와 함께*with* 리터러시를 생성할 수 있는 공간을 만들어준다. 장소와 함께 사고하고, 살아가고, 배우는 것은 지속가능한 미래를 위한 교육에서 필수적이다(Common Worlds Research Collective, 2020). 이 장에서 우리는 관찰 도구 위에 장소 리터러시의 공간을 만드는 해킹의 과정을 제시하였다. 루브릭의 언어를 함께-흩트리고, 원주민 작가 작품을 함께-읽고, 장소와 함께-블로그 하기 등의 의도적인 전략을 통해 보다 확장된 방식으로 장소와 리터러시를 생각할 수 있었다. 장소를 하나의 텍스트 유형으로 보고, 그러한 장소 텍스트를 읽고 생각하고 만들 수 있는 어휘들을 고심하면 리터러시 관찰 도구가 지닌 한계를 넘어설 수 있다.

해킹을 시작하면서 우리는 질문을 던졌다. 만약 리터러시 관찰 도구가 인간-너머 요소인 장소를 포함할 수 있도록 재구상된다면, 장소 리터러시는 어떻게 이해될 수 있을까? 장소가 포함되도록 도구를 재구상한다면, 관찰자의 관심은 개인의 리터러시 기술과 지식의 발달에서 전환되어 장소로부터 그리고 장소와 함께 발생하는 리터러시로 옮겨갈 수 있을 것이다. Wardong, 개울, 어린이들, 날씨 등과의 만남은 장소 리터러시가 인간과 인간-너머의 관계에서 생성되는 집합적 노력임을 보여주었다. Wardong-개울-나무 텍스트와 함께 배우고 함께-사유하려면 Wardong-개울-나무 세계에 얽혀 있는 우리 자신에게도 주목해야 한다. Wardong, 개울, 나무

등과 함께 생성하는 리터러시에 주목한다면 장소-만들기[Place-making]의 가능성은 더 풍부해질 것이다.

References

Andrzejewski, C. E., Baker-Doyle, K. J., Glazier, J. A., & Reimer, K. E. (2019). (Re)framing vulnerability as social justice work: Lessons from hacking our teacher education practices. *Review of Education, Pedagogy, and Cultural Studies, 41*(4-5), 317-351.

Australian Curriculum, Assessment and Reporting Authority (ACARA). (2014). *The Australian Curriculum.* http://www.australiancurriculum.edu.au

Barrable, A., & Booth, D. (2020). Nature connection in early childhood: A quantitative cross-sectional study: *Sustainability, 12*(1), 375.

Barad, K. (2007). *Meeting the universe halfway: Quantum physics and the entanglement of matter and meaning*. Duke University Press.

Bennett, J. (2010). *Vibrant matter: A political ecology of things*. Duke University Press.

Burman, E. (2017). *Deconstructing developmental psychology* (3rd ed.). Routledge.

City of Melville, (n.d.). *Whadjuk boodja: Aboriginal land.* https://www.melvillecity.com.au/our-city/publications-and-forms/community-development/sites-of-aboriginal-cultural-significance

Clay, M. M. (1991). *Becoming literate: The construction of inner control.* Heinemann Education.

Clover, D. E., & Williamson, S. (2019). The Feminist Museum Hack as an aesthetic practice of possibility. *European journal for Research on the Education and Learning of Adults, 10*(2), 143-159.

Common Worlds Research Collective (2020). Learning to become with the world: Education for future survival. Paper commissioned for the UNESCO Futures of Education report (forthcoming, 2021).

Ehri, L. C., Nunes, S. R.,Stahl, S. A., & Willows, D. M. (2001). Systematic phonics instruction helps students learn to read: Evidence from the national reading panel's meta-analysis. *Review of Educational Research, 71*(3), 393-447.

Elliot, S., & Chancellor, B. (2014). From forest school to bush kinder: An inspira tional approach to preschool provision in Australia. *Australasian Journal of Early Childhood, 39*(4), 45-53. https://doi.org/10.1177/183693911403900407

Hackett, A., MacLure, M., & Pahl, K. (2020). Literacy and language as material practices: Re-thinking social inequality in young children's literacies. *Journal of Early Childhood Literacy, 20*(1), 3-12. https://doi.org/10.1177/1468798420904909

Hackett, A., & Somerville, M. (2017). Posthuman literacies: Young children in time, place and more-than-human worlds. *Journal of Early Childhood Literacy, 17*(3), 374-391. https://doi.org/10.1177/1468798417704031

Hamilton, R., Reid, S., van Gelder, P., & Neimanis, A. (Eds.). (2021). *Hacking the anthropocene: Archive*. Open Humanities Press. http://www.openhumanitiespress.org/books/titles/feminist-queer-anticolonial-propositions-for-hacking-the-anthropocene/

Hamm, C. (2015). Walking with place: Storying reconciliation pedagogies in early childhood education. *Journal of the Canadian Association for Young Children, 40*(2), 56-66. https://doi.org/10.18357/jcs.v40i2.15179

Jackson-Barrett, L. (2021). *Learning on Country.* Curtin University, Western Australia. Unpublished PhD.

Kuby, C., & Rowsell, J. (2017). Early literacy and the posthuman: Pedagogies and methodologies. *Journal of Early Childhood Literacy, 17*(3), 285-296. https://journals.sagepub.com/doi/10.1177/1468798417715720

Kuby. C., Spector, K., & Thiel, J. (Eds.). (2019a). *Posthumanism and literacy education.* Routledge.

Kuby. C., Zapata, A., & Fontanella-Nothom, O. (2019b). Teaching and learning literacy in early childhood education. In C. Brown, M. McMullen, & N. File (Eds.),*The Wiley handbook of early childhood care and education* (pp. 301-28). John Wiley & Sons, Inc.

Kuby, C. R., Rucker, T. G., & Kirchhofer, J. M. (2015). 'Go be a writer: Intra-activity with materials, time and space in literacy learning. *Journal of Early Childhood Literacy, 15*(3), 394-419.

Kwaymullina, A. (2020). *Living on stolen land.* Magabala Books.

Liboiron, M. (2020). Exchanging. In K. Jungnickel (Ed.), *Transmissions: Critical tactics for making and communicating research* (pp. 89-108). MIT Press.

Merriam-Webster (n.d.). Grapple definition and meaning. *In Merriam-Webster.com dictionary.* Retrieved November 15, 2021, from https://www.merriam-webster.com/dictionary/grapple

Neimanis, A. (2021). An archive of an epoch that almost was. In R. Hamilton, S. Reid, P. van Gelder, & A. Neimanis (Eds.), *Hacking the anthropocene:*

Archive (pp. 7-16). Open Humanities Press. http://www.openhumanitiespress.org/books/titles/feminist-queer-anticolonial-propositions-for-hacking-the-anthropocene/

Nxumalo, F., & Cira Rubin, J. (2019). Encountering waste landscapes: More-than-human place literacies in early childhood education. In C. Kuby, K. Spector, & J. Thiel (Eds.), *Posthumanism and literacy education* (pp. 201-213). Routledge.

Pacini-Ketchabaw, V., Taylor, A., & Blaise, M. (2016). Decentring the human in multispecies ethnographies. In Carol A. Taylor & Christina Hughes (Eds.), *Posthuman research practices in education* (pp. 149-167). Palgrave Macmillan.

Rees, D., Shortland-Jones, B., & Western Australia Education Department. (1997). *Reading: Developmental continuum.* Rigby Heinemann.

School Curriculum and Standards Authority. (2014). *Curriculum and assessment outline.* https://k10outline.scsa.wa.edu.au/home/p-10-curriculum/curriculum-browser/english-v8/overview/glossary/text

Snow, E. (2006). What counts as literacy in early childhood? In K. McCartney & D. Phillips (Eds.), *Blackwell handbook of early childhood development.* Blackwell Publishing Ltd. http://nrs.harvard.edU/urn-3:HUL.InstRepos:34785388

Somerville, M. (2007). Place literacies. *Australian Journal of Language and Literacy, 30*(2), 149-164. https://www.researchgate.net

Sundberg, J. (2014). Decolonizing posthumanist geographies. *Cultural geographies, 22*(1), 33-47. https://doi.org/10.1177/1474474013486067

Taylor, A. (2013). *Reconfiguring the natures of childhood.* Routledge.

Todd, Z. (2016). An Indigenous feminist's take on the ontological turn: Ontology is just another word for colonialism. *Journal of Historical Sociology, 29,*(1), 4-22.

Truman, S. E., Hackett, A., Pahl, K., McLean Davies, L., & Escott, H. (2020). The capaciousness of no: Affective refusals as literacy practices. *Reading Research Quarterly,* 1-14. https://doi.org/10.1002/rrq.306

van Dooren, T. (n.d.). *The urban field naturalist guide to crow appreciation* (with an Australian focus). https://urbanfieldnaturalist.org/resources/guide-to-crow-appreciation

Watts, V. (2013). Indigenous place-thought and agency amongst humans and non humans (first woman and sky woman go on a European world tour!). *Decolonization: Indigeneity, Education & Society, 2*(1), 20-34.

CHAPTER

05

영아와 함께 관찰을 재개념화하기

: Aotearoa 뉴질랜드의 관점

Kiri Gould, Marek Tesar, Jen Boyd The University of Auckland

이 장에서는 Aotearoa 뉴질랜드의 교육현장에서 '관찰'의 개념과 그것이 영아infants and toddlers에게 어떤 의미를 갖는지 분석하고 논의하고자 한다. 우리는 이 맥락에서 관찰이 무엇을 의미하는지, 남반구Antipodes에서 관찰이 어떻게 개념화되고 이해되는지를 이론화하고, Aotearoa 뉴질랜드의 영유아교육 환경에서 수집된 여러 일화들vinettes을 분석하고자 한다. 또한 이 장은 후기 질적 연구 및 원주민의 관점으로 관찰이 무엇이며, 어떻게 수행되는지에 대한 방법론적 사고를 제시할 것이다(Lenz Taguchi, 2010; Malone et al., 2020; Mika, 2017). 이를 통해 기록화documentation와 러닝스토리learning story에서 사용되어 온 관찰의 방식과 전통적인 발달적 사고를 비판적으로 고찰하고자 한다. 그리고 이 장은 영유아교육에서 어린이들의 경험과 발달, 배움을 포착하고 설명하기 위해 교사들이 사용하는 다양한 접근법-주시gaze, 가시화visibilities, 카메라, 기록화 등-을 탐구한다. 이러한 접근법은 교육과 정책의 방향과 변화에 부합하고 교육과정 체계의 목표를 달성하기 위해 교육전문가들이 개발한 다양한 철학과 방법론에 뿌리를 두고 있다. 이 장에서는 교사의 관점뿐만 아니라, 영아의 생태학적 감각-만들기ecological sense-making, 물질과 객체materials and objects, 인간과 비인간 실체human and non-human entities, 내러티브와 전통의 관계성relationality에 대해서도 탐구한다(Taylor & Pacini-Ketchabaw, 2019; Malone et al., 2020). 여기에서는 교사의 관점과 어린이 관점의 마주침을 대립적인 것으로 보지 않고, 파리키*Whāriki*[1]처럼 함께 엮여있는 것으로 본다. 이는 성인과 어린이 간의 복잡한 참여complex engagement와 교호적인 관계성reciprocal relationality을 통

1 역자주: 테 파리키란 뉴질랜드의 교육과정 이름으로 모두가 함께 서 있을 수 있는 마오리식 매트를 의미한다. 테 파리키는 여러 사람의 손에 의해 공동으로 짜인 테피스트리를 뜻하는 메타포로, 다양한 관점, 문화, 접근을 포괄하는 개념이며, 부모, 교사, 어린이, 지역사회가 모두 함께 만들어가는 교육과정을 강조한다.
* 출처: 나정, 임미령, 박창현 (2016). OECD가 선정한 5가지 어린이 교육과정. 고양: 공동체.

해 인류세라는 시대적 맥락에서 배움을 '아코ako'[2]로 논의하기 위한 것이다.

현재의 역사

Aotearoa 뉴질랜드는 영유아교육 실천의 일부로서 '관찰'이라는 개념과 관련하여 고유한 역사와 독창적인 실천 방식을 가지고 있다. 많은 아이디가 유럽과 미국의 영향과 함께 마오리족(Malone et al., 2020)의 식민지화 문제, 공정성, 문화적 정체성, 자기-결정권(tino rangatiratanga)에 대한 현지 반응이 어우러져 만들어졌다. Aotearoa 뉴질랜드의 식민지 과거와 현재에 대한 반응, 인구의 다양성 증가, 시장 중심의 신자유주의 정책 변화 등 사회 정치적 지형의 복잡성은 관찰의 아이디어를 수용, 적용 또는 거부하는 방식에 영향을 미친다. Aotearoa의 영유아교육과정인 테 파리키*Whāriki Matauranga mo nga Mokopuna Aotearoa*는 발달과 페다고지에 대한 마오리족의 이해와 사회문화 이론에 기반하고 있다. 이 교육과정은 마오리와 서구 사회의 어린이 및 어린이의 배움에 대한 이해를 통합한다(Ministry of Education [MoE], 2017). 러닝스토리는 테 파리키와 연계된 주요 관찰 평가observational assessment 방식으로, 형성적이고 서술적이며 강점에 초점을 둔다(Carr, 2001). 테 파리키와 러닝스토리는 둘 다 비-처방적 특성을 지니며, 이러한 특성이 교호적이고 반응적인 관계성, 포용성, 다양한 관점을 촉진한다(Arndt & Tesar, 2015). 러닝스토리는 Aotearoa의 영유아교사들 사이에서 널리 사용되어, 교육현장에서 다른 관찰 및 평가 실천은 거의 찾아보기 어렵게 되었다. 러닝스토리는 어린이를 바라보는 시각과 교육

---

2 역자주: '아코(ako)'는 마오리어로 '가르치다'와 '배우다' 둘 다의 의미로, 가르치는 사람과 배우는 사람 간의 상호적이고 순환적인 관계를 강조하는 용어다. 즉, 가르치는 사람도 배우고 배우는 사람도 가르치는, 상호 배움의 관계를 내포한다.

실천에 영향을 미치는 강력한 도구이다. 러닝스토리는 어린이를 발달적으로 정상화 및 주변화 관점으로 이해하는 것에 교사들이 저항할 수 있도록 해주며, 가치 있는 배움이 무엇인가에 대해 생각할 기회를 준다. 그러나 러닝스토리의 실천은 다양한 방식으로 이해될 수 있다. 러닝스토리가 신자유주의 담론이나 관리 및 성과중심 담론과 교차될 때 상당한 긴장과 모순이 생겨난다. 러닝스토리의 이상적 실천 방식이 현장에 적용되는 과정에서, 이를 공유하고 보관하도록 설계된 디지털 플랫폼을 통해 실천의 맥락이 재구성되며 또 다른 문제가 제기된다. 이 장의 첫 번째 부분에서는 러닝스토리가 Aotearoa에서 주요한 관찰 평가 방식으로 자리 잡기까지의 여정을 개관하고, 현재 영유아교육현장에서 행해지는 러닝스토리의 복잡성에 관해 살펴보고자 한다.

Aotearoa 뉴질랜드의 영유아교육early childhood education and care: ECEC은 초기에는 도시의 가난한 정착민 자녀들을 대상으로 중산층의 자선 및 박애주의적 노력에서 시작되었으며, 이후에는 유아학교의 혜택에 중점을 둔 교육적 노력으로 발전하였다(May, 2019). 이러한 초기 노력들은 Froebel의 사상에 큰 영향을 받았다(Froebel & Lilley, 1967; Wells & May, 2018). May(2019)는 영유아교육이 변화하고 중첩되는 '정치적 시선'에 따라 형성된 과정을 추적하였다. 그녀는 이러한 정치적 시선을 '어린이 양육과 교육, 그리고 변화하는 국가의 역할에 대한 교육적, 정치적 이해를 형성하는 누적적이고 광범위한 근거'라고 기술하였다(p. 18). Aotearoa의 식민지 역사에서 초기의 정치적 관심은 주로 정착민 자녀와 이들의 도덕적 삶에 영향을 미칠 수 있는 조기 교육의 잠재력, 그리고 안정된 국가의 기반으로서 건강한 영아에 집중되어 있었다(May, 2019). 1940년대부터 유럽과 미국에서 유입된 어린이 발달 연구에 강하게 영향을 받은 심리학적 관점이 남반구의 교육학적 이해와 결정을 형성하기 시작했다. G. Stanley Hall, Arnold Gessel, Susan Isaacs, Piaget, Freud는 객관적이고 체계적인 어린이 관찰의 중요성을 강조하였고, 당시 뉴질랜드는 조기 교육 서비스가 등장하고 정부의 관심도 증가하던 시기였다(May, 2019). 1950~1960년대까지 영아를 포함하여 아동에 대한 관찰이 교사 교육 프로그램에서 중요하고 혁신적인 부분이 되었다(Podmore & Luff, 2012). 새롭게 등장한 가족 중심의 플레이센터 playcentre 서비스에 참여한 어머니를 위한 교육 프로그램에서도 어린이 발달에 대한 이해와 발달을 지원하는 방법에 Piaget의 아이디어들이 활용되었다. 교사와 어머니들은 아동의 신체적, 사회적, 정서적, 인지적 행동을 발달 기준에 따라 관찰·기록하며 분석하였고, 이러한 관찰 정보를 바탕으로 교육 환경을 구성하고 발달에 적합한 경험을 제공하였다(Podmore & Luff, 2012). 이러한 실천에서는 객관적이고 양적으로 검증된 지식만을 어린이에 대한 유일한 지식으로 보는 실증주의적이고 개인주의적인 세계관이 강조되었다. Sellers(2013)는 이로 인해 영유아교육이 어린이 발달과 동일시되고, 다른 세계관과 지식이 배제되었다고 지적한다. 이후 영유아교육은 어린이, 여성, 소수 집단의 권리와 평등을 요구하는 사회 운동의 영향을 받았다. 그러나 서구의 발달 패러다임은 1990년대까지도 영유아교육 실천에서 지배적이었다. 이러한 관점들은 뉴질랜드, 서구, 원주민, 그리고 세계적인 시각을 포함한 어린이 관련 연구 방법론에 대한 보다 폭넓은 논의와 연결되며, 이는 어린이가 어떤 존재인지와 아동기가 무엇인지에 대한 물음과도 맞닿아 있다(Tesar, Duhn et al., 2021; Tesar, Guerrero et al., 2021).

테 파리키의 등장은 기존의 발달 중심 교육과정에 큰 변화를 가져왔으며, 어린이를 관찰하고 평가하는 방식의 재개념화를 불러왔다. **테 파리키**는 Aotearoa의 역사와 정치를 근간으로 하며, 이중문화가 반영되어 있는 비-처방적이고 사회문화적인 교육과정이다. 이 교육과정은 어린이를 지역적, 문화적 맥락 안에 있는 집단적이고 관계적인 존재로 바라본다. **테 파리키**의 개발 과정, 특히 정부와 계약한 집필진과 Te Kohanga Reo(어린이 교육에서 가족 참여를 통해 마오리 원주민의 언어와 문화를 활성화하고 유지하는 데 중점을 둔 운동) 간의 협력에 대한 이야기는 다른 문헌에서 상세히 소개되었다(Reedy, 2019; Te One, 2013). 이 교육과정은 네 가지 원칙, 즉 whakamana(임파워먼트), kotahitanga(총체적 발달), whanau tangata (가족과 지역사회), hononga(관계)를 기본으로 삼고 있다. 그리고 이 원칙들은 mana atua(웰빙), mana whenua(소속감), mana tangata(공헌), mana reo (의사소통), mana aturoa(탐구)의 다섯 영역strands과 독특하고 지역화된 방식으로 얽혀 있도록 설계되었다. 문서에 다음과 같이 기술되어 있다.

> 영유아교육현장에서 Kaiako[교사]는 어린이, 부모, 가족 및 지역사회와 협력하여 이러한 원칙들과 영역들을 엮어서, 그들의 환경에 맞는 지역 교육과정을 만들어야 한다. 이러한 의미에서 교육과정 또는 테 파리키는 '모두가 함께 서 있는 매트'가 된다(MoE, 2017, p. 12).

따라서 테 파리키는 어린이와 중요한 배움에 대한 다양한 관점을 수용하면서, 어린이를 보편화하거나 개인화된 존재로 보는 시각에 저항한다. 그리고 각 어린이가 '사람, 장소, 사물'과의 관계 속에서 형성되는 '자신만의 고유한 배움의 여정'을 가지고 있음을 인정한다(MoE, 2017, p. 21).

러닝스토리 다시 생각하기

러닝스토리는 테 파리키의 지향을 보여주는 핵심적인 교육적 표현이다. Arndt와 Tesar(2015)가 언급한 바에 따르면, 러닝스토리는 교육과정의 개념적 틀과 기본 원칙을 따른다. 러닝스토리는 교사가 어린이를 관찰한 내러티브 기록으로, 가치 있는 배움에 대한 해석을 기록화하고 재해석하여 어린이를 학습자로서 공동의 대화에 기여하도록 한다. 그리고 어린이 자신을 포함하여 어린이와 관련된 공동체가 생성한 여러 이야기들을 모아서 시간의 흐름에 따른 어린이의 배움을 재현하는 데 중점을 둔다. 러닝스토리는 호기심, 신뢰, 자신감과 같이 배움에 중요하지만 측정하기 어려운 속성을 드러내기 위한 것이다(Carr, 2001). 어린이와 그 가족에게 '배움을 가시화'하는 러닝스토리는 강점에 기반하여 만들어지며, 재해석과 다양한 관점의 가능성에 열려있다. 다양한 목소리와 축적된 이야기는 복합적이면서 총체적인 학습자라는 정체성을 형성한다. 이러한 정체성은 고정된 것이 아니라, 형성적이고 불확실하며, 학습 환경(사람, 장소, 사물)과 얽혀 진화하는 것으로 이해된다. 러닝스토리는 학습의 복잡성과 관계성을 인정하지 않거나 다른 세계관과 지식을 고려하지 않는, 객관적인 관찰이란 개념과 보편적이고 선형적인 발달 경로에 반대한다.

그러나 러닝스토리에 대한 이해와 실천은 이 분야를 형성하는 인적 자본 및 경제 담론을 비롯한 다양한 담론들에 의해 영향을 받는다. Aotearoa의 교사들은 점점 더 강화되는 책무와 성과에 대한 요구에 직면하고 있으며, 그들의 교육 실천과 목적이 외부에 의해 정의되고 측정되는 경우가 많아지고 있다(Gould, 2021). 교사들은 종종 교육현장에서 특정 유아를 맡고, 정해진 기간 안에 유아 한 명당 일정한 수의 러닝스토리를 작성해야 하는 업무적 기대에 직면한다. 러닝스토리의 최선의 실천 방식은 『Kei Tua o Te Pae』를 포함한 추가 자료들과 교사를 위한 전문성 개발 기회를 통해 교사들에게 설명된다. 『Kei Tua o Te Pae』[3]는 러닝스토리 실천을 이론화하고 사례를 제시하는 20권짜리 자료집이다(MoE, 2004).

3 역자주: 『Kei Tua o Te Pae』는 뉴질랜드의 어린이 교육 분야에서 사용되는 20권의 책으로, 교사들이 교육의 질을 지속적으로 개선하는 데 도움을 주는 현장지원자료다. 러닝스토리를 이론화하고 실천 사례를 제시하여 교사들이 효과적으로 러닝스토리를 작성하고 활용할 수 있도록 도와주는 것으로, 특히 테 파리키 교육과정의 원칙에 맞추어 어린이의 배움을 이해하고 강화하는 데 중점을 두고 있다. 교사들은 이를 통해 어린이의 배움의 복잡성을 이해하고 다양한 관점을 반영한 러닝스토리를 작성할 수 있게 된다.

* 출처: https://tewhariki.tahurangi.education.govt.nz/kei-tua-o-te-pae-assessment-for-learning-ece-exemplars/5637225576.

러닝스토리는 '질 높은' 교수 실천과 밀접하게 연관되어 있으며, 인적 자본을 변화시키기 위한 승인된 페다고지로 자리 잡았다. 또한 이를 수행하는 교사의 역량은 전문성을 평가하는 주요 지표가 되었다(Gould, 2021). White 등(2021)의 연구는 러닝스토리의 작성이 어떻게 이루어지는지를 보여준다.

> 러닝스토리 작성은 교사의 업무를 중재하는 복잡한 책무성 망web의 일부로, 부모(모든 부모가 아닌 일부 부모), 어린이들, 다른 교직원, 조직의 우선순위에 맞춰 기록화를 확인하는 기관장, 그리고 경우에 따라 교직원 평가와 교사 등록을 위한 데이터의 출처로 동시에 사용되는 경우를 포함한다(p. 15).

Knauf(2020)의 연구는 교사들이 모든 어린이에 대한 러닝스토리 작성 요구와 다른 교육 업무 간의 균형을 어떻게 유지하는지를 보여주며, 조직의 배치, 가치, 근무 환경이 러닝스토리의 목적, 내용 및 방법에 미치는 영향을 밝혔다. 러닝스토리와 관련하여 반복적으로 언급되는 아이디어 중 하나는 러닝스토리가 '배움을 가시화한다'는 것이다. 사진과 비디오의 사용이 표준화된 최선의 실천으로 자리 잡고 있으며(MoE, 2004), 실제 Aotearoa의 교사들은 사진의 구성, 촬영, 큐레이션, 관리 및 보관에 상당한 시간을 할애하고 있다.

최근 학계는 배움과 관련된 시각적 증거의 만연함과 그것이 의미-만들기meaning-making에 미치는 영향을 문제시하고 있다. Hopkins(2019)는 배움의 증거를 제공하는 사진의 능력에 의문을 제기하면서, 교사가 사진 증거에 '과다 의존'(p. 220)하면 눈에 보이지 않는 중요한 측면을 제대로 인식하지 못할 수 있다고 지적한다. Hopkins는 개인 정보 동의, 감시, 통제와 같은 문제를 언급하면서, 사진은 상황을 정의하는 것이 아니라 상황을 열고 가능성을 자극하는 방식으로 사용되어야 한다고 주장하였다. 러닝스토리를 공유하기 위해 상업적으로 제작된 디지털 플랫폼을 사용하게 되면서 이러한 문제는 더욱 복잡해졌다. White 등(2021)은 교사가 디지털 도구를 사용하여 러닝스토리를 작성하고 업로드하는 방식을 분석하였는데, 디지털 수단을 통해 배움을 "보는" 방식과 "보지 않는" 방식에 의문을 제기하였다(p. 7). Storypark 및 Educa와 같은 디지털 플랫폼은 Aotearoa의 관찰 및 평가 실천에서 점점 더 보편화되고 있다. 이들 도구에는 미리 설정된 태그를 적용할 수 있는 기능이 포함되어 있다.

이러한 태그는 주로 **테 파리키**의 원칙과 영역으로 구성되어 있지만, 각 영유아교육 현장에서 중요하게 여기는 특정 배움을 중심으로 제작될 수도 있다. (필요한 기기와 기술을 갖춘) 가족은 러닝스토리에 접근하고 공유할 수 있으며, 앱을 통해 직접 참여할 수도 있다. White 등(2021)은 러닝스토리가 디지털 플랫폼을 통해 다시 이야기되고 재해석될 때, 도구의 기능에 내재된 암묵적 기준에 따라 배움을 '보게 되고' 가치를 이해하게 된다고 주장한다. 디지털 플랫폼은 '태그할 수 있고, 추적 가능하며, 완전하고 상호-구성된' 배움을 담고 있으며, 그 결과 교사가 어떤 이야기를 어떻게 전달할지 선택할 때 새로운 유형의 결정들, 기회들, 새로운 긴장이 나타난다. 러닝스토리의 주관성은 긍정적으로 평가되지만, 시각적 · 디지털 요소를 통해 지식이 생성되는 방식은 영유아교사와 정책 입안자들에게 충분히 이해되지 않으며, 종종 이를 중립적인 교수 도구로 간주해 논의조차 이루어지지 않고 있다.

다양성에 참여하기

러닝스토리는 그것이 무엇을 만들어내는지, 그리고 영유아교육 현장의 실천에 의해 어떻게 형성되는지에 관한 수행적이고 정치적인 질문을 던지는 비판적 탐구의 초점이 되어 왔다. 그럼에도 불구하고, Sellers(2013)는 '**테 파리키**는 학습자와 학습을 둘러싼 모든 것이 중요하다고 명시하고 있지만, 동시에 무엇을 어떻게 해야 하는지에 대한 구체성을 피하면서 다양성을 열어놓는다'고 지적한다(p. 40). 테 파리키의 다양성과 관련하여, Tesar와 Arndt (2019)는 영유아교육 이론과 실천에 보다 광범위한 이론과 철학이 포함되어야 한다고 주장하면서 포스트휴먼 어린이 연구의 관점으로 테 파리키 다시-읽기를 제안한다. 그들은 이러한 관점이 '인간-너머의 세계, 사물, 존재와의 상호 의존적이고 내부-연결된intra-related 어린이와 아동기에 대한 구체적인 표현과 이해를 제공한다'(Tesar & Arndt, 2019, p. 181)고 본다. Tesar와 Arndt(2019)는 테 파리키를 Braidotti(2013), Barad(2015), Bennett(2010) 등의 이론을 바탕으로 포스트휴먼 관점으로 해석하면 '인간만이 아니라 물질적, 시간적, 세계적으로 상호연결된 물질matter, 결정들, 힘들과 얽혀있는, 혼란스럽고 복잡한 뉴질랜드 Aotearoa 아동기'(p. 182)가 드러난다고 주장한다. 러닝스토리에서 교사는 배움이 일어나고 있음을 알아차리고, 인식하고, 이에 반응한다(Carr, 2001). 러닝스토리의 비-처방적 특성은 보다 생성적이고, 불확실하며, 세계하기 방식worldly ways으로 어린이들의 배움에 참여할 기회를 제공해 준다. Tesar와 Arndt(2019), Hopkins(2019)는 일련의 도전들, 즉 교사들이 모르거나 '관찰'되지 않은 것에 귀 기울이기를, 보통 간과하거나 무시해 왔던 것에 주목하며 알아차리기를, 러닝스토리 시나리오가 인간 행위자 너머의 존재에 열려있기를 제안한다. 포스트휴먼 페다고지는 교사들이 주목하고, 인식하고, 반응하는 범위를 확장하고, 어린이 교육에 대한 전통적인 이해로는 드러나지 않았던 다른 지식과 진리들truths에 열려있기를 요구한다. 인간-중심적 인식에 도전하는 포스트휴먼 페다고지는 어린이를 항상 인간과 인간-너머의 물질, 에너지, 사물과의 관계 속에서 상호의존하는 존재로 보는 집합적 접근collective approach을 옹호한다(Cedar, 2018). Malone 등(2020, p. 111)은 '포스트휴먼 페다고지는 언제나 관계성에 귀착하며, 우리가 세상에서 다른 존재들과 어떻게 함께하고 있는지를 탐구한다. 포스트휴먼 페다고지는 어색하고 불편한 만남들을 통해 우리가 자신의 인간성humanness을 이해하도록 돕는 동시에, 인간성 너머를 바라보기를 강요한다'고 설명한다. 이는 어린이와 비인간 세계의 관계적 만남에 주목하는 다음의 일화에서 명확하게 드러난다.

인간중심적 접근을 넘어 관찰을 한다면, 지역과 세계에서 장소와 공간이 지닌 잠재성을 모두 고려할 수 있게 된다(Yelland et al., 2021). 이러한 관점에서 환경은 체화된, 내부작용하는 물질의 배치물이며, 관찰은 영아, 성인 및 교육현장 사이에서 작동하는 다중-감각적인 힘multi-sensorial force으로 재개념화될 수 있다. 사회적 세계는 다양한 비인간(또는 인간-너머) 존재들과 흐름을 통해 함께 형성되고, 경험되며, 만들어진다(Nairn & Kraftl, 2016). 다음의 일화들은 관찰 행위가 성인-중심의 해석에서 벗어나 관계적 복잡성으로 변화하는 과정을 보여준다. 빗방울이 뒤집힌 금속 그릇 위로 떨어질 때 영아는 땅과 하늘과 접속한다. 한 마리의 고양이가 영아 교실에 새로운 존재 방식을 소개하며, 한 아이는 어머니의 직장과 영유아교육기관 사이의 지도cartography를 그려낸다. 만약 교사가 전통적으로 기록된 관찰을 넘어 포스트휴먼 페다고지를 행한다면 어떤 일이 일어날 수 있을까?

하늘과 땅 사이의 움직임

마오리 신화에 따르면, Papatūānuku(대지의 어머니)와 Ranginui(하늘의 아버지)가 어둠 속에서 함께 만나 그 사이 공간에서 아이들(tamariki)이 태어났고, 그 아이들은 부모를 떠나 세상에 빛을 가져왔다. 세계를 설명하는 이야기가 모든 문화에 있지만, 앎에 대한 서구적 인식이 우위를 차지해 왔다(Hall, 2018; Mika, 2017). 문화적 구성물들과 지식의 수호자이자 전달자로서의 교사 정체성을 걷어낸다면, 다음의 관찰 사례를 어떻게 바라볼 수 있을까?

영아 교실의 베란다에 빗방울이 떨어지며 익숙한 두드리는 소리를 낸다. 하지만 이번에는 뒤집힌 금속 그릇이 있어 다른 떨리는 소리를 낸다. 비가 계속 내리자 진동이 그릇에 부딪히면서 그릇은 18개월 된 아이 쪽으로 천천히 움직이기 시작한다. 아이가 그릇으로 다가가 그릇을 들어 올린다. 그러자 소리와 움직임이 멈춘다. 아이는 하늘을 보고 그릇을 바라보다가 다시 그릇을 내려놓는다. 아이는 양손을 하늘로 올리고 귀를 기울이며 기다린다. 한 주 동안 아이는 이 그릇을 들고 다니며 실내외 여러 공간과 장소에 그릇을 두었다. 이 이야기의 의미를 해석해 볼까? 원인과 결과를 적어둘까? 더 다양한 모양과 크기의 그릇을 소개하며 아이의 '배움'을 확장시켜야 할까? 사진이나 동영상을 찍어 가족이나 다른 교사들과 공유할까? 이런 질문 브리콜라주는 성과 중심의 사유를 보여준다. 이러한 질문들은 관찰을 적절한 교육적, 교육과정적 접근의 발달적 내러티브로만 고립시킬 수 있다. Aotearoa의 교육과정인 테 파리키(MoE, 2017)는 다음을 명시하고 있다.

> 어린이들은 그들 세계의 의미를 만들면서 지식을 구성한다. 지식은 문화적이고, 사회적이며, 물질적이다. 지식은 문화적, 미적, 역사적, 사회적, 과학적, 기술적, 수학적, 지리적 정보를 바탕으로 한다. 기술skills은 어린이들이 할 수 있는 것을 의미하며, 이를 통해 어린이는 세계 안에서 그리고 세계와 함께 상호작용interaction한다(pp. 22-25).

포스트휴먼, 포스트-발달적 개념화의 관점에서 보면, 이러한 프레임은 여전히 인간-중심적 세계관에 매여 있다는 점에서 문제가 된다. 아이와 그릇, 비, 표면, 소리에 대해 생각할 때 상호작용interaction을 내부작용intra-action으로 대체한다면, 관찰의 이론적 토대가 확장될 수 있을 것이다.

내부작용은 현장에서 공-존하는co-existing 몸들과 행위들의 얽힘으로 설명될 수 있다. Barad(2007)의 내부작용이란 개념과 함께-생각하면, 교사는 아이의 개별적 행위성agency 이상을 고려할 수 있게 된다. 즉 아이, 비,

그릇, 표면, 관찰자로서의 교사 사이에서 새롭게 통합된 행위성이 만들어지고 있다는 것을 알게 된다. 비는 그릇과 함께 울림의 소리를 만들었고, 움직임을 부르는 진동을 생성했으며, 그 현상에 주목하고 접속하도록 아이를 이끌며 음악성을 만들어냈다. 관찰자는 아이의 행위성을 약화하거나 강화하는 방식으로 그 현상과 내부작용하였다. 정적인 이미지(사진)는 부분적인 이해만을 제공할 뿐이고, 러닝스토리에 어울리게 다듬어진 단어들은 하나의 앎의 방식일 뿐이다. 새로운 관점을 불러일으키는 대화가 필요하다. 아이는 땅과 하늘과 분리되어 있다고 느낄까, 아니면 둘 모두와 동시에 접속하고 있다고 느낄까?

이 짧은 순간은 소리와 움직임을 물질^matter^로 재개념화할 수 있게 하며, 인지적 앎과 체화된 앎, 그리고 자연 대 문화라는 이분법에서 벗어나게 해준다(Matthews, 2017). 어린아이는 빗방울이 피부에 닿는 것을 느끼고, 빗방울이 그릇에 주는 효과를 듣고 보면서 그 공간에 체화되었다. 18개월 된 아이가 '바깥의 빗속에서' 자신의 경험적 내러티브를 이끌 수 있었던 데에는 신뢰감과 신체적 자율성이 있었다. 발달적 관점으로만 본다면, 그 순간 영아에게는 자신의 행동을 결정할 행위성이 없었을 것이다. 이는 규제적 시선^regulatory gaze^으로 영아를 바라보는 것이다. 하지만 교사는 대화를 이끌기 위한 질문을 하지 않았고, 적절한 배움의 증거를 도출하기 위해 즉각적으로 계획을 세우지도 않았다. 또 교사는 '감기 걸린다'는 행동주의적 유사 과학논리를 앞세워 '나쁜' 날씨를 피해 아이를 실내로 들여보내지도 않았다. Aotearoa 뉴질랜드 영유아교육 분야에서 시행되는 건강 및 안전 규정(Moe, 2008)은 어린이의 환경과 제공되는 자료가 안전하며, 어린이를 해로운 요소로부터 보호할 수 있도록 광범위하고 필수적인 기준들을 포함하고 있다. 그러나 이 규정들 역시 오랜 시간 축적된 발달 이론의 틀 아래에서 해석될 때, 여전히 미묘한 판단과 해석의 여지를 남긴다(Giroux, 1997).

포스트-발달적 접근에서 교사의 관찰은 비-선형적^non-linear^이고 비-침투적non-invasive이다. 만약 이 일화에서 포스트-발달적 관점이 적용되었다면, 교사는 그 순간 집단적 맥락, 아이의 역량 및 장소와 공간과의 연결, 그리고 그 안에 얽혀 있는 요소들을 고려하여 어린이를 형상화했다고 이해할 수 있다(Murris, 2018). '포스트-발달적 사고의 핵심은 권력 역학을 검토하고 도전하는 데 있기 때문에' 배움과 가르침에 위계적으로 접근하지 않는다(Johnson, 2014, para. 4). 그 대신, 교사도 비를 만지고 그릇의 진동을 느낄 때, 관찰은 아이와 교사가 서로 주고받는 춤이 된다. 교사는 '배움을 가시화'하는 성인-중심적인 기대를 하는 대신, 아이 옆에 앉아 눈을 맞추고 그 순간에 참여했다. 비디오 촬영은 이루어졌지만, 카메라는 실내 바닥에 놓여 있어 비-침투적이고 비-판단적인 방식으로 경험을 기록하는 역할을 했다. 그곳에는 시간 제한이나 체크리스트 같은 기록화 대신, 아이, 하늘, 땅, 그리고 그 사이의 모든 요소와 물질 사이의 내부작용적 물질하기intra-active mattering가 있었다.

포스트-발달적 관점에서 살펴보면, 이 일화의 관찰 '방법'은 마음과 몸으로 감각하고 존재하는 다중모드 방식으로 회절되었다(Enriquez, 2016). 여기에는 정해진 방법도, 핸드북도, 아이와 교사에게 할당된 역할도 없었다. 이는 포스트-발달적 사고가 기존의 관습을 거부하고 주체/객체의 행위성을 이분하는 것에 도전하기 때문이다(Johnson, 2014). 계획blueprint이 없는 것이 아니라, 이론과 실천이 유연하게 끊임없이 얽혀가는 과정 자체가 하나의 계획으로 존재한다(Ziai, 2004).

창문 난간의 고양이

비-인간 지리학non-human geographies이 영아 공간과 더 넓은 지역사회와 만난다면 어떤 일이 벌어질까? 어느 화창한 아침, 영아 교실 안에서는 아이들이 조용히 놀이에 참여하고 있었다. 그러던 중 13개월 된 아이가 창문 쪽을 가리키며 '우와, 고양이!'라고 외쳤다. 그곳에는 작은 갈색 고양이 한 마리가 몸을 쭉 펴고 아무런 신경도 쓰지 않는 듯한 모습으로 있었다. 이 첫 만남 이후, 고양이는 여러 번 기관에 나타났고, 부모와 좀 더 큰 아이들은 고양이를 주변에서 자주 목격했다고 말했다. 그러던 어느 날, 고양이는 복잡한 도로를 건너려다 실패한 뒤 더 이상 기관에 찾아오지 않았다.

이 일화는 영아 교육학에서 다루기를 꺼려하는 주제인 사랑하는 동물의 죽음에 관한 것이며, 동시에 인간이 개념화한 위계에 도전하는 이야기이다. 포스트-발달의 관점으로 탐구하기 위해서는 서로 얽혀있는 공동 세계 이론common world theorizing(Haraway, 2016; Taylor & Pacnini-Ketchabaw, 2019)과 아동기 지리학childhood geopraphies(Kraftl, 2016)의 복잡성을 깊이 이해할 필요가 있다. 이 일화에서 영아들은 함께 존재함과 서로 다름을 점차 인식하며, 그 관계 속에서 갈등하거나 적응해 가는 모습을 점점 더 자주 드러냈다. 궁극적으로 인간과 비인간은 불안정한 세계에 함께 던져진다(Taylor & Giugni, 2012). 어린이들이 기관 문밖의 복잡한 도로에서 발생하는 위험에 노출되는 지역적 지리 속에서, 그들은 너무 자주 '그저 그런 것'으로 축소되어 버리는 상실을 경험한다.

이름도 알 수 없는 그 고양이는 사람을 전혀 두려워하지 않았다. 오히려 자신들의 공간에 들어온 낯선 방문자를 경계한 것은 영아들이었다. 하지만 시간이 지나면서 아이들은 고양이의 유연한 움직임과 자세를 따라하기 시작했다. 영아들은 햇볕이 잘 드는 곳에서 함께 몸을 쭉 펴고, 의자 위에서 균형을 잡으며 장난스럽게 움직이거나, 비인간 친구가 했던 것처럼 대담한 점프를 시도하기도 했다. 이러한 공간의 공생은 발달 중심 관찰 내러티브의 관점에서는 특이한 것이었다. 성인들이 러닝스토리에 따라 학습 내용을 기록하고 다음 단계를 계획하는 대신, 영아들은 자율적으로 고양이를 관찰하고 반응했다. 아이들은 동물 선생님과 함께 새로운 맥락에 위치하며, 새로운 방식의 연결을 형성해 나갔다. 이러한 관계적 논리는 포스트-발달적 페다고지를 구축하는 데 필요하며, 이를 통해 인간과 비인간 및 인간-너머의 세계를 분리하는 개인주의적 예외주의에서 벗어날 수 있다(Blaise & Hamm, 2020). 고양이가 아이들에게 영향을 미쳐, 아이들이 햇빛이 들어오는 방향이나 몸을 얼마나 펴거나 웅크릴 수 있는지를 알아차리고 천천히 움직이게끔 하였다. 이는 교사가 아이들의 소근육과 대근육 발달을 위해 발달적으로 적합한 과제를 제시해야 한다는 기존의 틀에 도전한다. 대신 거기에는 비인간 방문자와의 공-존 속에서 유기적으로 뿜어져 나오는 집합적인 기쁨이 있었다.

한편, 이 일화에는 다소 어두운 측면도 내포되어 있다. 즉 복잡한 도로와 자동차로 이루어진 인간의 지리는 고양이가 속한 비인간의 지리적 환경과 상충한다. 동물이 인간-중심의 세계와 상호작용할 때 위험을 감수하게 된다는 것은 오랜 '상식'으로 여겨져 왔다. 사랑하는 반려동물의 죽음이나 길에서 야생동물 혹은 비인간 생명의 사체를 보는 것은 외곽 지역의 어린이들이 죽음을 보는 첫 경험일 수 있다. 심리사회적 용어로 다듬어지거나 기술되지 않는 한, 이러한 마찰은 학습에 대한 발달적 내러티브에서 종종 관찰되지 않으며, 아동기 내러티브의 일부로도 여겨지지 않는다(Shonfeld, 2021).

공동 세계학에서 아동기의 지리는 이웃과 공동체에 대한 개념을 뒤흔들며 얽혀 있다. 성인들의 눈에는 기관 밖의 도로가 위험한 곳이었고, 기관에 다니는 좀 더 큰 아이들은 고양이가 '차에 치였다'는 사실을 이해하고 있었다. 하지만 영아들은 이미 소음과 공해, 아침 출근길의 피할 수 없는 혼잡함을 받아들이는 데 익숙해져서인지 여전히 색색의 트럭, 자동차, 버스가 다니는 복잡한 도로를 바라보고 있었다. Taylor와 Pacini-Ketchabaw(2015)는 양육/문화, 인간과 비인간에 대한 단순한 정의에 문제를 제기하며, 생존을 둘러싼 삶과 죽음의 권력 투쟁이 여전히 존재하는 것에 주목하면서 교육에서 이를 다루어야 한다고 주장한다. 고양이의 죽음이 영아에게 미치는 영향을 재개념화할 때, 어린아이들이 그 죽음을 어떻게 이해하고 받아들이고 있는지 질문하는 것은 매우 중요하다. 매일 찾아오던 방문자가 더 이상 오지 않지만, 복잡한 도로는 여전히 혼잡과 소음, 그리고 끊임없이 앞으로 나아가는 움직임을 계속하고 있었다. 결국, 아이들은 이전의 고양이-같은 순간을 멈추고, 다시 인간 중심적인 방식으로 공간에 접근했다. 그러나 그 기억이 일시적이고 단지 마음에만 남아 있는 것인지, 아니면 아이들과 그 동물 사이의 신체적 연결 속에 깊이 스며들어 있는 것인지 누가 확신할 수 있을까?

결코 하나의 이야기로 그쳐서는 안 된다. 교사는 쓰기 쉬운 발달적 내러티브나 고양이-아이의 귀여운 관계 그 너머의 것을 보아야 한다. 포스트-발달적 접근은 인간이 동물과 함께 세계를 공유하며 이루는 복잡하고도 신중한 공존을 가능하게 한다. 교사는 배움의 내러티브들을 깔끔하게 만들기 위해 무언가를 없애거나 합리화하지 말고, 인간 지리의 트러블과 함께 머물면서 인간-너머 존재의 장소 및 공간과 내부작용하고, 공동체와 함께 움직임으로써, 세계하기worlding[4]를 할 수 있다.

시내가 보이니?

매일 아침, 아이는 학교에 도착하자마자 다락방으로 올라가 눈물을 글썽이며 불안한 표정으로 창밖을 바라보곤 했다. '시내가 보이니?'라고 교사가 묻자, 20개월 된 영아가 '엄마 저기'라고 대답하며 창밖으로 항구 너머의 도시를 가리켰다.

---

4 역자주: 'Worlding'은 Donna Haraway가 제안한 개념으로, 세계를 단순히 '존재하는 것'이 아니라, 인간과 비인간 존재들이 서로 얽히고 상호작용하며 함께 만들어가는 과정으로 본다. 이는 고정된 질서나 인간 중심적 사고를 넘어서, 세계를 재구성해 나가는 실천적 과정이다.

* 출처: Haraway, D. (2021). 트러블과 함께하기. (최유미 역). 서울: 마농지. (원본 출판 2016년)

이 일화는 영아가 교육기관과 어머니의 일터를 연결하는 지도를 그려가며 어떻게 소속감의 관계적 생태계relational ecology of belonging를 형성하는지 탐구한다. 시간이 지나면서 교사는 소속감을 촉진하는 표준화된 방법을 넘어서, 포스트-발달적 관찰의 패러다임으로 아이와 그의 어머니를 지원했다. 어린이 지리학 연구와 Delaune(2020)이 제시한 사랑에 대한 Murdoch의 관점[5]을 반영하여, 영아의 분리 불안이 재구성되었다.

소속감은 영아교육학에서 가치 있는 개념으로, 테 파리키(MoE, 2017)에는 '소속감은 Kaiako(교사) 및 다른 아이들과의 사회적 상호작용을 통해, 그리고 각 아이의 가족 및 지역사회의 성취와 열망을 존중함으로써 길러진다'(p. 31)고 명시되어 있다. 테 파리키(MoE, 2017)는 '발달에 적합한' 연령 범위 내에서 사회적 관계의 중요성을 강조한다. 다른 사람들과의 관계적 연결은 모든 교육적 접근에서 중요한 부분을 차지하지만, 포스트-발달주의postdevelopmentalism는 인간-너머 존재들과의 연결을 통해 소속감을 기를 수 있다고 보는 포스트휴먼 관점과도 상통한다. 이 일화 속 아이는 인간과 인간의 관계가 아니라, 장소와 장소 사이의 연결을 찾고 있다.

Kraftl(2016)은 대부분의 어린이 지리학이 도시 맥락에서 이루어진다는 사실을 인정한다. 이러한 지리학은 단순히 어린이의 신체가 있는 곳만이 아니라, 그들이 머무는 정서적인 공간과도 관련이 있다. 아이가 내다보던 창문은 그가 세상을 바라보는 창이며, 그곳에서 자신과 어머니 사이의 공간에 체화되어 있다. 그 공간은 물리적으로는 수 킬로미터 떨어져 있었지만, 정서적으로는 찰나의 거리에 있다. 처음에 교사들은 주의를 돌리거나 (아이를 교실의 다른 곳으로 데려가는 것) 애착 인형, 책, 또는 아이가 좋

---

5 역자주: 영국의 철학자이자 작가인 Iris Murdoch이 제시한 '사랑(love)'은 단순한 감정적 애착이 아니라, 타인과 세계를 있는 그대로 바라보고 이해하려는 주의(attention)와 연결된다. 이는 자아중심적인 관점에서 벗어나, 타인의 고유한 현실성과 존재를 발견하고 존중하는 윤리적 실천을 의미한다. Murdoch은 사랑을 통해 우리가 자신을 넘어선 세계와 관계를 맺고, 윤리적 깨달음과 도덕적 성장을 이룰 수 있다고 보았다.

* 출처: Forsberg, N. (2017). *Iris Murdoch on Love*. The Oxford Handbook of Philosophy of Love, 1-17.

아하는 노래를 불러주는 등의 다양한 형태의 연결을 시도했다. 아이가 힘들어하는 모습을 보며 교사들도 마음이 아팠지만, 전문적인 문제-해결 태도를 유지하려고 했다. 교사들은 매일 아이가 어머니와 헤어진 후에 슬퍼하는 것을 어떻게 해결할지 다양한 해결책을 두고 대화를 나누었다. 그리고 아이의 어머니와 이야기를 나누는 과정에서 아이가 한 장소에서 다른 장소로 이동할 때 자신의 발자취를 따라가며 경로를 찾는 것을 좋아한다는 것을 듣게 되었다. 어머니는 '아이는 제가 일하는 건물이 스카이타워(오클랜드의 중심 업무 지구에 위치) 옆에 있다는 걸 알아요.'라고 말했다.

주의attention에 대한 Murdoch(1998)의 개념[6]에 따라, 교사들은 아이의 불안을 관찰하고 '해결fixing'하려는 관리 방식에서 물러서야 한다는 것을 깨달았다. 대신, Delaune(2020)이 설명한 '도덕적 상상력moral imagination'[7]을 수용하여 윤리적 개념과 아이디어에 대해 깊이 생각하였다(p. 22). 이를 통해 교사들은 아이의 정서를 '분리 불안'이라는 하나의 발달 단계로 보는 학교교육의 방식에 저항하는 한편, 사이 공간the spaces in between에서의 체화되는 페다고지를 기꺼이 받아들였다.

---

6 역자주: Iris Murdoch이 말하는 '주의(attention)'는 단순히 '바라보는 것'이나 '시각적 인식'을 넘어, 타인과 세계의 현실을 있는 그대로 받아들이고 이해하려는 적극적이면서도 인내심 있는 태도를 의미한다. Murdoch에게 주의는 자아중심적 욕망에서 벗어나 타인의 고유성과 현실성을 발견하고 존중하는 윤리적 실천이며, 사랑과 밀접하게 연결된 과정이다. 그녀는 주의를 사랑의 핵심으로 보며, 이를 통해 인간은 환상과 자기기만을 넘어 진정한 도덕적 깨달음에 도달할 수 있다고 주장한다.
* 출처: Forsberg, N. (2017). *Iris Murdoch on Love*. The Oxford Handbook of Philosophy of Love, 1-17.

7 역자주: Delaune의 '도덕적 상상력(moral imagination)'은 Iris Murdoch의 철학적 아이디어에 기반을 두고, 도덕적 이해를 심화하는 데 있어 상상력의 핵심적인 역할을 강조한다. Delaune에 따르면, 도덕적 상상력은 공정하고 사랑이 담긴 시선으로 타인과 세계를 주의 깊게 바라보며, 자아 중심적 관점을 넘어서는 것을 포함한다. 이는 사실(fact)과 가치(value)를 분리하는 기존의 틀을 재고하고, 상상력을 인간관계와 도덕적 현실의 복잡성을 깊이 이해하는 도구로 통합한다. 도덕적 상상력은 단순한 수동적 행위가 아니라, 겸손과 주의를 바탕으로 도덕적 통찰을 지속적으로 발전시키는 능동적이고 성찰적인 과정으로 정의된다.
* 출처: Delaune, A. M. (2020). Attention and early childhood education. (Doctoral dissertation). University of Canterbury. https://ir.canterbury.ac.nz/items/c54b3bb3-3036-418a-957f-45628b2dc592

시간이 흐른 후, 영아 교실의 지도 그리기cartographic mapping가 영아와 교사들 사이에서 나타났다. 그 아이는 매일 창문으로 곧장 달려가는 대신, 교실에서 한 가지 물건을 골라 어머니가 직장에 가져가도록 했다. 하지만 이것은 그들을 연결하는 일방향적 지도 그리기였다. 어머니는 아이를 자신의 사무실로 데려가 그곳에서 아이가 좋아하는 것을 탐색하고 배치해 보자고 제안했다. 이렇게 해서 영유아교육기관과 어머니의 일터 사이에 아이템이 오고 가는, 물질의 상호 교환이 이루어지기 시작했다. 전이와 적응에 대한 기존의 발달적 접근 방식에서 벗어나 새로운 소속감의 생태계가 펼쳐진 것이다.

물질과의 지도 그리기mapping with matter를 통해, 아이는 장소와 공간에 대한 자신의 감각을 능동적으로 구축해 갔다. 더 이상 교사의 도움을 필요로 하지 않았다. 이 일화와 그 재구성은 포스트-발달적 접근이 관찰과 그에 따른 실천을 어떻게 새롭게 바라볼 수 있는지 보여준다. 관찰자와 '대상object'을 분리하는 뉴턴식 사유(Lenz Taguchi, 2010)를 넘어서, 새로운 프레임이 만들어진 것이다. 아이는 일상의 물질에 힘입어 자신과 어머니 사이에 사랑의 다리를 능동적으로 만들었다. 따라서, 교사와 아이 사이의 위계 구조 안에서 작동하던 심리학적, 행동주의적 관행이 전복된 것이다. 사이 공간에 주의를 기울이고 사랑을 부여하며 새로운 소속감의 생태계를 형성할 때, 관찰은 수동적인 것이 아니라 살아 움직이는 행위적 힘agentic force, 즉 물질화하는 물질mattering matter인 것이다.

영아와 함께 관찰을 재개념화 하기

결론적으로, 영아의 생태적 감각-만들기ecological sense-making와 물질 및 대상과의 관계, 인간과 비인간 실체, 내러티브와 전통 등에 대한 탐구를 계속 이어가기 위한 출발점은 영아 관찰을 재개념화하는 것이다. 초기 아동기에 어린 시민에게 중요한 것은 교육뿐만 아니라 돌봄이라는 것 또한 분명하다(Ailwood et al., 2022). 포스트-발달 및 포스트휴머니스트의 관점에서 일화들을 개념화하면, 관찰 대상을 수동적으로 보았던 기존 개념과 마찰이 생긴다. 영아의 행위성과 인간-너머의 존재와의 연결은 성인-중심의 학습을 기록하는 행위를 방해하기 때문이다. Pappatuanuku(대지)에서 Ranginui(하늘)까지, 그리고 그 사이의 모든 것은 단순히 관찰되는 것이 아니다. 함께 존재하고 되어가고, 끊임없이-진화하고 있다.

References

Ailwood, J. et al. (2022). Communities of care: A collective writing project on philosophies, politics, and pedagogies of care and education in the early years. *Policy Futures in Education.* https://doi.org/10.1177/14782103211064440

Arndt, S., & Tesar, M. (2015). Early childhood assessment in Aotearoa New Zealand: Critical perspectives and fresh openings. *Journal of Pedagogy, 6*(2), 71-86. https://doi.org/10.1515/jped-2015-0014

Barad, K. (2007). *Meeting the universe halfway: Quantum physics and the entanglement of matter and meaning*. Duke University Press.

Barad, K. (2015). Transmaterialities: Trans*/matter/realities and queer political imaginings. *GLQ: A Journal of Lesbian and Gay Studies, 21*(2-3), 387-422. https://doi.org/10.1215/10642684-2843239

Bennett, J. (2010). *Vibrant matter: A political ecology of things*. Duke University Press.

Blaise, M., & Hamm, C. (2020). Lively emu dialogues: Activating feminist common worlding pedagogies. *Pedagogy, Culture & Society.* https://doi.org/10.1080/14681366.2020.1817137

Braidotti, R. (2013). *The posthuman*. Polity Press.

Carr, M. (2001). *Assessment in early childhood education: Learning stories*. Paul Chapman Publishing.

Ceder, S. (2018). *Towards a posthuman theory of educational relationality*. Routledge.

Delaune, A. (2020). Love and infants: A Murdochian perspective. *The First*

Years: Nga Tau Tautahi. New Zealand Journal of Infant and Toddler Education, 22(2), 19-23.

Enriquez, G. (Ed.). (2016). *Literacies, learning and the body: Putting theory and research into pedagogical practice*. Routledge.

Frobel, F., & Lilley, I. M. (1967). *Friedrich Froebel: A selection from his writings*. Cambridge U.P.

Giroux, H. (1997). *Pedagogy and the politics of hope: Theory, culture, and schooling. A critical reader*. Westview Press.

Gould, K. (2021). *Early childhood teacher identities and the complex business of early childhood education and care in Aotearoa*. Unpublished Doctoral Thesis. https://hdl.handle.net/2292/57644

Hall, S. (2018). The west and the rest: Discourse and power [1992]. In D. Morley (Ed.), *Essential essays, volume 2: Identity and diaspora* (pp. 141-184). Duke University Press, https://doi.org/10.1215/9781478002710-009

Haraway, D. (2016). *Staying with the trouble: Making Kin in the Chthulucene*. Duke University Press.

Hopkins, R. (2019). The photograph, *Flusser and early childhood education*. Unpublished Doctoral Thesis. http://hdl.handle.net/2292/49684

Johnson, C. K. (2014). *Post development and the practitioner*. E-International Relations. https://www.e-ir.info/2014/01/08/post-development-and-the-practitioner

Knauf, H. (2020). Learning stories, pedagogical work and early childhood education: A perspective from German preschools. *Education Inquiry, 11*(2), 94-109. https://doi.org/10.1080/20004508.2019.1591845

Kraftl, P. (2016). The force of habit: Channelling young bodies at alternative education spaces. *Critical Studies in Education, 57*(1), 116-130. https://doi.org/10.1080/17508487.2016.1102753

Lenz Taguchi, H. (2010). *Going beyond the theory/practice divide in early childhood education: Introducing an intra-active pedagogy*. Routledge.

Malone, K., Tesar, M., & Arndt, S. (2020). *Theorising posthuman childhood studies*. Springer.

Matthews, S. J. (2017). Postdevelopment theory. In *Oxford Research Encyclopedia of International Studies*. https://doi.org/10.1093/acrefore/970190846626.013.39

May, H. (2019). *Politics in the playground: The world of early childhood in Aotearoa New Zealand* (Rev. ed.). Otago University Press.

Mika, C. (2017). *Indigenous education and the metaphysics of presence: A worlded philosophy* (1st ed.). Routledge.

Ministry of Education. (2008). *Starting a centre based ECE service*. Ministry of Education. https://www.education.govt.nz/education-professionals/early-learning/running-ece-centre/starting-a-centre-based-ece-service

Ministry of Education. (2004). *Kei Tua o Te Pae: Assessment for learning: Early childhood Exemplars*. Learning Media.

Ministry of Education. (2017). *Te Whariki. He Whariki Matauranga mo nga Cokopuna o Aotearoa: Early childhood curriculum.* NZCER Press.

Murdoch, I. (1998). *Existential Jets and Mystics: Writings on philosophy and literature.* Penguin.

Murris, K. (2018). Posthuman child and the diffractive teacher: Decolonizing the nature/culture binary. In A. Cutter-Mackenzie, K. Malone, & E. Barratt Hacking (Eds.), *Research handbook on childhoodnature*. Springer. https://doi.org/10.1007/978-3-319-51949-4_7-2

Nairn, K., & Kraftl, P. (2016). Introduction to children and young people, space, place and environment. In T. Skelton, K. Nairn, & P. Kraftl (Eds.), *Space, place and environment* (pp. 1-24). Springer.

Podmore, V., & Luff, P. (2012). *Observation: Origins and approaches in early childhood education*. Open University Press.

Reedy, T. (2019). Toku Rangatiratanga na Te Mana-Matauranga: "Knowledge and power set me free ..."In J. Nuttal (Ed.), *Weaving Te Whariki. Aotearoa New Zealand's early childhood curriculum framework in theory and practice* (pp. 25-44). NZCER Press.

Sellers, M. (2013). *Young children becoming curriculum Deleuze, Te Whariki and curricular understandings*. Routledge.

Shonfeld, D. (2021). How early childhood can explain death to children. *Teaching Young Children, 13*(3).

Taylor, A., & Giugni, M. (2012). Common worlds: Reconceptualising inclusion in early childhood communities. *Contemporary Issues in Early Childhood, 13*(2), 108-119. https://doi.org/10.2304/ciec.2012.13.2.108

Taylor, A., & Pacini-Ketchabaw, V. (2015). Learning with children, ants, and worms in the anthropocene: Towards a common world pedagogy of multispecies vulnerability. *Pedagogy, Culture, & Society, 23*(4), 507-529. https://doi.org/10.1080/14681366.2015.1039050

Taylor, A., & Pacini-Ketchabaw V. (2019). *The common worlds of children and animals: Relational ethics for entangled lives*. Taylor and Francis.

Te One, S. (2013). Te Whariki. Historical accounts and contemporary influences.

In J. Nuttal (Ed.), *Weaving Te Whariki. Aotearoa New Zealand's early childhood curriculum framework in theory and practice* (pp. 7-34). New Zealand Council for Educational Research.

Tesar, M., & Arndt, S. (2019). Re-reading and re-activating Te Whariki through a posthuman childhood studies lens. In A. Gunn & J. Nuttall (Eds.), *Weaving Te Whariki: Aotearoa New Zealand's early childhood curriculum document in theory and practice* (pp. 181-194). NZCER Press.

Tesar, M., Duhn, I., Nordstrom, S. N., Koro, M., Sparrman, A., Orrmalm, A., Boycott- Garnett, R., MacRae, C., Hackett, A., Kuntz, A. M., Trafi-Prats, L, Boldt, G., Rautio, P., Ulmer, J. B. Taguchi, H. L., Murris, K., Kohan, W. O., Gibbons, A., Arndt, S., & Malone, K. (2021). Infantmethodologies. *Educational Philosophy and Theory*. https://doi.org/10.1080/00131857.2021.2009340

Tesar, M., Guerrero, M. R., Anttila, E., Newberry, J., Hellman, A., Wall, J., Santiago-Saamong, C. R., Boden, L., Yu, H., Nanakida, A., Diaz-Diaz, C., Xu, Y., Trnka, S., Pacini-Ketchabaw, V., Nxumalo, F., Millei, Z., Malone, K., & Arndt, S. (2021). Infantographies. *Educational Philosophy and Theory*. https://doi.org/10.1080/00131857.2021.2009341

Wells, C., & May, H. (2018). Advocacy and collaboration in the kindergarten movement of New Zealand. In T. Bruce, R Elfer, S. Powell, & L. Werth (Eds.), *The Routledge international handbook of Froebel and early childhood practice. Rearticulating research and policy*. Routledge. https://doi.org./10.4324/9781315562421

White, E. J., Rooney, T., Gunn, A. C., & Nuttal, J. (2021). Understanding how early childhood educators 'see' learning through digitally cast eyes: Some preliminary concepts concerning the use of digital documentation platforms. *Australian Journal of Early Childhood, 66*(1), 6-18. https://doi.org/10.1177/1836939120979066

Yelland, N. J., Peters, L., Fairchild, N., Tesar, M., & Perez, M. S. (2021). *The SAGE handbook of global childhoods*. SAGE.

Ziai, A. (2004). The ambivalence of post-development: Between reactionary populism and radical democracy. *Third World Quarterly, 25*(6), 1045-1060.

CHAPTER

06

'*여기에서* 무슨 일이 일어나고 있을까?'

: 어린이 예술 교사교육에서 관찰을 사색하기

Christopher M. Schulte University of Arkansas

서론

어린이 예술 분야의 예술가-교사로서 우리는 아이들과 아이들의 예술을 그냥 관찰만 하는 경우는 거의 없다. 무엇을 관찰하고, 어떻게 관찰하며, 어떠한 논리로 관찰할 것인지는 항상 힘과 욕망과 의도와 얽혀 있다. 예술사학자 James Elkins의 표현처럼, 우리의 관찰은 '가동heated'(1997, p. 21) 상태에 있다. 다시 말해, 관찰은 항상 다른 무언가와 연결되고, 무언가를 향하고/또는 다른 무언가에 의해 이끌린다. 그런데 여기에서 다른 무언가는 무엇일까? 어린이 예술 교사교육early art teacher education에서 관찰을 효과적으로 형상화하는 조건과 경향 그리고 애착하는[1] 것은 무엇인가? 이 장에서 나는 우리가 결코 아이들과 아이들의 예술을 그냥 관찰하기만 하는 것이 아니라는 점에 주의를 기울이면서 이런 질문들을 진지하게 생각해 본다. Elkins(1997)의 말처럼 '그냥 그런 순간은 없다'(p. 21). 나는 이러한 인식에 주목해 좀 더 개방적이고 덜 단정적인 관찰하기의 방식, 즉 다른 무언가를 향한 움직임으로 나아가고자 한다. 여기에서는 어린이 예술 교사교육에서 관찰의 복잡성complexities과 관계들을 드러내고자 하는 목적으로 세 가지 문구를 들어 이야기할 것이다.

첫 번째 문구는 '여기에서 아무 일도 일어나지 않는다'이다. 이 표현은 어린이 예술 교사교육, 특히 어린이 교육의 현장에서 이루어지는 소극적인, 또는 부주의한 관찰의 방식을 포착하기 위해 만들어졌다. 이러한 문구가 작동하는 방식의 특징을 탐구하고자 나는 낙관주의optimism와 그 대상, 특히 욕

---

1 역자주: 개인이 타인과 맺는 정서적 연결을 의미하는 애착(attachment)은 관계의 중요성을 강조하는 개념으로 몸과 문화 · 윤리 · 정치의 마주침에서 생겨나는 정동(affect)을 탐구하는 정동이론에서 깊이 연구되고 있다(Gregg & Seigworth, 2010). 애착은 대상과 항상 가까이 있기를 원하는 근접성 유지의 욕구이며, 애착 대상은 안전한 안식처로 여겨지면서 언제나 돌아갈 수 있는 안전기지로 역할 하지만, 대상과의 이별 고통 또한 존재한다(권석만, 2003).
* 출처: `Gregg, M., & Seigworth, G. J. (2015). 정동이론. (최성희, 김지영, 박혜정 공역). 서울: 갈무리. (원본 출판 2010년)
권석만 (2003). 현대의 이상심리학. 서울: 학지사.

망의 대상에 관한 Lauren Berlant(2011)의 연구[2]를 참고했다. Berlant에게 욕망의 대상은 궁극적으로 '누군가 또는 무언가가 우리에게 이루어주기를 바라거나, 우리를 위해 가능하게 해 주기를 바라는 약속의 집합체cluster of promises[3]'이다(Berlant, 2011, p. 23). 흔히 대부분의 예비 어린이 예술가-교사들은 '아무 일도 일어나지 않는다.'는 느낌을 받곤 한다. 특히 어린이와 어린이의 예술을 관찰할 때 기대했던 무언가(약속의 집합체)가 나타나지 않거나, 보려고 하지 않을 때 그렇다. 기대했던 것이 관찰되지 않거나-더 정확하게는 어린이와 어린이의 예술이 예비 예술가-교사가 염두에 두었던 것과 다르게 관찰되는-경험은 어린이 예술 교사교육에서 특정 담론이 어떻게, 그리고 왜 지배적일 수 있는지를 이해하는 데 매우 중요하다.

둘째, '여기에서, 무언가 일어나고 있다.'는 특히 어린이 예술 교사교육

---

2 역자주: Berlant(2011)는 애착의 잔인한 속성에 대해 말하고 있는데, 비정상적인 애착관계에서 이별고통을 두려워하여 대상과의 근접성을 비합리적으로 유지하려는 정동이 바로 낙관주의다. '잔혹한 낙관주의'는 특히나 가혹한 속성을 띠는 낙관 정동에 붙이는 이름이지만, 좀 더 깊은 차원에서 Berlant는 모든 낙관주의가 잔혹한 것이 아닌가 의심한다. 대상의 약속에 대한 낙관적 욕망에는 항상 상실 불안이 동반되기 때문이다(박지원, 김회용, 2016). Berlant(2005)는 지금을 너덜너덜하고 간신히 형태를 유지하고 있는, 보호받지 못하는 존재로 살아가는 '자아 소진의 시대'라 이르기도 했다.

* 출처: 박지원, 김회용 (2016). 정동의 관점에서 본 교육의 정치적 침묵. 교육의 이론과 실천, 21(3), 53-72. Berlant, L. G. (2005). Unfeeling Kerry. *Theory & Event, 8*(2), doi:10.1353/tae.2005.0021.

3 역자주: Berlant(2011)는 개인이 희망하는 미래나 욕망을 이루기 위해 기대하는 다양한 가능성을 의미하는 표현으로 약속의 집합체(a cluster of promises)를 사용했다. 이는 사회적, 경제적, 정서적 맥락에서 형성된 다중의 약속이나 기대를 포함하며, 사람들이 현실에서 느끼는 어려움이나 고통에도 불구하고 그 약속들에 붙잡혀 있음을 나타낸다. Berlant는 이러한 약속들이 종종 실현되지 않거나 오히려 고통을 가중시키는 경우가 많다고 설명한다. Gregg와 Seigworth(2010)는 감정과 사회적 상호작용의 복잡성을 설명하기 위해 이 용어를 사용하는데, 감정이 단순히 개인적인 경험이 아니라, 사회적 맥락에서 여러 가지 기대와 약속의 집합체로 작용한다고 설명하면서, 개인의 내부 상태를 넘어서서 사회적 구조와 관계 속에서 작동한다는 것을 강조한다. 'cluster'는 이러한 상호작용에서 약속과 기대를 형성하고 유지하는 데 기여하며, 사회적 연대와 관계를 형성하는 구조인 것이다. Gregg와 Seigworth(2010)의 감응이론을 번역한 최성희 등(2015)은 '약속의 다발'이라 하였지만, 약속들이 모여 형성된 집합적 개념을 강조하고자 이 책에서는 '약속의 집합체'라 번역했다.

* 출처: Gregg, M., & Seigworth, G. J. (2015). 정동이론. (최성희, 김지영, 박혜정 공역). 서울: 갈무리. (원본 출판 2010년)

에서 발달 담론과 같은 규범적이고 정상화된 담론에 얽매인, 가정적이고 처방적인 양상의 관찰을 묘사하는 문구다. '여기에서 아무 일도 일어나지 않는다.'는 첫 번째 문구가 욕망의 대상이 부재하거나, 즉각적으로 파악할 수 없는 방식으로 존재하여 어린이와 어린이의 예술이 예상대로 나타나지 않는 관찰 경험을 내포하고 있다면, '여기에서, 무언가 일어나고 있다.'는 욕망의 대상 그 자체에 초점을 둔다(Berlant, 2011; Love, 2012). 이에 대해서는 어린이 예술 교사교육에서 일상적으로 무언가에*at* 주목하고, 무언가를 위해*for* 주목하고, 또 많은 경우에는 존재하는 다른 무언가를 벗어나*away* 주목하는 것을 관찰이라고 형상화하는 데 발달 담론이 어떻게 지배적인 욕망의 대상으로 작동하는지 살펴볼 것이다.

셋째, 앞선 두 문구에 대한 응답으로, '여기에서 무슨 일이 일어나고 있을까?'라는 질문을 소개하고자 한다. 나는 어린이 예술가-교육자들이 교사교육에서 관찰을 개념화하고 접근하며 경험하는 방식을 복잡하게 만들기 위해, 특히 시각 예술에서 그들이 어린이와 함께 참여할 수 있도록 하기 위해 이 질문을 던진다. 이것은 우리가 익숙하게 사용했던 참조의 틀을 확장하고, 그 참조를 합리화하려고 의존해 왔던 해석들에 트러블을 일으키는 문구이다. 이 질문은 어린이들의 만들기가 어떻게, 왜, 어떤 방식으로 바로 여기에서 우리를 차이의 '웜홀wormhole'[4](Sakr, 2021)로 초대하는지-때로 우리를 밀어 넣는지-를 우발적이고 반복적으로 궁금해하는 행위이기

4 역자주: 웜홀은 블랙홀과 화이트홀을 연결하는 가상의 공간이다. 빛을 비롯한 모든 물질을 흡수해 버리는 검은 구멍인 블랙홀이 존재한다면 반대로 흡수한 물질들이 빠져나가는 공간도 필요하게 된다. 이것을 화이트홀이라고 하고 블랙홀과 화이트홀을 연결하는 통로를 시간과 공간의 벌레 먹은 구멍이라는 의미의 웜홀이라고 한다. 즉, 블랙홀로 들어간 물체는 화이트홀로 빠져나오게 되며, 웜홀은 전혀 다른 두 세계를 연결하고 있는 셈이다(한국과학창의재단 사이언스올 과학백과사전, 2015). Sakr(2021)는 어린이의 예술을 시간과 공간에 구속되지 않은, 즉 고정된 틀에서 벗어나는 경험의 흐름으로 바라보자는 제안을 하고 있다. 즉, 어린이의 예술을 발달 이정표나 제한된 시각으로 여기기보다, 다수의 재구성된 가능성으로 나아가는 여정을 상징하는 웜홀로 그 순간들을 사유해 보자 한다.
* 출처: 한국과학창의재단 사이언스올 과학백과사전 (2015). https://www.scienceall.com에서 2025. 06. 22. 인출.

도 하다.

특별히 이 장에서는 앞서 제시한 아이디어들을 포함하여 어린이 예술 교사교육과 이러한 질문이 지닌 개념적, 교육적 관계에 대해, 특히 관찰을 사색의 행위로 재구상하기 위한 방법을 살펴볼 것이다. 이를 통해 나는 '여기에서 무슨 일이 일어나고 있을까?'라는 질문이 관찰에 대한 사색의 출발점으로 어린이와 예술에 새롭고 다른, 그리고 낯선 관계를 생성하게 될 것이라 이야기하려고 한다. 물론 이 질문을 던진다고 해서 우리의 애착, 그 애착을 형성하는 과정, 그리고 그 애착이 주는 익숙함의 중요성을 배제하려는 것은 아니다. 오히려 어린이 예술 교사교육에 대한 방향을 제시할 수 있는 사색적 관찰의 경로를 만들어가는 데 초점을 두면서 관찰의 그림을 그려 나가 보자는 것이다. 그 경로와 상충하거나 모순될지라도 우리의 노력과 신념의 영향을 인정하면서 말이다.

'*여기에서* 아무 일도 일어나지 않는다'

지난주의 관찰에 대해 토론하는 시간(현장연구)이 되면 '아무 일도 일어나지 않았다'고 답하는 예비교사가 반드시 한 명은 있다. 나는 이런 반응을 늘 예상해왔다. 물론 여기에 동의하지는 않지만, 있을 수 있는 일이라고 생각한다. 실은 수년간 어린이 예술 교사교육자로 일하면서 어떤 전지전능한 존재가 내 일의 무언가를 정해준다는 느낌을 받을 때가 있는데, 특히 어린이와 어린이의 예술에 대한 예비교사들의 관찰이 그렇다. 이런 반응을 보이는 예비교사를 마주해야만 한다는 사실을 인정하면서도, 나는 의심을 품고 스스로에게 질문을 던진다. '끊임없이 무언가를 하고, 존재하고, 사유하고, 공유하고, 소통하고, 배우고, 탐구하고 있는 어린이들과 함께 있으면서, 학생이 어떻게 그 상황 속에서 아무 생각 없이 있을 수 있지? 그 모든 것에도 불구하고 어떻게 아무것도 일어나지 않았다고 여길 수 있나?' 화도 나고 실망스럽기는 하지만, 실제 그러한 반응을 보이는 사람이 더 많다는 것을 알고 있다. 가장 중요한 것은 이러한 반응들이 궁극적으로는 학생들과 함께 생각할 기회가 된다는 것이다. 즉 '아무것도' 관찰하지 않았다는 것은 사실상 보다 세심하게 관찰해야 할 매우 중요한 '무언가가' 있다는 것임을 생각할 기회가 될 수 있다. (Schulte, 2019, 수업 성찰)

관찰의 도전

많은 예비 예술가-교사들에게 어린이와 그들의 예술을 관찰하는 과정은 때로는 낯설고 풀기 어려운 도전의 경험일 수 있다. 어린이의 사회적, 문화적, 미학적 세계로 들어가는 최선의 방법이 불확실하다는 점(Corsaro & Molinari, 2008; Corsaro, 1985, 2003; Schulte, 2018)이나 성인의 시각과 경험으로 어린이의 작품을 이해하려는 충동을 지니는 것(Lee, 2001; Schulte, 2021; Qvortrup et al., 1994)과 같은 일반적인 어려움 외에도, 예비 어린이 예술가-교사들은 참여하기를 주저하고, 참여하더라도 자신의 존재 자체에 대해 확신을 갖지 못하는 경우가 많다. 게다가 어린이들의 예술 만들기에서 사회라는 장과 문화적 주변화(Thompson, 1995; McClure, 2007)를 적극 고려할 것을 -아마도 처음으로- 요구받는 때가 예비교사 시기인 점도, 어린이의 삶에 주의를 기울이는 섬세하고 복잡한 작업이 이들에게 난해한 일임을 이해할 수 있다. 그 작업은 우리(성인)가 간단히 할 수 있는 일이 아닐 뿐만 아니라 수월하게 지속하기도 어렵다.

또한 어린이들을 삶과 실천의 전문가로 인정하고 그들에게 접근하도록 기대되지만(Graue et al., 1998; Greene & Hogan, 2004; James, 1998; James & Prout, 2003; Thompson, 2009), 많은 예비교사들이 그러한 요청을 받아들이거나 생각하기는 쉽지 않다. 어쩌면 가장 중요한 것은 예비교사들이 어린이와 어린이의 예술에 대해 더 많이 배우기 위해 하루하루 노력하는 것이다. 그러한 노력을 통해 어린이가 누구인지, 어떻게 작업하고 창조하고 배우는지, 어린이에게 무엇이 필요하거나 도움이 될 수 있는지에 관한 예비교사 자신의 태도와 가정을 발견해 나가기를 바란다.

아동학자인 Allison James(1996)는 이러한 긴장감을 특히 잘 포착한다. 그녀는 '현장 연구에서 나는 어린이들의 배움, 즉 어린이들이 어떻게 어린이가 되고 동시에 어떻게 스스로 배우고 있는지를 지켜보면서 어린이를 다시 배우게 되었다.'고 기술한 바 있다(James, 1996, p. 315). 예비 예술가-교사들이 어린이 교육 상황에서 어린이와 어린이의 예술을 관찰할 때도, 바로 이러한 역할이 작용한다. James처럼, 예비 예술가-교사들은 어린이 되기를 배움과 동시에 배우는 아이들을 관찰함으로써, 어린이가 된다는 것이 무엇인지 다시 배우거나, 적어도 다르게 생각해 보게 된다. 어린이와 어린이의 예술, 그리고 어린이 예술가가 된다는 것이 어떤 의미인지를 생각해 보는 것도 마찬가지다. 무엇보다 중요한 것은 예비 예술가-교사들도 좋은 예술 교사 되기(Moore, 2004)가 무엇인가 하는 질문을 마주하고, 잠재적으로 다시 배우는 것이다. 좋은 예술 교사가 된다는 것은 어린이 예술처럼 현장마다, 어린이마다, 환경마다, 지역사회와 교육 생태계에 따라 매우 다르게 실천되고, 규정하기 어려우며 늘 변화하는 진화 중인 프로젝트다.

어린이와 어린이의 예술: 약속의 집합체

우리는 어린이와 어린이의 예술을 결코 그냥 관찰할 수 없다. 중립을 지키거나 어떻게든 객관적일 수 있다고 생각하기에는 너무나도 복잡성이 높고, 아주 많은 층위가 얽혀 있기 때문이다. 실제로 우리의 관찰 작업의 표면 바로 아래에는 관심, 가치, 규준의 늘-진화하는 네트워크가 존재하고 여기에는 개인적, 사회적, 문화적, 정치적, 역사적 역학 관계가 있다. 정확하게 설명할 수 없지만, 이는 우리의 생각과 어린이, 그리고 어린이의 예술 함께 보기와 되기에 얽히고설키며 영향을 주게 된다. 이것이 앞서 언급한 다른 무언가이고, Berlant가 제시한 약속의 집합체다.

이 약속의 집합체가 무엇을 의미하거나 포함하는지 한정할 수는 없다. 그렇지만 어린이 예술 교사교육, 특히 예비 예술가-교사의 관찰 현장과 관련해 항상 지배적인 것처럼 보이는 어떤 집합체가 존재한다. 예를 들어, 예비 예술가-교사들이 어린이, 그리고 더 넓게는 어린이들과 아동기를 개념화하는 방식과 관련된 집합체가 있고(Moss et al., 2000; James & James, 2017), 그들이 예술과 미학에 대한 사유에 반영된 집합체도 있으며(Leeds, 1989; Wilson, 1997), 특히 교육과 교사에 관한 어떠한 개념적 틀에 의존하는 지식의 방식, 특히 일부 사람들이 좋은 교수*teaching*로 간주하는 것들을 나타내는(Moore, 2004, 2012; Rudduck, 1985) 집합체도 있다. 물론 이들과 얽히는 다른 많은 집합체(예를 들면, 성별, 인종, 민족)도 존재한다. 핵심은 약속의 집합체가 항상 우연적이고, 유동적이며, 다르게 형성되고 조합되지만, 우리가 어린이에게 어떻게 말하는가, 질문하는가, 귀 기울이는가, 그리고 예술가로서 어린이의 작업, 삶, 경험을 정당하고 적절하게 설명하거나 표현할 수 있는가에 직접적이고 담론적인 영향을 준다는 점이다(Malaguzzi, 1993; Thompson, 2009; Rinaldi, 2006).

이처럼 우리는 어떤 약속의 집합체와 맺는 관계를 항상 열망aspiration의 문제로 여기고, 어떤 특정한 방식으로 전개될 이야기를 욕망하게 된다. 나는 이러한 이유로, 욕망에 대해 폭넓게 연구하면서 특히 친밀성과 사회적 소속이라는 규범적이고 근원적인 실천을 탐구해 온 문화 이론가 Lauren Berlant(1998, 2005, 2011, 2012)의 연구에 주목하게 되었다. 욕망에 관한 그녀의 연구는 예비 예술가-교사들이 여전히 그것에 애착하는 방법과 이유에 대한 나의 사유를 형성하도록 해주었다. 환상과 판타지-무엇이든 간에-라는 것이 문제가 되거나, 제한적이고 왜곡되며, 심지어 고통스러운 결과를 낳으며 재생산된다 해도 말이다. 요점은 우리가 약속받기를 바라는 것이 항상 이루어지는 것은 아니며, 어떠한 약속이 실현될 거라는 믿음이 항상 가능하거나 도움이 되지는 않는다는 것이다.

'여기에서 아무 일도 일어나지 않는다.'는 어린이와 어린이의 예술, 더 일반적으로는 어린이 예술 교사교육과 연관된 특별한 환상에 가깝다. 이러한 환상에는 욕망이 있다. 예비 어린이 예술가-교사는 개인적이고 전문적인 실재를 유지하고 싶어 하거나, 자신이 경험한 장면과 물질들이 특정 실재를 뒷받침하는 것으로 바꾸고 싶어 하거나, 새로 마주치거나 본 것보다 더 익숙하고 좋아 보이는 것이 있다고 생각하고 싶어 한다. 이와 같이 '여기에서 아무 일도 일어나지 않는다.'는 하나의 관찰 속기shorthand 양식으로, 예비 예술가-교사들이 관찰할 필요가 전혀 없다고 넘겨버리는 관행과도 관련이 있다(Colebrook, 2002; Schulte, 2016). 관찰을 고정적이지 않은 것으로 받아들이거나, 기대되는 대로 관찰하지 않는 경험-즉, 어린이와 어린이들의 예술에 대해 예비 어린이 예술가-교사가 염두에 두거나 믿고 있는 환상을 반영하지 않는 경험-이 반드시 필요하다. 이는 어린이 예술가-교사 교육에서 특정 약속의 집합체가 어떻게 지배적으로 작동하는지 이해하도록 돕는다.

중요한 것은 이러한 약속의 집합체가 우리의 관찰 범위를 축소할 뿐 아니라, 이로부터 우리가 만들어 낸 '여기에서 아무 일도 일어나지 않는다.'는 가정을 믿는다는 사실이다. 또 그러한 약속의 집합체가 어떻게 우리를 이끌어 지금 여기에서 '무언가 일어나고 있다'는 구체적인 사례들로 위치시키고 단정 내리는 관찰을 하게 되는지 숙고하는 것 역시 중요하다. 이것 역시 관찰 속기의 한 형태인데, Elkins(1986)는 쇼핑과 사냥에 빗대어 설명하였다. Elkins는 이런 관행과 시선의 관계를 다음과 같이 이야기한다.

> 쇼핑하기를 결심하면 결국에는, 대체로 특정의 무언가를 찾기 마련이다. 나는 사냥을 하듯이 내가 원치 않는 수천 개의 대상 가운데 그것을 골라내려고 애쓴다. 내가 완벽한 시계를 찾을 수 있는 이유는 내가 무엇을 찾고 있는지 이미 알고 있고, 좋은 시계와 모조품을 구별할 수 있으며, 매우 유사한 스타일들을 구별해 낼 수 있기 때문이다. 이렇게 사물을 바라보게 되면 그 시계들은 모두 위장되어 있다: 시계들이 거의 같아 보여도, 그중에 내가 찾는 그 시계가 있다. 정글에서 사냥하는 표범처럼, 잎사귀, 덩굴, 깜빡이는 불빛으로 뒤엉켜 있는 모습에서도 나는 겁에 질린 어린 사슴을 골라낼 수가 있는 것이다. (Elkins, 1997, p. 20)

예비 예술가-교사에게 매우 중요한 것은 이것이 그 무언가일 수 있다는 인식과 그들로 하여금 어린이와 어린이 예술을 사냥하고 쇼핑하듯 관찰하게끔 이끄는지에 관한 인식을 키우는 과정이다. 여기서 나는 Berlant(2011)가 욕망의 대상에 대해 언급한 것, 즉 궁극적으로 약속의 집합체는 우리가 누군가와, 또 무언가가 우리에게 약속하고 우리를 위해 가능하게 해주기를 바라는 것을 의미한다고 한 말을 떠올렸다. Berlant는 약속의 집합체에 '사람, 사물, 제도, 텍스트, 규준, 세포들, 냄새, 좋은 아이디어 등 무엇이든 포함될 수 있다'(p. 23)고 설명한다. 이처럼 어린이와 어린이의 예술을 사냥하고 쇼핑하는 것은 어떤 특정한 근접성을 통해 관찰하려는 시도를 의미하며, 우리에게 약속으로 주어진 또는 우리에게 허락된 집합체들(이를테면, 욕망과 감응)을 유지시키는 것이 된다. 예를 들어, 어린이의 일, 삶, 경험에 대해 우리가 기대하고, 알고 믿으며, 사고방식을 유지하려고, 어린이에 대한 틀에 박힌 버전version[5]을 자주 사용한다. 아동기의 예술, 미학, 작품의 물질성 및 장면에 대해 말해지는 버전도 마찬가지이다. 아동

---

5 역자주: Berlant(2011)는 애착을 단일하거나 고정되지 않고, 경험이나 맥락, 문화에 따라 다르게 형성되고 변형되며 각기 다른 방식으로 나타날 수 있다는 점을 강조했다. 세상과의 관계에 따른 애착의 유동성을 설명하면서 '버전version'을 형성한다고 표현하였다.

* 출처: Berlant, L. (2011. 4. 12). Cruel optimism: Becoming event. Public Feelings Salon, Barnard College. Barnard Center for Research on Women. https://bcrw.barnard.edu/wp-content/uploads/2012/Public-Feelings-Responses/Lauren-Berlant-Cruel-Optimism-Becoming-Event.pdf

기 예술의 버전들, 아마도 Berlant가 아동기 예술의 대상이라고 언급할 수 있는 것들은 어린이의 현재 또는 미래에 관한 그리고 예술-만들기에 어떻게 참여해야만 하고 또 참여할 수 있는지에 관한 특정의 약속이다. 우리는 이 대상들, 어린이와 예술의 이 버전들을 사냥하고 쇼핑한다. 그것들은 우리가 이미 알고 있는 것을 유지시켜 주기 때문이다. 즉, 우리에게 익숙하고, 어린이와 예술과의 관계에서 어느 정도 편안함과 자신감을 주는 아이디어들, 역사, 가치, 관행들, 아마도 훨씬 많은 것들을 계속 지속하게끔 한다.

'*여기에서*, 무언가 일어나고 있다.'

> 내가 관찰한 아이들은 그냥 끼적거리고 있었어요. 아무 일도 일어나지 않았어요. (Schulte, 2019, 수업 성찰)

어린이 예술 교사교육에서 우리 시대, 그리고 어린이와 예술과의 관계를 가장 효과적으로 구성해 온 약속의 집합체는 발달과 발달 담론으로, 발달심리학 접근(James et al., 1998), 발달주의(Woodhead, 2009), 더 넓게는 발달 패러다임(Burman, 2016)으로도 불린다. 19세기에 처음 등장한 발달 담론은 진화론적 모델에 기반을 두고 있었다(Jenks, 1996, 2005; Moss, 1990). 천성에 초점을 맞춘 어린이 개념, 즉 생물학적으로 미리 결정된 일련의 단계를 중심으로 성인으로 나아가는 형상을 강조하는 이 모델은 어린이 예술과 예술 창작도 이와 유사하게 정해진 형태로 나타난다고 본다. 다시 말해, 발달심리학 접근법은 예술을 순수한 어린이가 행하는 중립적인 실제로 간주한다(Schulte, 2021).

예비 예술가-교사들이 상상하는 것, 경험한 것, 또는 발달과 같은 최적화 담론과 담론에 연관된 경험에 따라서 아동기의 예술을 관찰하고 이해한다면(McClure, 2011), 스스로를 시간을 계획하는 역할로 너무도 자주 한정 짓게 된다. 즉, 어린이가 어디에 있었고, 지금 어디에 있으며, 그 다음으로 가야 했거나 앞으로 가야 할 데를 계산하는 역할로 제한한다(Sakr et al., 2018). 이러한 접근을 취하면, 즉 이정표 관리자가 되면, 어린이에 대해 미리 알고 있다고 가정하며 일련의 참조틀을 따르게 된다. 지금 여기, 특정의 순간과 장소에서 어린이와 어린이의 예술이 어떻게 만들어지고 있는지를 진지하게 받아들이기 어려워진다.

그냥 끼적거리기

앞서 어느 예비교사의 현장 체험 첫날 소감을 소개했다. 그 예비교사는 어린이집을 방문해서 관찰한 경험과 구체적인 만남을 소개하면서, '내가 관찰한 아이들은 그냥 끼적거리고 있었어요. 아무 일도 일어나지 않았어요.'라고 말했다. 이 말이 계속해서 나에게 남아있다. 내 강의에서 흔히 등장하는, 어린이와 예술에 대한 일반적인 생각을 반영하는 말이기도 하다. 나는 그 말에 숨어있는 모순과 가정, 이중성에 흥미를 느꼈다. 한편으로는 첫 번째 문구 '아무 일도 일어나지 않는다.'에 담긴 복잡성을 매우 명확하게 반영하는 것이기도 하다. 그 예비교사의 입장에서는 아무 일도 일어나지 않았다. 왜냐하면 자신이 관찰한 끼적거리기는 아동기 예술에서 이미 익히 알려진 것에 상응하는 과정이었기 때문이다. 그 예비교사는 이미 특정의 약속 집합체를 통해 생각하고 관찰하는 데 익숙해 있었고, 그래서 아이의 그리기나 그와 비슷한 예술-만들기 과정을 끼적이기라는 용어로 표현했을 뿐이다. 아동기 예술 연구자들(Kellogg, 1959; Kindler & Darras, 1998; Mathews, 1984; Tarr, 1990; Thompson, 1990)은 끼적거리기가 이 시기 아이들에게 보편적으로 나타난다고 소개해 왔다. 이는 곧 그 예비교사가 어린이와 어린이의 예술을 관찰할 때, 자신이 경험한 장면과 물질을 어떠한 특정한 것으로 이해해 단정 지어버리도록 하는 약속의 집합체이다. 이러한 방식으로 예비교사들이 '진짜 아무 일도 일어나지 않았다'고 해버리는 것은 일종의 관찰 속기이자, 기대했던 대상, 즉 자신이 관찰한 모든 것을 이미 모두 이해하였기 때문에 아무 일도 일어나지 않았다고 믿게 만드는 관행이라 할 수 있다. 이러한 관점에서는 어린이가 더 이상의 해석이 필요하지 않거나, 심지어 다른 해석이 허용되지 않는 예측 가능한 대상일 뿐이며, 그 맥락과 작업은 보이지 않게 되거나 애초에 고려할 필요가 없는 것으로 간주된다. 그 결과는? 여기에서 아무 일도 일어나지 않게 되었다. 끼적이는 아이들을 관찰하는 순간 예비교사가 이를 보게 될 것이라 예상했던 바로 그 끼적이기가 일어나고 있었기 때문이다.

강요된 보기

끼적이기에만 국한되는 일은 아니다. 이는 예비교사가 어린이와 어린이들, 예술과 미학, 그리고 관찰을 어떻게 이해하게 되는지에 관한 것이며, 특히 어린이의 예술-만들기 경험을 중심으로 하는 과정으로서의 관찰에 대한 것이다. 그렇다 하더라도 특별히 끼적이기에 초점을 맞추어보면, 이런 각 요소와 연관지어 그 예비교사가 어떻게 발달 담론을 체화하게 되었는지 드러난다. 특히, 예비교사가 어린이에 대해 생각하고, 어린이와 이야기하고, 어린이에 귀 기울이고, 어린이의 작품을 관찰하며 기록하고, 어린이에게 질문하고, 어린이의 생각과 경험 탐구에 있어 그러한 담론이 어떻게 영향을 주었는지 보여준다. 더 정확히 말하면 이 모든 것을 거의 하지 않았을 가능성이 높다. 나는 그 예비교사를 비판적으로 평가하려는 것이 아니다. 그러한 담론에 맞서 생각하고 행동하는 것은 어렵고 힘든 일이며, 나를 포함한 많은 이들이 공유하고 있는 현실이다. 내가 이 사례를 소개하는 이유는 우리가 어느 정도 인식할 수 있는 경향성, 즉 달리 생각하거나 행동하기가 어려운 경향을 부각하기 위해서다. 거스르기 쉬운 것이었다면 발달 담론은 오래전에 '지배적' 지위를 포기해야 했을 것이고(Sakr et al., 2018), 그 힘과 설득력을 잃었을 뿐 아니라, 아마 이런 책이나 내가 쓰고 있는 이 장도 필요 없었을 것이다. 그렇지만 그러한 일들은 일어나지 않았고, 이건 사실 중요하지도 않다.

Elkins(1996)의 요지는 '[우리가] 억지로 보려 할수록 [우리는] 눈이 더 멀게 된다'(p. 210)는 것이다. 이는 환상에 대한 Berlant의 언급과도 일치한다. 즉 어떤 것이 규준이 되면, 그러한 동일한 규준들은 우리로 하여금 동의하고 받아들이고 믿도록, 그래서 결국 그것에 애착하도록 하는 그러한 환상들을 약속한다(Berlant, 2012, p. 7 참조). 하나의 예로 나의 수업에서 그 예비교사에게는 어린이, 아동기 예술-만들기, 관찰이란 세 가지 규준이 작동한 것이다. 이러한 규준이 무엇이며 어떻게 작동하는지의 설명은 그 예비교사뿐 아니라 다른 학생들도 어떻게 아무 일도 일어나지 않았다고 인식하게 되었는지를 이해하는 데 중요하다. 또한 '그냥 끼적거린 것'이라고 단정한 이들의 반응이 실제로는 '여기에서, 무언가 일어나고 있다.'고 말하는 방식임을 이해하는 중요한 단계이기도 하다. 이러한 말은 결국 그 예비교사의 관찰 경험, 즉 그의 시각이 강요된 것이고, 견고한 정상성이란 가정에 뿌리를 두고 있으며, 또 그러한 가정에 의존하고 있음을 보여준다.

발달 그리고 아동기의 예술: 정상성

개별화에 초점을 맞춘 발달 담론(McClure, 2011)은 정상성의 개념을 중심으로 구성되어 왔다. 예술가로서 어린이의 능력은 그리기와 예술-만들기에서 얼마나 사실적인 것에 더 가까이 가는지 그 과정에서 가장 잘 드러난다고 보았다. 즉 나무가 나무처럼 보이고 사람이 사람처럼 보이는 등 어린이의 예술에서 성인들이 알아볼 수 있는 형태를 중요하게 여긴다는 것이다(Schulte, 2021, p. 9). 짐작하듯이, 어린아이들의 작업 범위와 특이성은 오해받을 뿐 아니라, 예술가로서의 어린이가 아닌 '실패한 사실주의자failed realist'(Matthews, 1984, p. 3)로 형상화되어 다소 취약하고 불리한 입장에 놓이게 된다. 즉 어린아이들은 좀 더 큰 아이나 좀 더 사실적으로 표현하는 또래들에 비해 덜 숙련되고 덜 유능한 존재로 여겨진다.

어린이의 성장과 학습에 대한 다른 발달적 설명과 마찬가지로, 이렇게 인식된 성숙의 과정을 뒷받침하는 것은 나이와 능력 간의 분명하고 예정된 관계다(Duncum, 2002; Schulte, 2021). 시각적 사실주의라는 미학적 필터로 볼 때, 이러한 관계의 결과는 어린이들이 그림을 어떻게 그리고 왜 그리는지에는 거의 또는 전혀 관심을 두지 않고, 무엇을 그리는지에만 초점을 둔다. 더욱이 Pearson(2001)이 '인공 잔여물artifactual residues'(p. 348)이라 부르는 그림 자체, 특히 사실주의에 몰두하는 어린이 예술에 대한 기호학적 분석을 선호함으로써, 발달 담론은 어린이의 그림이 '어린이 정신의 인쇄물print-out of the child's mind'로 작용한다는 환상을 부추길 수 있다(Golomb, 1992, p. 7).

실제로 어린이 예술 연구는 오랫동안 이러한 관점과 가정에 지배되어 왔다(Gardner & Winner, 1982; Kerschensteiner, 1905; Lowenfeld, 1957 [1987]). 이러한 단계-기반적이고 유사-예언적인quasi-predictive 설명은 '발달 목록'(Sakr, 2017, p. 2)으로 연결되고, 어린이의 예술이 '대화와 놀이로 에워싸인 풍요로운'(Thompson, 1995, p. 8) 공간으로 자리하기 매우 어려워진다. 이뿐 아니라, 어린이의 관심과 예술-만들기의 만남이나 참여를 중재하는 개인적인 논리와 사회적인 주름wrinkles을 설명하지도 못한다. 오히려 이러한 복잡성은 아예 고려 대상에서 제외되거나 배경의 소음으로 축소되어 버리기 쉽다(Atkinson, 2002; Matthews, 1999; Thompson &

Schulte, 2019).

어린이의 그리기에서 무엇을 우선시하지 말라거나, 중요하게 여기지 말라는 제안을 하는 것이 아니다. 그보다는 어린이의 수행한 결과들(Pearson, 2001)을 선호하는(Dyson, 2013; Ivashkevich, 2009; Rech Penn, 2019; Schulte, 2011; Sunday 2015 참조) 발달 담론이 어떻게 우위를 차지하게 되었는지를 주목하는 것이 중요하다. 실제 그리기와 예술-만들기의 경향은 정상성의 패턴이나 한계에서 벗어나 있는 어린이들을 주변화하고, 그러한 패턴과 한계를 결정하는 위치에 있는 사람들(성인들)을 정당화 할 위험이 있다(Knight, 2013; Osgood & Sakr, 2019; Pearson, 2001; Schulte, 2021).

이러한 담론과 정상성의 권력을 아동기 예술의 유일한 이야기로 만들게 되면(Atkinson, 2016; Thompson, 2021) 어린이의 관심, 가치, 사건의 방대한 네트워크는 배제되어 버린다. 또 성인들이 이 작업에 접근하고 참여하는 방식을 포함한 어린이의 몸, 삶, 생태를 물질화하는 복합적이고 때로는 충돌하는 사회정치적 공간(Trafl-Prats, 2014, 2017, 2019)도 도외시된다. 관찰의 측면에서 볼 때, 이러한 담론을 받아들인다는 것은 어린이 예술가-교사들과 관련된 사람들이 어린이의 예술을 단순화시키고, 이미 예정된 것으로 바라보며, 때로는 맥락과 분리하여 인식함을 의미한다.

강의 시간에 그 예비교사와 관찰한 아이들의 이야기를 생각하면, 정확하게 떠오르는 것이 있다. 문자 그대로 강요된 보기의 체화이다. 즉 발달과 같은 것이 어떻게 '규준, 주어진 것, 암묵적인 것, 진리'(St. Pierre, 2016, p. 27)가 될 수 있는지, 우리가 정서적으로 얽히고 지적으로 애착하는 약속의 집합체가 어떻게 우리를 환상에 빠지게 만들고 우리의 능력을 실제로 감지할 수 없게 하는지를 보여주는 사례이다. 하지만 이런 방식이어야만 하는 것은 아니다. 움직일 수 있는 공간, 잊어버릴 시간, 우리 스스로와 타자에게 질문할 시간, 그리고 우리의 시간과 관심을 쏟아 '여기에서 무슨 일이 일어나고 있을까?'를 질문할 사건들은 항상 있다.

'*여기에서* 무슨 일이 일어나고 있을까?'

이 질문은 미묘하게나마 어린이들의 시각 예술 참여에 대한 이해를 넓히고 복잡하게 만든다. 또한 우리에게 익숙한 참조의 틀을 확장하며, 참조 틀의 사용을 합리화하려고 주로 의존해 왔던 해석의 가치에 대해서도 의문을 던진다. 이 질문은 우리가 가지고 있는 기존의 지식에 대한 애착을 다르게 바라보도록 하고, 여기에서 어린이와 어린이들의 예술이 어떻게, 왜, 어떠한 방식으로 만들어지고 있는가를 더 깊이 탐구하도록 만든다. 이 질문에서 특히 중요한 것은 관찰을 특정한 상황에 따른 구체적인 탐구 행위로 재형상화 함으로써, 관찰이 어린이와 어린이의 예술에 대해 사색하게 한다는 것이다.

이러한 재형상화에서 핵심은 무엇보다도 관찰을 아동기 예술의 '바로 그 상황들'(Sakr et al., 2016, p. 294)에서 펼쳐지는 관계에 주의attention를 기울이는 과정으로 이해해야 한다는 점이다(Cox, 2005; Frisch, 2006 참조). 우리가 인식하지 못하거나 가능하지 않다고 여기더라도, 우리의 관찰 경험은 어린이 작업의 '지금-여기'(Massey & Massey, 2005, p. 140)와 조율된다. Massey와 Massey(2005)가 서술한 것처럼, 지금-여기가 특별한 이유는 이 순간에 모이고 축적된 상황들, 즉 공간의 '함께 던져짐throwntogetherness', 그리고 바로 지금과 '그때-거기의 역사와 지형'을 협상해야 하는 '불가피한 도전'을 포착하기 때문이다(p. 140). 만남의 불확실성과 유동성을 고려하는 것은 분명히 힘든 일이지만, 중요한 것은 '공간은 항상 고유하다'는 점이다. 이러한 고유성specificity은 어린이들이 예술을 어떻게 그리고 왜 만드는지를 다르게 생각할 필요가 있음을 일깨워준다.

강의에서 만난 예비교사의 이야기로 돌아가 그의 관찰 경험을 다시 살펴보자. 그는 어린이집에서의 시간, 특히 아이들과 함께 그림을 그린 경험을 '내가 관찰한 아이들은 그냥 끼적거리고 있었어요. 아무 일도 일어나지 않았어요.'라고 설명했다, 아이들이 끼적이고 있었던 것이 사실일지라도, 이 관찰을 다른 맥락과 연결 지으려는 노력은 거의 드러나지 않았고, 앞서 언급한 어린이 예술의 상황, 즉 이 만남의 맥락에 대한 정보는 더욱 부족했다. 끼적임이 어떤 상황에 자리 잡고 있는지를 고려하지 않았던 건 이를 놓치게 되면서 관심의 폭이 급격히 좁아지고, 일반적이고 진부한 표현이 이어지는 경향을 보여주기에 중요하다 할 수 있다. 또 다른 측면에서 이는 어린이와 그들의 예술을 탈맥락화한 결과인데(Tarr, 2003; Schulte, 2021), 고유성을 배제하고 기존의 발달 규준을 강화하여 '표준적 설명'에 들어맞지 않게 생각, 행위, 존재하는 어린이들을 '주변화하고 소외'(Sakr, 2021, p. 12) 시키게 된다.

주의의 전환

결과적으로 이는 일종의 관찰 속기로, Colebrook(2002)이 '관행habit'(p. 15)이라고 표현한 것이다. 아이들의 작업에 함께함에 있어 우리 자신의 관심사나 익숙함에서 벗어나지 못하거나 쉽사리 넘어서지 않으려는 방식이다. 그렇다면 이러한 관심을 어떻게 확장할 수 있을까? 이미 알고 있고 분명해 보이는 것에 머무르려는 사고의 내재적이고 사회화된 경향성에 어떻게 맞서기 시작할 수 있을까? Boundas(1991)가 '보편적이고 건전한 상식'(p. 4)이라고 부른 것을 우선시하고 강화하려는 이 충동에 우리는 어떻게 트러블을 일으킬 수 있을까? 이러한 질문들이 중요한 이유는 Tarr(2004)의 말처럼 '우리의 역사는 우리에게 다른 가능성들을 보지 못하게 만들기에, 우리는 새로운 가능성을 계속 협상해야 하고, 반박하는 증거가 있더라도 고수하려는 가정들을 인식해 가야 하기'(p. 119) 때문이다. 강의 시간에 예비교사 한 명이 아이들의 그리기를 관찰한 경험을 이야기한 이후, 우리

사이의 대화는 약간 다른 방향으로 흘러갔고, Tarr가 언급한 인식자 되기 *becoming cognizant*의 과정이 드러나기 시작했다.

예비교사: 내가 관찰한 아이들은 '그냥' 끼적거리고 있었어요. 아무 일도 일어나지 않았어요.

나: 궁금해서 그러는데, 그때 아이들하고 같은 테이블에 앉아 있었나요?

예비교사: 네. 저와 남자아이 셋, 여자아이 셋이었어요.

나: 그랬군요. 남자아이들이 같이 그림을 그리기로 한 거예요, 아니면 그냥 어쩌다가 우연히 같은 시간에 거기에 있게 된 거예요?

예비교사: 아이들이 그러기로 한 것 같아요. 그 아이들은 친구인 것 같았어요. 말이 정말 많았거든요.

나: 아, 그래요, 그게 도움이 되겠네요. 무슨 얘기를 하던가요?

예비교사: 퍼피 구조대Paw Patrol 얘기를 하고 있었어요. 텔레비전 프로그램인 거 같아요.

나: 아, 텔레비전 프로그램 이름 맞아요. 아이들이 뭐라고 말했는지 기억나요? 퍼피 구조대에 대해서요?

예비교사: 기억이 잘은 안 나요. 제 생각에 구출 작전 이야기를 했었던 것 같은데, 무슨 말을 하는지 잘 집중하지는 못했어요.

나: 그랬군요. 모두 같이 그림을 그리는 동안에 그 대화를 했던 거 맞지요?

예비교사: 네, 맞아요.... 그런데 아이들이 그림 그리기 전부터 그 이야기를 하고 있었어요. 그림 그리는 테이블에 오기 전에요.

나: 그게 무슨 뜻이지요?

예비교사: 그게.. 아이들이 그림 그리러 오기 전에 블록으로 놀고 있었는데, 그때도 그 이야기를 하고 있었어요.

나: 아, 그래요? 그러니까 한참 동안 퍼피 구조대가 대화의 주제였군요.

예비교사: 네, 그런 것 같아요...

(30초 정도 멈춤)

예비교사: 잠깐만요, 무슨 말씀인지 알 것 같아요. 퍼피 구조대 그림일 수도 있겠네요? 끼적거린 것이 이야기였거나 뭐 다른 것은 아니었을까요?

(Schulte, 2019, 강의 성찰)

비록 짧았지만, 이어진 대화에서 미묘한 주의의 전환이 일어났다. 여기에서는 몇 가지 확인하는 질문을 추가함으로써 어린이와 예술에 대해 존재하고 있는 그리고 아마도 받아들인 구조를 흔들 수 있음을 보여준다. Sakr(2021)이 '불안정한unsettled'(p. 16)이라 했던, 이전의 무언가와 지금의 무언가 사이의 구별이 갑자기 흐려지는 이런 순간이면 나는 Thompson (2021)의 명쾌한 표현이 떠오른다.

> 수년간 어린이들을 관찰하고, 듣고, 함께 하면서 내가 배운 것 가운데 발달의 과정이나 단계로 설명할 수 있거나 연관되는 건 거의 없었다. 사실, 정상적인 경로의 존재 자체를 거부하는 건 언제나 탈주하는 고유한 아이들이었다. 아이들이 범주화에 저항하고, 모든 예상을 넘어 도전하는 이 독특하고 예측할 수 없는 순간들이 있는 곳에서 바로 예술 만들기가 일어난다(p. 167).

Thompson은 어린이 예술의 고유성과 상황성을 넘어 '다른 질서에 주의 기울이기'가 필요함을 잘 포착하였다(Manning & Massumi, 2014, p. 11). 이러한 주의는 어린이의 관심과 경험에 대한 통찰을 모으고 맥락화하는 것을 넘어, 예술 만들기에서 어린이와 함께 하는, 그리고 어린이 사이에서 일어나는 '몸짓, 삶, 신체, 감각, 안무, 감응, 사색과 제안'(Kind, 2020, p. 53)의 공간을 마련하는 관찰의 실천을 의미한다. 이러한 개념화는 사색적 행위로의 관찰의 재구성이다. 어린이와 어린이들의 예술을 만나고, 이 작업이 물질화되는 '상황적 장소와 공간'(Nxumalo, 2018, p. 18)으로 접근하는 '생성적이고 간섭적인' 경로를 만들어가는 행위인 것이다. 여기에는 내 강의의 학생들처럼 예비 예술가-교사가 자신의 경험을 성찰하고 다시 참여할 수 있는 포스트-관찰 환경도 포함된다. 즉 '여기에서 무슨 일이 일어나고 있을까?'라고 계속해서 질문을 던지는 것이다.

관찰을 위한 사색의 경로

교육자로서 나는 예비교사에게 몇 가지 추가 질문을 하고자 했다. 우리가 가지고 있거나, 가지고 있다고 생각하는 정보를 더 많이 요구할수록 생각의 안정성이 흔들리고, 이러한 생각을 정상화하는 관행을 중단하는 모델을 보여주는 기회가 될 것이라 여겼기 때문이다. 하지만 '여기에서 무슨 일이 일어나고 있을까?'라고 질문하기는 쉽지 않고, 자연스러운 일도 아니다. 이 점을 명확히 하는데 이 장의 내용이 도움이 되길 바란다. 당연히 이미 만들어진 사고의 경로를 따라가는 것이 훨씬 수월하다. 우리가 어린이와 그들의 예술에 대해 알고 있다고 생각하는 것(Leeds, 1981)이 항상 보이는 것과 다를 수 있고, 어쩌면 애초에 그런 적도 없었다는 사실을 인정하는 일은 더욱 어렵다(Duncum, 2002). 특히 우리가 아이들과 함께 하는 작업에서 욕망의 대상들이 지배적인 존재감을 가질 때, 즉 무언가를 주시하고, 무언가를 찾으면서, 함께 존재하는 무언가는 간과하며 관찰할 때, 그에 맞서기 쉽지 않다.

우리가 어린이와 그들의 예술에 대해 알고 있다고 생각하는 환상에 사로잡히는 경향을 멈출 수 있다면, 어린이 그리고 어린이 예술의 차이와 가능성이 드러나기 시작할 것이다. 앞서 소개한 강의 성찰에서 예비교사의 마지막 말이 유독 눈길을 끈다.

> 예비교사: 잠깐만요, 무슨 말씀인지 알 것 같아요. 이 그림이 퍼피 구조대일 수도 있겠네요? 끼적거린 것이 이야기였거나 뭐 다른 것은 아니었을까요?

이 말에서 중요한 것은 예비교사가 내가 '무엇을 의도했는지' 알아차렸다는 점이 아니다. 예비교사의 말에서 어린이 예술의 '다른 차원'(Sakr et al., 2018, p. 11)을 감지하기 시작한 순간, 즉 발달과 같은 전통적인 관점에서는 간과하거나 최소화하기 쉬운 복잡한 장소-기반 관계를 발견했음이 드러난다. 이는 Kind(2020)가 관찰을 사색과 발상의 수행, 즉 '거부의 공간refusal space'(Lather & St. Pierre, 2013, p. 629)으로 표현했을 때 염두에 둔 것이다. 이 사례에서 예비교사는 그러한 공간에 머물며, 자신의 경험을 자신이 지닌 (그리고 다른 사람들이 지닌) 지배적인 욕망의 대상들과의 관계 속에서 다시-마주한 것이다(Sakr & Osgood, 2019 참조).

아이들의 끼적이기, 그리고 '퍼피 구조대'에 관심 보이기와 놀이 사이의 잠재적 연결성을 예비교사가 발견하거나 명확하게 확인해야만 할까? 오히려 중요한 것은 이러한 연결이 가능하다는 점, 그리고 그것들을 연결할 수 있는 주의 깊은 존재들의 양성이다. 이것은 사색적 행위로써의 관찰, 즉 연결-지향적이고, 상황을 고려하며, 세밀한 관찰 제스처로 아이들의 삶에서 예술이 이해되는 방식을 달리하는 가능성을 치열하게 고민하는 작업이다. 간접적이기는 하지만, 나는 강의에서 예비교사들과 이에 대해 이야기를 나누었다.

> 나: 여기서 중요한 건 일반적으로 아동기의 그리기와 예술 만들기를 무엇으로 여기는가 하는 겁니다. 아이들의 예술 만들기나 놀이를 관찰할 때, 예술과 놀이가 무엇인지, 또는 앞으로 어떻게 될 것인지를 미리 규정하는 기준이 존재할까요? 예를 들어, 이 작업이 얼마나 중요하다거나 의미 있다는 걸 미리 알려주는 기준이 있나요? 이러한 기준은 우리가 주목하는 대상이나 주의를 기울이는 방식에 영향을 주게 될까요? 예로, 아이가 무엇을 보거나 종이에 무엇을 그리는지가 중요할까요?, 아니면 다른 세부적인 것들에도 고려해야 할 중요한 요소가 있을까요? 그냥 끼적이기로 보여도 실제로 어떤 이야기가 담겨 있을 수도 있고, 어쩌면 퍼피 구조대 이야기일 수도 있지만, 다른 무언가, 그러니까, 파악하거나 이해하기 어려운 무언가가 숨어있을 수도 있습니다. 또 종이에 그려진 것에만 주목하느라 전체적인 연결망을 파악하지 못하더라도 여러분이 봤던 끼적이기들이 예술만들기나 놀이의 더 큰 사건의 일부일 수도 있습니다. 여러분은 어떻게 생각하나요?

나의 코멘트는 예비교사들에게 부족하다고 생각되는 부분을 드러내거나, 처음에 발견하지 못하고 배제했다고 여겨지는 것을 더 잘 추측하도록 하려던 게 아니었다. 오히려 Manning과 Massumi(2014)가 설명했던 다른 질서에 주의 기울이기, 즉 아이들과 그들의 예술을 관찰하는 새롭고 다양하며 간섭적인 경로를 생성하는 사색의 제스처를 만들기 위한 시도였다.

References

Atkinson, D. (2002). *Art in education: Identity and practice.* Springer Science & Business Media.

Atkinson, K. (2016). A touch of paint: Transgressing unspoken boundaries. *Journal of Childhood Studies, 41*(2), 60-65.

Berlant, L. (1998). Intimacy: A special issue. *Critical inquiry, 24*(2), 281-288.

Berlant, L. (2011). *Cruel optimism*. Duke University Press.

Berlant, L. (2012). *Desire/love.* Punctum.

Berlant, L. G. (2005). Unfeeling Kerry. *Theory & Event, 8*(2), doi: 0.1353/tae.2005.0021.

Burman, E. (2016). *Deconstructing developmental psychology*. Routledge.

Boundas, C. (1991). Translator's introduction: Deleuze, empiricism, and the struggle for subjectivity. In G. Deleuze (Ed.), Constantin V Boundas (trans.), *Empiricism and subjectivity: An essay on Hume's theory of human nature* (pp. 1-19). Columbia University Press.

Corsaro, W. (1985). *Friendship and peer culture in the early years*. Ablex.

Corsaro, W. (2003). *We're friends right?: Inside kid's culture.* Jospeh Henry Press.

Corsaro, W., & Molinari, L. (2008). Entering and observing in children's worlds: Reflections on a longitudinal ethnography of early education in Italy. In p. Christensen & A. James (Eds.), *Research with children: Perspectives and practices* (pp. 239-258). Routledge.

Colebrook, C. (2002). *Gilles Deleuze*. Routledge.

Cox, S. (2005). Intention and meaning in young children's drawing. *International Journal of Art and Design Education, 24*, 115-125.

Duncum, P (2002). Children never were what they were: Perspectives on childhood. In Gaudelius & P. Spiers (Eds.), *Contemporary Issues in Art*

Education (pp. 97-107), Pearson.

Dyson, A. H. (2013). *Rewriting the basics: Literacy learning in children's cultures.* Teachers College Press.

Elkins, J. (1997). *The object stares back.* Houghton Mifflin Harcourt.

Frisch, N. S. (2006). Drawing in preschools: A didactic experience. *International Journal of Art and Design Education, 25*, 74-85.

Gardner, H., & Winner, E. (1982). First intimations of artistry. In S. Strauss (Ed.), *U-shaped behavioral growth* (pp. 147-168). Academic Press.

Golomb, C. (1992). *Art and the young child: Another look at the developmental question.* Harcourt Brace Jovanovich

Graue, M. E., Walsh, D. J., & Graue, E. M. (1998). *Studying children in context: Theories, methods, and ethics.* Sage.

Greene, S., & Hogan, D. (Eds.). (2004). *Researching children's experience: Approaches and methods.* Sage.

Ivashkevich, O. (2009). Children's drawing as a sociocultural practice: Remaking gender and popular culture. *Studies in Art Education, 51*(1), 50-63.

James, A. (1996). Learning to be friends: Methodological lessons from participant observation among English schoolchildren. *Childhood, 3*(3), 313-330.

James, A. (1998). Confections, concoctions, and conceptions. *In The children's culture reader* (pp. 394-405). New York University Press.

James, A., Jenks, C., & Prout, A. (1998). *Theorizing childhood,* Routledge.

James, A., & Prout, A. (2003). *Constructing and reconstructing childhood: Contemporary issues in the sociological study of childhood.* Routledge.

James, A., & James, A. (2017). *Constructing childhood: Theory, policy and social practice.* Macmillan International Higher Education.

Jenks, C. (1996). *Childhood.* Psychology Press.

Jenks, C. (2005). Childhood and transgression. In J. Qvortrup (Ed.), *Studies in modern childhood* (pp. 115-127). Palgrave Macmillan.

Kellogg, R. (1959). The sense of scribbles. *Design, 61*(2), 64-67.

Kerschensteiner, G. (1905). *Die entwickelung der zeichnerischen begabung.* Verlag von Duncker & Humblot.

Kind, S. (2020). Wool Works, Cat's Cradle, and the art of playing attention. In C. M. Schulte (Ed.), *Ethics and research with young children: New Perspectives* (pp. 49-62). Bloomsbury.

Kindler, A. M., & Darras, B. (1998). Culture and development of pictorial repertoires. *Studies in Art Education, 39*(2), 147-167.

Knight, L. (2013). Not as it seems: Using Deleuzian concepts of the imaginary to rethink children's drawings. *Global Studies of Childhood, 3*(3), 254-264.

Lather, P., & St. Pierre, E. A. (2013). Post-qualitative research. *International Journal of Qualitative Studies in Education, 26*(6), 629-633.

Lee, N. (2001). *Childhood and society: Growing up in an age of uncertainty.* McGraw-Hill Education.

Leeds, J. A. (1989). The history of attitudes toward children's art. *Studies in Art Education, 30*(2), 93-103.

Love, H. (2012). What does Lauren Berlant teach us about X? *Communication and Critical/Cultural Studies, 9*(4), 320-336.

Lowenfeld, V. (1957 [1987]). *Creative and mental growth.* Prentice Hall.

Malaguzzi, L. (1993). Your image of the child: Where teaching begins. *In Child care information exchange* (pp. 52-52).

Manning, E., & Massumi, B. (2014). *Thought in the act: Passages in the ecology of experience.* University of Minnesota Press.

Massey, D., & Massey, D. B. (2005). *For space.* Sage.

Matthews, J. (1984). Children drawing: Are young children really scribbling? *Early Child Development and Care, 18*(1-2), 1-39.

Matthews, J. (1999). *Helping children to draw and paint in early childhood.* Hodder and Stoughton.

McClure, M. (2007). Play as process: Choice, translation, reconfiguration, and the process of culture. *Visual Arts Research, 65*, 63-70.

McClure, M. (2011). Child as totem: Redressing the myth of inherent creativity in early childhood. *Studies in Art Education, 52*(2), 127-141.

Moore, A. (2004). *The good teacher: Dominant discourses in teaching and teacher education.* Routledge.

Moore, A. (2012). *Teaching and learning: Pedagogy, curriculum, and culture.* Routledge.

Moss, P. (1990). Work, family, and the care of children: Issues of equality and responsibility. *Children & Society, 4*(2), 145-166.

Moss, P., Dillon, J., & Statham, J. (2000). The 'child in need' and 'the rich child': Discourses, constructions and practice. *Critical Social Policy, 2*0(2), 233-254.

Nxumalo, F. (2018). Situating indigenous and black childhoods in the anthropocene. In A. Cutter-Mackenzie et al. (Eds.), *Research handbook on childhoodnature* (pp. 1-22). Springer.

Osgood, J., & Sakr, M. (Eds.). (2019). *Postdevelopmental approaches to childhood art*. Bloomsbury Publishing.

Pearson, P. (2001). Towards a theory of children's drawing as social practice. *Studies in Art Education, 42*(4), 348-365.

Qvortrup, J., Bardy, M., Sgritta, G., & Wintersberger, H. (1994). *Childhood matters: Social theory, practice and politics.* Avebury.

Rech Penn, L. (2019). Drawing, bodies, and difference: Heterocorporeal dialogs and other intra-actions in children's classroom drawing. *Studies in Art Education, 60*(2), 103-119.

Rinaldi, C. (2006). *In dialogue with Reggio Emilia: Listening, researching, and learning.* Routledge.

Rudduck, J. (1985). Teacher research and research-based teacher education. *Journal of Education for Teaching, 21*(3), 281-289.

Sakr, M. (2017). *Digital technologies in early childhood art: Enabling playful experiences*. Bloomsbury Publishing.

Sakr, M. (2021). Reconceptualizing early childhood art as entanglement: Playing with chalk in the home. In H. Park & C. M. Schulte (Eds.), *Visual arts with young children: Practices, pedagogies, and learning* (pp. 11-23). Routledge.

Sakr, M., Connelly, V., & Wild, M. (2016). Narrative in young children's digital art making. *Journal of Early Childhood Literacy, 16*(3), 289-310.

Sakr, M., Federici, R., Hall, N., Trivedy, B., & O'Brien, L. (2018). *Creativity and making in early childhood: Challenging practitioner perspectives.* Bloomsbury Publishing.

Sakr, M., & Osgood, J. (2019). Introduction. *In Postdevelopmental approaches to childhood art* (pp. 1-11). Bloomsbury.

Schulte, C. M. (2011). Verbalization in children's drawing performances: Toward a metaphorical continuum of inscription, extension, and re-inscription. *Studies in Art Education, 53*(1), 20-34.

Schulte, C. M. (2016). Deleuze, concept formation, and the habit of shorthand inquiry. *Qualitative Inquiry, 24*(3), 1-9.

Schulte, C. M. (2018). Entering the milieus of children's drawing: Complicated proximities. *International Journal of Education & the Arts*, 19, 1-11.

Schulte, C. M. (2019). *Teaching reflection.* University Park: The Pennsylvania State University.

Schulte, C. M. (2021). The making of a deficit aesthetic. *Global Studies of*

Childhood, 11(1), 54-68.

St. Pierre, E. A. (2016). The long reach of logical positivism/logical empiricism. In N. Denzin & M. Giardina (Eds.), *Qualitative inquiry through a critical lens* (pp. 27-38). Routledge.

Sunday, K. E. (2015). Relational making: Re/imagining theories of child art. *Studies in Art Education, 56*(3), 228-240.

Tarr, P. (1990). More than movement: Scribbling reassessed. *Visual Arts Research, 1*(31), 83-89.

Tarr, P. (2004). Consider the walls. *Young children, 59*(3), 88-92.

Tarr, P. (2003). Reflections on the image of the child: Reproducer or creator of culture. *Art Education, 56*(4), 6-11.

Thompson, C. M. (1990). "I make a mark": The significance of talk in young children's artistic development. *Early Childhood Research Quarterly, 5*(2), 215-232.

Thompson, C. M. (1995). "What should I draw today?" Sketchbooks in early childhood. *Art Education, 48*(5), 6-11.

Thompson, C. M. (2009). Mira! Looking, listening, and lingering in research with children. *Visual Arts Research, 35*(1), 24-34.

Thompson, C. M. (2021). Beyond the single story of childhood: Recognizing childism in art education practice. In H. Park & C. M. Schulte (Eds.), *Visual arts with young children: Practices, pedagogies, and learning* (pp. 159-168). Routledge.

Thompson, C. M., & Schulte, C. M. (2019). Repositioning the visual arts: Continuing reconsideration. In O. Saracho (Ed.), *Handbook of research on the education of young children* (pp. 1-5). Routledge.

Trafi-Prats, L. (2014). The existential territories of global childhoods: Resingularizing subjectivity through ecologies. *Occasional Paper Series, 31*, 5.

Trafi-Prats, L. (2017). Learning with children, trees, and art: For a compositionist visual art-based research. *Studies in Art Education, 55*(4), 325-334.

Trafi-Prats, L. (2019). Thinking childhood art with care in an ecology of practices. In J. Osgood & M. Sakr (Eds.), *Postdevelopmental approaches to childhood art* (pp. 191-210). Bloomsbury;

Qvortrup, J., Bardy, M., Sgritta, G., & Wintersberger, H. (1994). *Childhood matters: Social theory, practice and politics*. Avebury Press.

Wilson, B. (1997). Types of child art and alternative developmental accounts: Interpreting the interpreters. *Human Development, 40*(3), 155-168.

Woodhead, M. (2009). Child development and the development of childhood. In J. Qvortrup, W A. Corsaro, & M. S. Honig (Eds.), *The Palgrave handbook of childhood studies* (pp. 46-61). Palgrave Macmillan.

CHAPTER

07

따로-함께

: 세대 간 연구를 통해 어린이의 물질/디지털/아날로그 참여를 탐구하기

Mark Shillitoe International School Delft
Harriet Hand, Scarlett Shepherd, William Squire, Jennifer Rowsell University of Sheffield

서론

2020년 12월, 세 명의 연구자가 나이, 공간, 이론을 넘나들며 코로나19 기간 동안 경험한 움직임, 상호작용, 배움, 가르침과 삶에 대한 지도 그리기 연구를 시작하였다. 우리의 관찰을 통해 온라인/오프라인, 가정/학교, 인간/인간-너머more-than-human와 같은 경험의 경계를 넘나드는 흐름이 드러났으며, 이는 보다 깊은 탐구와 명확한 표현이 필요한 부분이었다. 이러한 흐름의 한가운데 머무르는 것이 코로나 시대의 삶과 배움을 이해하는 가장 적절한 위치처럼 보였다. 또한 우리는 세대 간 차이와 유사성을 인식하게 되었다. X세대(40~50대)의 관찰 내용은 밀레니얼 세대와 비교되었고, Z세대(20대)의 코로나19에 대한 관찰은 9세와 10세 어린이들의 팬데믹 삶 및 경험과 대조되었다. 무질서하고 비체계적인 연구에 질서와 체계를 부여하기 위해 몇 가지 원칙을 세웠다. (1) 후기-질적, 발현적 연구방법(Springgay & Truman, 2017)을 적용한다. (2) 어린 세대부터 나이 든 세대까지에 초점을 맞춘다(이를테면, 나이 많은 사람들이 어떻게 어린이들과 함께 배울 수 있는지). (3) 우리 일상의 디지털/아날로그, 가정/학교, 내부/외부 공간을 넘나든다. 이러한 세 가지 기본 방향을 바탕으로 연구 설계와 실행 과정은 유기적으로 이루어졌으며, 표류dérive(Debord, 1958)[1]의 개념에 영감을 받아 매 순간의 마주침에 따라 연구의 여정이 펼쳐졌다.

이 장에서는 9~10세 어린이 20명, 20대 학부생 2명, 중년 연구자 3명으로 구성된 연구팀이 두 도시, 영국 Bristol과 네덜란드 Delft에서 4개월 동안 진행했던 연구를 소개하고자 한다. 연령과 발달의 스펙트럼, 그리고

---

1 역자주: 표류(dérive)는 Guy Debord(1958)가 제안한 개념으로, 도시 환경에서 기존의 목적 지향적인 이동 방식을 벗어나, 예측 불가능한 방식으로 장소와 공간을 탐색하며 그 속에서 발생하는 감각적 · 정서적 · 사회적 경험을 중시하는 실천을 의미한다. 이는 상황주의Situationism의 핵심 전략으로, 도시 공간이 구조화된 방식에 저항하며 공간과의 새로운 관계 맺기를 통해 사회적 · 정치적 의미를 탐색하는 과정이다.

* 출처: Debord, G. (1958). Theory of the Dérive. *Visual Culture: Spaces of visual culture, 3*, 77-82.

코로나19 격리 동안 삶 속에서 경험되고 실천된 리터러시lived literacies(Pahl & Rowsell, 2020)를 포착하기 위하여 연구 기간을 계획하였다. 연구팀은 예술-기반 방법, 즉 학부생과 어린이가 병행 지도 그리기parallel mapping와 다중모드 활동multimodal activities을 하면서 서로의 생각과 산물을 공유하는 것을 탐색하였다. 이 장은 연구 설계에 영향을 준 후기-구조주의 및 사회-물질 이론으로 시작된다. 이어서 연구의 다양한 역동적 요소들을 설명하고, 우리에게 중요한 물건의 지리적 맥락을 넘나드는 세대 간 관찰을 다룬다. 마지막으로, 연구 과정에서 점진적으로 경험한 '따로-함께alone-together'라는 감각을 탐색한다.

어린이 관찰에 대한 포스트-발달적 접근을 다루는 이 책의 방향에 따라, 이 장은 다중모드 지도 그리기 실험을 활용한 연구를 조명한다. 이 실험은 팬데믹 동안 어린이들이 온라인 학습으로 이동하는 방식을 기록하고 평가하는 전통적 접근에 대한 풍부한 대안이었다. 연구자이자 교사인 Mark는 어린이들을 학생으로서 관찰하고 평가하는 것이 아니라, 어린이들이 사물, 지도, 감각적 탐색 및 예술작업을 통해 주변 세계를 관찰하고 조율하는 과정을 보여준다. 이를 통해 그는 격리기간 동안 학습에 부여된 '학습 결손learning loss'이라는 발달 중심적 담론에 도전하며, 이를 적극적으로 반박하고 전환한다. 그는 어린이들, 20대, 50대 모두 자신에게 중요한 사물, 소리, 감각 및 모드에 비추어 코로나 시기의 삶을 관찰하고 이해한다는 것을 보여주었다. 이 장은 아동기에 대한 '포스트' 접근 방식 내에서 어린이의 세계를 조망하려는 이 책의 다른 장들과 맥을 같이 하며, 특히 전 세계적인 팬데믹과 격리기간의 배움을 중심으로 아동기 담론에서 지나치게 강조되어온 책임과 결핍의 관점을 다시 살펴보고자 한다.

포스트휴먼 및 페미니스트 신유물론 적용하기

사물이 주는 정서적 안정감(Miller, 2008), 사물의 끈적한 점성 사물의 끈적한 점성과 인간 접촉이 결합된 모드 작업에 의존하여, 이 연구는 네덜란드의 한 초등학교 교실(Mark)과 영국 Bristol(Jennifer와 Harriet)에서 학부생 Will과 Scarlett과 함께 4개월의 다양한 수준의 격리 기간 동안 디지털, 아날로그, 물건^{artefactual} 및 다중모드의 마주침을 탐구했다. 이 장은 어린이들이 크거나 작은, 보이지 않거나 덧없는 사물들에 자연스럽고도 종종 명확하게 가치를 부여하는 방식을 조명한다.

연구를 설계하고 데이터를 해석하는 과정에서, 우리는 2020-2021년 팬데믹 동안 물질과 인간 사이의 내부작용(Barad, 2007)에 초점을 두는 물질과 함께 되기*becoming with matter* 개념에 상당히 의존했다. 연구자들이 포스트휴먼 이론이나 후기구조주의 이론의 권위자는 아니지만, 신유물론 이론은 연구 과정에서 어린이와 성인 간에 공간을 넘나드는 상호연결성을 파악하는 데 실제 도움이 되었다. 의심할 여지 없이, 포스트휴머니즘과 신유물론의 관점은 팬데믹 경험을 드러내는 데 생성적인 역할을 했다. 포스트휴먼 및 페미니스트 신유물론(Barad, 2007; Braidotti, 2013)은 인간과 물질 또는 인간-너머 존재를 이분법적으로 분리하는 방식에 저항하는 힘에 기반한다. 포스트휴머니즘과 신유물론은 특정 유형의 지식과 존재 방식이 다른 것들보다 특권을 부여받는 현상을 중요하게 문제 삼는다(Niccolini & Ringrose, 2019; Truman, 2021). 여기에서 또 다른 중요한 점은 따로-함께 연구에서 사람들과 그들이 소중히 여기는 물건들(Merry Berry의 요리책, 스케이트보드, 침대 등)과의 내부작용(Barad, 2007)에 있다. 이는 팬데믹 동안 어린이와 성인에게 존재와 배움의 중요한 특성을 보여준다. Barad(2007)는 물질이 깊은 의미를 지니면서도, 동시에 양자물리학과 같은 인간-중심의 지식 학문에서는 불분명하거나/보이지 않는 순간들에 관해 설명한다. Barad(2007, p. 389)는 '인간과 비인간의 만남을 개별 사건들, 존재들, 실천들의 배치assemblage'로 설명한다. 이러한 배치들은 생산적일 뿐만 아니라 인간과 비인간의 행위성을 내포한다. 격리 기간 동안 화면, 나무, 새, 얼굴, 몸, 침대는 사람들과 분리된 것도, 사건이나 실천에서 덜 중요한 존재들도 아니었다. 오히려 이들은 서로를 공동-구성하고, 함께 움직이며, 배치되고 얽힌다. 이들은 화면을 바라보는 것과 같은 일상적 실천에 의미와 생명을 불어넣는다. 이들은 중요한 사물들이며, 행위성을 지닌 존재들이다. Barad(2007)와 Haraway(2016) 같은 페미니스트 학자들은 수년에 걸쳐 그들의 저술에서 이 점을 분명히 밝혔으며, 인간이 지배하는 현재의 역사적 시기를 인류세anthropocene로 이론화하면서 인간 중심의 연구 접근을 상쇄하는 데 상당한 기여를 해왔다(Truman, 2021). 후기-질적 방법은 코로나19 기간 동안 관찰한 미시적, 중간적, 거시적 내부작용을 인식하고 드러내는 방식을 제공한다. 화면을 통해 서로 연결되는, 우리의 개인 공간들our individual spaces 안에서의 되기becoming의 과정(Mazzei, 2020)이 포함되어 있다.

세계가 되기의 끊임없는 내부작용 과정에 있다(Barad, 2007)는 주장에서 시작함으로써, 연구자로서 우리는 공유되고, 말해지고, 그려지고, 느껴지는 모든 것에 주의 깊게 귀 기울일 수 있었다. 그 모든 것이 '지식knowledge'(St. Pierre, 2019)으로 여겨졌다. 코로나19 기간 동안 자연 세계와 그 치유력, 그리고 온라인 교수학습에서 필수 불가결했던 화면은 인간과 비인간이 얽히고, 배치되고, 공동-구성되는 방식으로 내부작용하는 두 가지의 예이다. 공동-연구자co-researchers의 입장에서는 그 모든 것이 인식과 해석과의 관계 속에서 물질화된다는 것을 뜻한다(Davies, 2014). Barad는 눈에 보이는 것이든 보이지 않는 것이든, 모든 것을 행위적 존재로 바라볼 수 있는 윤리적 책임을 의미하는 개념으로 응답-능력*response-ability*을 제시하였다. 이 연구에 참여한 어린이들에게 이러한 주장은 전혀 문제가 되지 않았고, 오히려 연구 과정에서 그러한 주장의 진정성을 확인시켜 주었다. 침대가 행위하고, 곰인형이 목소리 내는 것은 당연하다(예시 참조). Rautio(2013)와 같은 연구자들은 사회-물질성socio-materiality과 내부작용을 어린이 연구에 적용하여, 어린이가 물질과 내부작용하면서 활성화되고, 느끼고, 배우는 것에 집중했다. 이를 통해 어린이들이 물질과 교류하는 방식에 대한 발달적 설명에 새로운 시각을 제시했다(Rautio, 2014). 어린이 연구자들은 어린이의 지식 습득과 인지 단계에서 초점을 이동시켜, 어린이와 물질 간의 내부작용을 통해 생성되는 지식에 더 많은 주의를 기울임으로써 발생하는 의미의 복잡한 협상을 인식하게 되었다(Collier & Harwood, 2017; Kuby et al., 2018; Hackett & Somerville, 2017; Hultman & Lenz Taguchi, 2010; Lenz Taguchi, 2011; Rautio, 2013, 2014). 세대 간 연구인 따로-함께를 통해 의미의 내부작용적 공간에 주의 깊게 귀 기울이면서 함께 알고, 관계 맺고, 느끼고, 생각하는 방식을 공고히 할 수 있었다.

따라서 이 장 전체에서 우리는 의미, 지식, 연구-창조가 행위하는 순간들을 나누고자 한다. 이 연구는 팀(성인-어린이) 모두가 인간과 인간-너머의 감응적 연결을 통해 어떻게 관계 맺는지 관찰하고 기록하기 위해서, 인간-너머 존재인 예술에 기반하는 방법을 사용하였다. 지도 그리기, 상자 만들기, 따로-함께 걷기와 같은 참여적이고 창의적인 방법(Springgay & Truman, 2017)은 경험과 앎의 방식이 내부작용과 얽힘을 통해 발현된다고 본다. 우리는 연구를 하며 따로-함께 되기becoming with alone-together를 해갔다. Stewart가 표현한 바와 같이, 이러한 관계적이고 사물-중심object-led인 실천은 '함께 모여 하나의 사물로 인식될 수 있는'(p. 119) 배치로서 작용하였다.

따로-함께 세대 간 연구[2]

연구 현장

영국 Bristol에서 Harriet과 Jennifer는 Bristol대학의 교육 연구 프로그램에서 학부생 Scarlett과 Will을 만났다. 자원봉사자로 연구팀에 합류한 Scarlett과 Will은 창의적인 연구방법을 배우고 연구에 참여하기를 원했다. 이 시기는 격리 기간이었으며, 네 사람은 온라인 화상 회의를 통해 만나거나 집으로 직접 배달된 자료를 주고받으며 만남을 이어갔다. 네덜란드 Delft에 있던 Mark와 9~10세 어린이들도 프로젝트 시작 당시에는 격리 중이었지만, 연구가 진행되는 동안 학교로 돌아갔다. 하지만 이동movement과 집합mixing에 대한 제한이 계속되었으며, 이는 그들의 학습 경험을 지속적으로 형성해 나갔다.

우리는 이 연구를 따로-함께 일어나는 일련의 마주침encounter으로 개념화했다. 대부분의 마주침 동안, 우리는 각자의 나라에서 격리 기간 동안 집에 혼자 있었지만, 온라인을 통해 함께 마주침을 경험했다. Mark, Harriet, Jennifer는 이러한 사건의 흐름을 따라가며 세대 간 참여자들의 연구 마주침을 반영하는 정기적인 산책, 지도 그리기, 대화를 통해 발현된 것들의 한가운데에 머물렀다. 이 연구 공간에서 우리는 연구가 전개되는 동안 개인적이고 집합적인 길을 탐색할 수 있도록 돕는 지침을 공유했다. 우리는 악보의 개념과 플럭서스Fluxus[3] 예술 운동(Higgins, 2002)에 영향을 받아, 지침을 '가능성을 여

---

2 자료 수집에 앞서, Bristol 대학교를 통해 윤리적 승인을 받았다. 모든 참여자는 동의서에 서명하고, 자신의 물건과 작품을 공유하는 데 동의했다.

3 역자주: 플럭서스Fluxus는 1960년대에 등장한 국제적이고 다학제적인 예술 운동으로, 전통적인 예술 형식과 관습을 해체하고 일상적 사물과 행위를 예술적 실천으로 전환하는 데 중점을 둔다. Higgins(2002)는 플럭서스를 '위계적이지 않은 경험의 밀도non-hierarchical density of experience'를 중심으로 설명하며, 개인의 참여와 해석을 통해 새로운 예술적 경험을 창출한다고 강조한다. 이는 사물과 사건 간의 내부작용을 통해 이루어지며, 특정 매체나 형식에 얽매이지 않고 음악, 퍼포먼스, 시각 예술 등 다양한 형식에서 실험적이고 유동적인 예술을 지향한다.
* 출처: Higgins, H. (2002). *Fluxus Experience*. University of California Press.

는 제약enabling constraint'(Miles & Springgay, 2020, p. 1010)으로 삼았다. 이를 통해 관찰의 새로운 방식을 모색하고, 프로젝트 진행 과정에서 실천과 이론 간의 대화를 활성화할 수 있었다(Springgay & Truman, 2017). 포스트 질적 탐구를 채택함으로써 비판적 질적 방법론(Mayes, 2019)에 참여할 수 있었으며, 포스트휴먼 및 페미니스트 신유물론 지향과 공동-연구를 연결하는 데 중점을 두었다. Mayes(2019)는 물질이 데이터로 수집된 목소리와 어떻게 연결되는지 탐색할 것을 연구자들에게 제안한다. 이에 따라 우리는 사물, 공간, 몸, 담론 등이 얽히는 방식에 주목하게 되었고, 이는 우리의 관심을 과정, 실천, 존재론으로 이동시켰다.

연구 설계

이 연구는 '지도 그리기가 세대 간 격리와 코로나19 경험에 대해 무엇을 가르쳐줄 수 있을까?'라는 질문에서 시작되었다. Mark, Harriet, Jennifer는 두 개의 장소와 공동-연구 그룹, 즉 Harriet, Jennifer, 학부생 인턴인 Will과 Scarlett으로 이루어진 그룹과 Mark와 9~10세 어린이 20명으로 구성된 그룹의 마주침을 위해 연구를 느슨하게 설계하기로 결정했다. 우리는 동시적 및 비동시적 사건들을 계획하며, 아날로그와 디지털 공간의 다양한 층위에서 참여가 가능한 다중모드와 다중감각적 지도 그리기를 이용하였다. 이러한 마주침은 2021년 1월 말부터 5월까지 계속되었다.

우리 활동의 중심에는 두 지역에서 병행적으로 일어났던 동시적 지도 그리기 마주침이 있었다. 먼저, Delft에서는 개인이 만든 소리악보로 내부와 외부 공간을 구성하기 위해 소리 기호sound notation가 개발되었다. Bristol에서는 팬데믹 전과 동안의 외부, 내부, 물리적, 디지털 공간에 대한 시각적 스케치 지도(Gieseking, 2013; Lynch, 1960)가 제작되었다. 그 다음, 두 곳에서 어린이와 성인들은 격리 이전 공간에서 녹음된 소리를 리믹스하여 격리 기간의 산책과 엮은 다양한 소리 풍경soundscape[4]을 들으며 지도 그리기를 했다. 우리는 '소리 풍경이 여러분을 어디로 데려가나요?'라는 질문에 응답했다.

이 연구는 Mark, Harriet, Jennifer가 각자의 동네를 걸으며 화상회의 앱인 마이크로소프트 팀즈Microsoft Teams를 통해 자신이 걸은 장소를 이야기하고 이미지를 공유한 세 차례의 개별 산책에서 시작되었다. 총 20회 이상의 다양한 마주침이 두 가지 맥락에서 펼쳐졌다. 우리의 공동 성찰과 그 사건들이 불러온 새로운 질문들에 응답하면서, 각각의 연구 설계가 만들어졌다. 그러한 사건들에 뒤이어 우리는 그룹을 지어 함께 걸었다. Jennifer는 Will과 함께 걸었고, Harriet은 Scarlett과 함께 걸었으며, Mark는 어린이들과 함께 걸었다.

2020년 가을, Delft에서 Mark는 이미 수업에서 어린이들과 함께 지도 그리기를 시작했으며, 연구가 시작되면서 그들의 작업은 계속되었다. 아이들과 함께 한 지도 그리기 및 예술-기반 활동은 격리 기간과 학교가 다시 열린 시기 동안 일련의 마주침을 불러일으켰다. 아이들은 스케치 지도 그리기 기법(Lynch, 1960)을 사용하여 온라인에서뿐 아니라 교실에 함께 모였을 때에도 공동으로 지도를 그렸다. Mark와 어린이들이 따로-함께 할 수 있도록 온라인 비디오를 켜둔 채 지시에 따라 음식을 준비하고, 먹고, 치우는, 즉 동시에 브런치 먹기와 같은 또 다른 사건들이 플럭서스 예술가들의 퍼포먼스(Ono, 2015)에서 영감을 받아 이루어졌다.

Bristol에서의 지도 그리기 마주침은 우리 자신에 대한 감각을 풀어내어, 내부와 외부, 디지털과 아날로그, 팬데믹 이전과 팬데믹 기간 동안의 서로 다른 공간을 개별적으로 인식할 수 있도록 했다. 이후, 우리는 이 지도 그리기를 확장하여, 공간의 생성적이고 발현적인 특성을 강화하기 위

4 역자주: 소리 풍경(사운드스케이프)은 'sound'와 '~의 조망'이라는 의미의 접미어 'scape'가 결합된 복합어이다. 이는 시각적인 풍경(=랜드스케이프landscape)을 청각적으로 받아들이는 개념으로, 청각적인 경관과 음의 풍경을 의미한다. 자연계의 소리부터 도시의 웅성거림, 인공의 소리에 이르기까지, 우리를 둘러싼 다양한 소리를 하나의 풍경으로 이해하는 사고를 뜻한다.
* 출처: 송혁, 송민정, 박현구, 장길수 (2004). 버스터미널 soundscape에 관한 실험적 연구. 대한건축학회논문집, 20(8), 157-164.

한 기법으로 층위를 쌓는 방식을 사용했다(Corner, 1999). 하나의 지도를 다른 지도 위에 겹쳐 놓음으로써, 공간을 하나로 통합했고, 그 결과 층화된 관계들의 혼합체stratified amalgam of relationships가 나타났다(1999, p. 235). 지도 그리기가 놀이로 전개될 수 있다는 것(Kitchin et al., 2012)과 '공간의 가능성'(Massey, 2005, p. 116)을 이해하게 되면서, 이러한 레이어링 기법은 프로젝트 전반에 걸쳐 계속 사용되었다. 이 기법은 지속적으로 생성되는 장으로서, 그리고 물건과 세대 간의 대화를 구성하는 수단으로서 지도 그리기가 지닌 어포던스[5]를 확장시켜 주었다.

Bristol의 마주침에는 세 번의 읽기 세션이 포함되었다. 첫 번째는 Corner(1999), 두 번째는 Lefebvre(2004), 세 번째는 Springgay와 Truman(2017)의 텍스트를 다루었다. 마지막 세션에서 Harriet, Jennifer, Will, Scarlett은 텍스트에서 얻은 아이디어를 바탕으로 어린이들의 물건을 교류의 매개체이자 분석 방법으로 삼아 탐구를 진행했다.

광범위한 예술-기반 및 대화-기반 사건 중 여기에서 논의의 초점이 되고 있는 지도 그리기 마주침의 사례를 택하여 표 7.1에 소개하였다.

이 연구에서 지도 그리기는 '타자 되기becoming *other*의 물질적 운동material movement이었다. 즉 새로운 기호가 생성되고, 물질적으로 체화된 자아에 대한 이해가 인간과 비인간 사물의 마주침을 통해 출현하고 공동 구성되었다'(Powell, 2016, p. 4, 원문에서 이탤릭 표기). 지도 그리기는 일종의 자화상self-portraiture이었다. 단순히 신체적 자아에 초점을 맞추는 것이 아니라,

---

5 역자주: 어포던스affordance는 심리학자 James J. Gibson이 제시한 개념으로, 환경이 개체(동물 또는 인간)에게 제공하거나 가능하게 하는 행동 가능성을 의미한다. 이는 환경의 물리적 특성과 개체의 특성이 상호작용하여 특정 행동을 유도하거나 제한하는 방식으로 이해된다. 예를 들어, 평평하고 단단하며 적절한 높이의 표면은 '앉을 수 있음'이라는 어포던스를 제공한다. 어포던스는 단순히 물리적 속성이 아니라 개체의 크기, 능력, 행동에 따라 상대적으로 정의되며, 이를 통해 환경과 개체 간의 상호보완적 관계를 설명한다.

* 출처: Gibson, J. J. (1977). The theory of affordances. In R. Shaw & J. Bransford (Eds.), *Perceiving, acting, and knowing: Toward an ecological psychology* (pp. 67-82). Hillsdale, NJ: Lawrence Erlbaum Associates.

우리 세계를 구성하는 얽힌 상호 관계를 더 깊이 이해하도록 돕는 일종의 셀카selfie 역할을 하였다. 이러한 의미에서 지도 그리기는 성인과 어린이에게 묘사하기, 연상하기, 상상하기, 가능성 생각하기라는 능동적 실천을 통해 그들의 세계를 보는 또 다른 방식을 제공했다(Corner, 1999). 소리, 단어, 이미지, 사물 및 흔적-만들기mark-making를 이용한 지도 그리기는 우리를 둘러싼 세계의 '바로 그 윤곽과 구조에' 참여하는 방식이다(1999, p. 235). 많은 지도 그리기 마주침에는 사건 자체뿐만 아니라 사건 후에 어린이와 성인들이 녹음한 오디오 또는 비디오 파일 형태의 성찰도 포함되었다. 지도 위에 말spoken word의 층을 덧붙이면서, 이해의 또 다른 층이 있다는 것과 지도 그리기에서 나타나는 공간에서 머무르거나 이동하는 또 다른 방식이 드러났다. 지도 그리기는 성인과 어린이들에게 공통의 영토가 되었다. 우리는 지도와 사진을 Mark의 학급과 공유하면서 함께 성찰하고 분석했다.

연구의 마지막 단계로서, 2021년 5월 우리는 Bristol 연구의 데이터를 Mark의 학급과 공유했다. 또한 Will, Scarlett, Harriet, 그리고 Jennifer는 아이들에게 '가장 궁금한' 질문을 담은 편지를 보냈다.

1. 여러분의 방에게 질문하는 것이 이상했나요?
2. 팬데믹의 가장 좋은 점과 가장 나쁜 점은 무엇인가요?
3. 지도 그리기를 해본 적이 없는 사람에게 지도 그리기를 어떻게 설명하겠어요?
4. 이 활동들을 하면서 자신에 대해 배운 점이 있나요?
5. 여러분의 경험이나 산책에 대한 지도 그리기를 다시 하고 싶나요?
6. 가장 좋았던 활동이나 지도 그리기 작업은 무엇이며, 그 이유는 무엇인가요?

표 7.1 지도 그리기의 마주침(일부)

세대 간 지도 그리기 마주침 (이 장에서는 강조된 마주침들을 좀 더 자세히 살펴보고자 한다.)	
제목	**내용**
소리 지도 그리기: 목록 시[6]	**어린이들과 성인들**: Delft의 학급과 Bristol의 성인들은 각각의 온라인 세션에서 동시에 10분 동안 각자의 집에서 들리는 소리를 목록으로 작성했다. 각각의 소리 기호를 만들어 사용하였다.
내부/외부 공간 소리 지도	**어린이들**: 온라인으로 실시간 진행된 Delft의 수업에서, 어린이들은 자신의 가정-학습 공간에서 들리는 소리를 디지털 방식으로 지도에 기록했다. 이 지도는 어린이들이 내부와 외부 소리가 공간적 어떻게 배치되어 있는지 생각해보게 했다. 여기에는 감정, 소리의 크기 또는 중요성을 나타내는 기호가 포함되기도 했다.
소리 풍경 연주 악보	**어린이들과 성인들**: 소리 풍경을 동시에 들었다(일부는 개인 기기에서). 어린이들은 디지털 소리 풍경을 그렸고, Bristol에서는 온라인 화상 통화를 하면서 종이에 그렸다. 두 그룹 모두 마이크를 켜고 조용히 그림을 그렸다.
방에서 가장 좋아하는 부분	**어린이들**: 자신의 개인 공간에 관심을 가지고, 어린이들은 방에서 가장 좋아하는 부분의 스케치 지도를 만들며 세 가지 질문을 했다.
나의 50가지 소리	**어린이들과 성인들**: 어린이들과 성인들은 각각 '나의 50가지 소리'를 나열하는 병행 마주침을 가졌다. 일부 어린이들은 종이에, 다른 어린이들은 디지털로 작성했다.
마법의 이야기 상자 지도 그리기	**어린이들**: 상자 안에 선별된 사물들의 배치를 그룹과 공유했다. 참여자들에게 이 상자를 조감도로 바라보는 상상을 해보라고 했다(즉, 드론처럼 하늘에서 내려다보는 시점). 모든 사물들이 연결되어 있다고 설명했다. 지침은 다음과 같다: 연결이 보이나요? 거리를 걸으며 여정을 그려보세요. 걸어 다니면서 무엇이 보이나요? 사람, 장소, 물건에 대해 생각해 보세요.
우리가 있었던 곳	**어린이들**: 격리 기간 동안 학급의 각 구성원이 있었던 위치를 지도에 표시했다. 이 지도는 각 아이가 그 장소를 표현한 개인적인 이미지들이 겹쳐져 구성되었다.
동그라미 바느질을 통해 무엇을 배울 수 있을까?	**어린이들**: 어린이들은 홀치기 염색한 천의 자투리에 동그라미를 바느질했다. 어린이들은 스스로에게 물었다: 동그라미 바느질을 통해 무엇을 배울 수 있을까? 어린이들은 바느질된 천 위에 자신이 걸어온 길을 추가했다.

6 역자주: 목록 시list poem는 목록의 형태로 작성된 시를 의미한다. 시의 내용이 특정 주제에 따라 나열된 목록으로 구성되며, 각 목록이 하나의 시구 또는 시의 일부가 된다. 단어, 문장, 물건, 감정 등의 나열을 통해 시의 주제를 표현한다.

어린이들은 Mark와 만나서 모든 질문에 함께 답했고 그들의 녹음을 우리와 공유했다. 이후, Harriet은 Will과 만나고 Jennifer는 Scarlett과 만나서 각자의 '가장 궁금한' 질문을 공유했다.

데이터는 사진, 지도, 그림, 시소Seesaw의 텍스트[7], 음성 녹음, 서면 텍스트, 대화/성찰 모임의 녹음, Teams 녹음 및 관찰 현장노트로 구성되었다. 그 결과, 연구 과정 동안 많은 변화하는 부분들이 있었지만, 이 프로젝트의 간단한 메시지는 세대를 가로지르는 물질을 통해 관계를 맺는 만화경 같은 방식이었다.

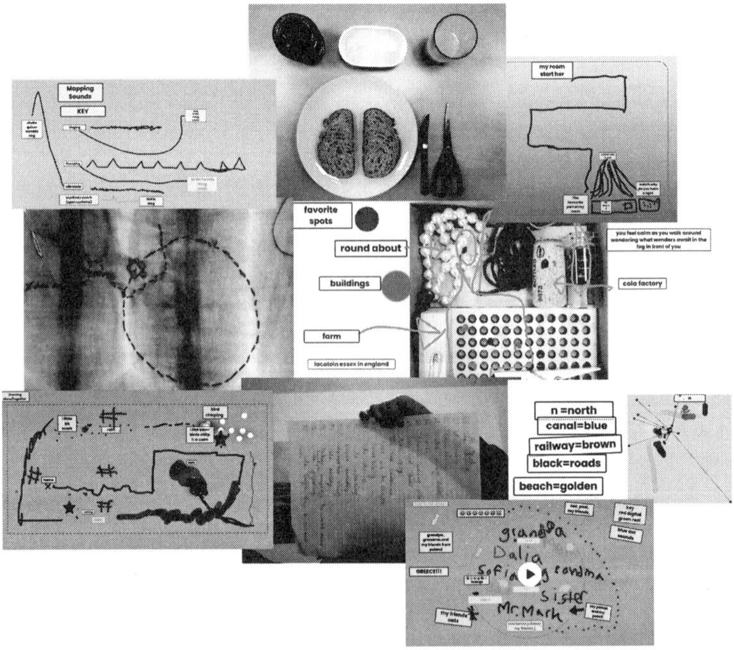

사진 7.1 (왼쪽 상단부터 시계 방향으로) 소리 지도 그리기, 동일한 브런치, 방에서 가장 좋아하는 부분, 마법의 이야기 상자 지도 그리기, 우리가 있던 곳, 내부/외부 공간 소리 지도, 나의 50가지 소리, 소리 풍경 연주 악보, 바느질 모임 성찰

7 역자주: 시소Seesaw는 디지털 학습 포트폴리오 플랫폼으로, 학생들이 자신의 작업을 기록하고, 교사, 부모와 소통하며, 학습 과정을 공유할 수 있도록 돕는 도구다.

어린이의 지도 그리기-감각-소리-바느질의 얽힘 탐구

시간이 지나면서 연구자와 참여자들이 쌓아 올린 지도 그리기의 다양한 층들은 역동적이고 발현적이며 개방적인 프로젝트 공간을 구성했다. 즉 코로나19의 불확실한 상황 속에서 가능성에 반응하며 새로운 지식과 경험을 공유하고, 방법들을 재구성했다. 참여자, 연구자, 어린이, 성인의 개념은 흐려졌고, 그룹 전체가 지도 그리기에 참여하여 다중모드 구성물을 만들고, 따로-함께 이를 성찰하고 분석했다.

탐구하기 1: 방에서 가장 좋아하는 부분

// 여러분이 방에서 가장 좋아하는 부분은 어디인가요?
// 그곳에게 편지를 써보세요. 편지를 다음과 같이 시작하세요:
사랑하는 _______(방에서 가장 좋아하는 부분을 여기에 적으세요. 예: 창가 옆 첫 번째 선반) 이 편지에 여러분이 이 부분을 가장 좋아하는 이유를 최소한 세 가지 포함하세요.
// 방에서 가장 좋아하는 부분에게 세 가지 질문을 해보세요.
// 방 전체와의 관계 속에서 가장 좋아하는 부분이 어디에 있는지를 보여주는 지도를 만들어 보세요. 창의적이고 재미있게 표현해 보세요!

격리 기간 동안 이 지도 그리기 마주침은 어린이들의 공간과 밀접하게 관련되어 있었다. 앞의 논의로 돌아가, 격리 기간 동안 어린이들이 만든 가정 세계의 시각적 자료를 분석하면 어린이들이 주변 물질과의 내부작용(Barad, 2007)을 성찰할 때 발생하는 융합, 중첩, 전환이 드러난다.

장소나 공간에 대한 정신적 이미지를 시각적으로 구성하는 방법인 스케치 지도 그리기(Lynch, 1960)를 활용함으로써, 어린이들의 지도는 그들의 개인 공간을 살아가는 하나의 방식이 되었다. 이 지도는 단순히 공간을 재현하는 것이 아니라, 인간-너머의 관계(Giesking, 2013)를 드러내고 사물의 행위성(Powell, 2016)을 인식하는 수단으로 작용했다.

사진 7.2 지도: 방에서 가장 좋아하는 부분

그림 7.2의 지도 그리기는 방 안의 중요한 사물들을 공간적으로 배치한 것이다. 책에 사용된 색채, 걸려 있는 옷과 같은 세부 묘사, 그리고 일관된 그림체는 사물들과의 친밀한 관계를 시사한다. 다른 방을 묘사한 부분은 개인 공간과 가족 공간 간의 공간적 관계에 대한 민감성을 드러낸다. "너는 왜 내가 가장 좋아하는 거야?", "너는 내가 가장 좋아하는 것이 되고 싶었니?", "너는 내가 가장 좋아하는 것이 되려고 노력했어?"와 같은 질문들은 사물을 의인화하면서 동시에 성찰적인 의미를 담고 있다. 지도를 탐색하고 경험하는 과정에서 어린이와 주변 세계 사이가 서로 연결되며 새로운 관계가 형성된다.

다른 지도에서, 질문이 처음에는 단순한 호기심, 즉 우리 주변 세계에 대한 감각만들기sensemaking를 활성화하는 일종의 주목하기noticing로 나타난다. "이 베개가 너의 일부니?" 이에 비해, "매일 밤 내가 너의 위에 누우면 아프니?"라는 질문은 자아와 사물의 관계를 더 가깝게 만든다. 공감이 담긴 이 질문은 감정과 생각을 우리 주변 세계와 함께 되기의 개념으로 전환시킨다. 시간과 역사에 대한 민감성을 드러내는 질문도 있다. 책은 집에 들어오기 전에도 이미 각자의 삶을 가지고 있었으며, 장난감과 함께 지도를 그리고 생각하는 것은 돌봄과 애정을 불러일으킨다. "장난감아, 나 이전에도 너를 사랑한 사람이 있었니?"라는 질문은 우리가 사물과 맺는 관계의 한계를 인식하게 한다. 다음과 같은 질문들이 물질에 대한 비슷한 미묘하고 감정적인 반응을 나타낸다. "네가 가장 좋아하는 유튜버는 누구야?", "베개야, 너의 가장 친한 친구는 누구니?", "왜 내 담요는 항상 너무 짧을까?", "내가 널 눌러버렸니, 곰인형아?"

지도 전반에 걸쳐, 어린이의 장난감이 갖는 중요성은 크기와 세부 묘사에서 나타난다. 예를 들어, 장난감에는 색을 칠하고, 또렷하게 그리고, 세부 묘사를 하는 반면, 가구와 건축물은 종종 상징으로 그리거나 심지어 점을 찍는 식으로 축소되었다. 이 마주침은 어린이들이 주변 사물을 소중히 여기고 돌보는 방식을 생생하게 드러냈으며, 교육적 관찰에 대한 포스트-발달적 접근이 어린이의 개인적 생활공간에서 어떻게 구현되는지를 보여주었다. 방 안의 사물에 주목하는 것은 Mark의 학급이 자신을 친밀한 공간과의 관계 속에서 바라보게 했다. 지도 그리기는 익숙한 것에서 새로운 것을 만들어내는 방식으로 새로운 관점을 제공했다(Rautio, 2013). 물질-담론적 시각 자료들은 사물/물질에 대한 놀라운 공감을 보여주면서 감응적 흐름affective flows을 이끌어내며, 이 공간 안에서 어린이들은 되기를 분명 경험했다.

탐구하기 2: 내부/외부 공간 소리 지도

// 여러분의 침실에 편안하게 앉으세요(가족들에게 방해받고 싶지 않다는 것을 알리고, 글을 쓰고 싶다고 전하세요. 최소 10분간 이 작업을 하세요. 타이머

를 사용하세요).

// 소리를 내지 말고 주변의 모든 소리에 주의 깊게 귀를 기울여 보세요. 소리가 방 안에서 나는지, 밖에서 나는지, 어느 방향에서 나는 소리인지 알아차리세요. 소리가 나는 공간의 위치에 따라 다양한 소리를 모두 기록하세요.

// 여러분의 주변 어디에서 소리가 나는지, 그것을 어떻게 나타낼지 생각해 보세요.

격리 기간의 작고 겉으로는 조용해 보이는 특성을 풀어내기 위해, 이 마주침은 어린이들이 짧은 시간 동안 주변의 연속적인 소리에 주의를 기울이도록 했다. Kress(1997)는 어린이가 글쓰기로 나아가는 경로가 글의 구성에 가장 적합한 표현 방식을 찾으려는 편견 없는 모드에 대한 관심에서 비롯된다고 주장한다. 이러한 통찰을 바탕으로, 어린이들의 내부/외부 공간 소리 지도에서 우리가 발견한 것은 생각, 감정, 사람과 사물들이 지도 위로 떠오르는 모습이었다. 관심사, 기억, 느껴지는 감각에 따라 어린이들은 본능적으로 소리에 반응했으며, 감응과 감성에 의해 자극을 받았다.

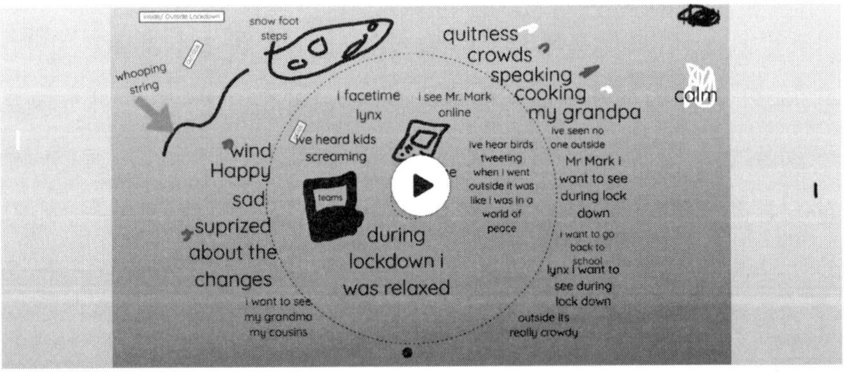

사진 7.3 내부/외부 공간 지도

사진 7.3에서, 지도 그리기는 크고 작은 요소들이 얽혀 있는 본질, 요리의 미세한 소리, 그리고 바람이나 군중 소리 같은 더 큰 소음이 끼어드는 순간들을 담아내고 있다. 조용히 귀 기울이는 연습은 '밖에 있을 때 새들이 지저귀는 소리를 들으면 마치 평화로운 세상 같았다.'와 같은 비유적인 생

각도 불러일으켰다. 내부와 외부의 관계를 그리는 것은 지도를 그린 어린이에게 미래에 대한 기대감을 불러일으키는 계기가 되었다. 다른 많은 지도에서 외부는 '격리 후'로 표현되었다. 예를 들어, 가족을 보고 싶다는 희망과 예상치 못한 상황에 대한 걱정, 즉, 아이가 '평온하지 않다not calm'고 말하는 것들이 어떻게 얽혀 있는지를 이 지도는 보여준다. 어린이들이 변화에 대한 놀라운 반응을 설명할 때, 이는 자신들의 놀라움이 아니라, 코로나19 규제와 관련된 성인들의 대화에서 느껴지는 불안한 소리에 대한 생생한 경험과 감정을 나타낸다. 여기서 우리는 지도 그리기 행위가 과거, 현재, 미래에 깊이 얽혀 있어 종종 감춰진 생각과 감정을 드러내는 역할을 한다는 점에 주목했다.

이 실험적 지도 그리기 과정에서 우리는 그 사건이 '하품 소리', '기니피그가 물 마시는 소리', '부엉이가 우는 소리'처럼 평소에는 잘 인식되지 않는 소리들이 어린이들과 어떻게 관계를 맺는지에 주의를 기울였다. 그 결과 만들어진 지도와 이에 대한 어린이의 성찰에는 그들 가정-학습 세계의 다중감각적인 생생함이 풍부하게 담겨 있었다. 생동한다는 것은 또한 체화된다는 것이며, '비가 울고 있는 듯한 소리를 들었어?'와 같이 공간과의 내부작용을 느낀다는 것을 뜻한다. 또 다른 아이는 '내가 생각하는 소리 듣기'를 자신의 내면 공간에 추가하였다. 이는 지도 그리기가 공간에 대한 다중감각적 경험을 활성화하는 긍정적인 방법임을 보여준다(Powell, 2010).

탐구하기 3: 소리 풍경 지도 그리기

// 소리 풍경을 들어보세요. 그냥 들어보세요.
// 약 4분 정도 됩니다.
// 종이에 X 표시를 하세요 - 여기가 여정의 시작이자 끝입니다.
// 이제 소리 풍경을 다시 들어보세요.

// 이번에는 소리 풍경의 여정을 지도에 그려보세요.
// 이것은 되돌아오는 여정입니다! 따라서 시작 지점에서 끝납니다.
// 여러분이 들은 소리 풍경은 여러분을 어디로 데려가나요?

우리의 세 번째 탐구는 Bristol과 Delft에서 소리 풍경의 병행적 지도 그리기이다. Mark는 우리가 처음으로 따로-함께한 산책의 소리를 녹음했다. 듣기-편집하기-다시 듣기를 반복하는 과정에서 그는 격리 조치 직후의 소리 풍경이 얼마나 반복적이고 상상력이 부족해 보이는지를 깨달았다. 워크숍을 위한 소리 풍경을 만들기 위해, Mark는 이 원본 녹음을 리믹스하고, 자신의 개인 자료에서 격리 이전에 녹음한 소리들을 겹쳐 넣었다. 이 자료에는 Berlin, Potsdam, Geneva, Swiss Jura에서의 녹음이 포함되어 있었다. 이렇게 하여 현재의 리듬과 일상을 벗어난 경험이 만들어졌다. 이 녹음에는 그에게 영감을 준 다양한 일상의 소리들, 이를테면 개 목줄 소리, 새소리, 축구 경기의 관중 소리, 지나가는 트램 소리, 거리의 파티 소리 등이 담겨 있었다.

Mark의 수업에서 어린이들은 각자의 개인 공간에서 온라인으로 함께 녹음된 소리를 들었다. 대부분 자신의 개인 기기로 (거의) 동시에 소리를 재생하였다. 어린이들은 소리를 들으면서 각자 디지털로 소리 풍경 지도를 그렸지만, 동시에 함께 했다. 그들은 소리의 순서뿐만 아니라, 들은 것에 의해 활성화된 장소, 사람, 사물 간의 연관성과 관계에 대한 지도도 그렸다. 어린이들의 제안으로 모두가 동시에 자신의 지도를 게시하여 사건의 공유 과정을 하나의 의식으로 만들었다.

Bristol에서는 Scarlett이 어린이들의 지도를 분석했다. 녹음에 대한 반응은 다양했으며, Scarlett은 어린이들의 시각 자료를 큐레이팅하는 과정에서 몇 가지 주요 개념을 파악했다. (1) 소리가 불러일으키는 관계와 관계의 순간들, (2) 소리, 선, 점, 색, 기호를 통한 트랜스모드 및 전환 작업에서의 디자인과 기호학적 실천, (3) 장소를 되살리고 장소를 감정과 연관 짓는 소리, (4) 감정 및 감응적 경험과 연관된 소리 등.

Scarlett에게 사진 7.4는 지도 그리기의 관계적 특성을 보여주는 예였다. 이 사진은 소리가 어린이의 세계 속 사람, 기억, 감정, 장소, 사물과의 연결을 형성하는 방식을 보여준다. Scarlett은 세대 간 연구의 또 다른 주제로 보고 이를 관찰하였다. 아이는 트램 경적 소리를 조부모와 연결시켰다. 이는 소리와 이미지의 유연한 움직임을 물질화하는 것으로, Kress의 동기화된 기호motivated sign(Kress, 1997) 개념과 공명한다. 소리는 조부모의 그림을 그리도록 아이에게 동기를 부여한다. 즉 하나의 모드가 또 다른 모드와 기호학적 반응을 불러일으키는 것이다. Kress(1997)는 사람들이 기호-만들기sign-making에서 어떤 모드를 우선시할지 결정하는 과정을 동기화된 기호*motivated sign*라고 언급했다. 기호-제작자의 관심은 이미지 창조 과정에 강한 영향을 미친다. 따라서 주관성은 텍스트에 주름이나 침전물을 남긴다(Pahl & Rowsell 2006). Kress는 텍스트에서 의미가 복잡해지는 방법을 비유하는 것으로 기호-만들기를 이야기하며 이러한 아이디어를 구축했다.

사진 7.4 소리 풍경 연주 악보

또한, 소리 지도에서 두드러지게 나타난 것은 공감각적synaesthetic 활동이다. 공감각은 의미-만들기의 순간에 감각이 교차하는 것을 포함한다. 예를 들어, 색이 의도적으로 소리와 연결되거나 소음이 감정과 연결된 다음, 이 감정이 다시 색과 연결되는 것이다. Scarlett은 이러한 감각적 연결을 기록하며, 한 지도에서 소리에 대한 묘사가 아닌 감정이 중심이 되었다는 점을 발견하고 놀라워했다. 그녀는 'Harriet과 함께 소리 지도 그리기를 할 때 제가 떠올렸던 연관성은 아니었어요. 사실 Mark는 의도적으로 공감각적 반응과 감각의 혼합을 활성화하려고 계획했어요. 이는 서로 다른 감각 양식 간의 연쇄적 반응을 유도하고 촉발하기 때문이에요.'라고 말했다. Scarlett은 '외부자의 시각으로 바라보는 것이 도움이 돼요. 소음/소리와 감정 간의 관계를 볼 수 있으니까요. 아이들이 이걸 어떻게 자신의 경험과 연결짓는지를 들여다보면, 이 안에 정말 다양한 층이 있다는 걸 알 수 있어요.'라고 덧붙였다.

이 지도는 소리 풍경에 대한 반응으로 일부 어린이들에게 집의 감각*sense of home*을 물질화했다. 한 아이는 Mark가 모은 소리를 들으며 Poland에 있는 자신의 집에 대한 기억을 떠올렸다. 또 다른 아이는 '파티에 있는 사람들이 마치 India에 있는 것처럼 들려요.'라고 썼다. 이 특정 지도 그리기 활동은 다양한 모드를 유연하고 자연스럽게 넘나드는 어린이들의 전이 역량을 끌어내었다. 전이transduction란 하나의 모드에서 다른 모드로 이동하는 것을 의미하며, 이는 모든 탐색 활동의 핵심 요소 중 하나이다. 일부 장면에서, 소리의 움직임을 통해 어린이들이 격리 기간 동안 보여준 반응과 감각 만들기가 조용하지만 깊이 있는 방식으로 드러났다. 한 아이는 이렇게 말했다. '저는 사람들이 소리치는 게 좋아요. 함께 있다는 것을 보여주니까요. 그게 중요해요.'

탐구하기 4: 동그라미 바느질에서 무엇을 배울 수 있을까?

우리가 공유하기로 한 마지막 참여 활동은 Mark의 학급 어린이들이 홀치기 염색한 자투리 천에 동그라미 바느질을 하는 것이었다.

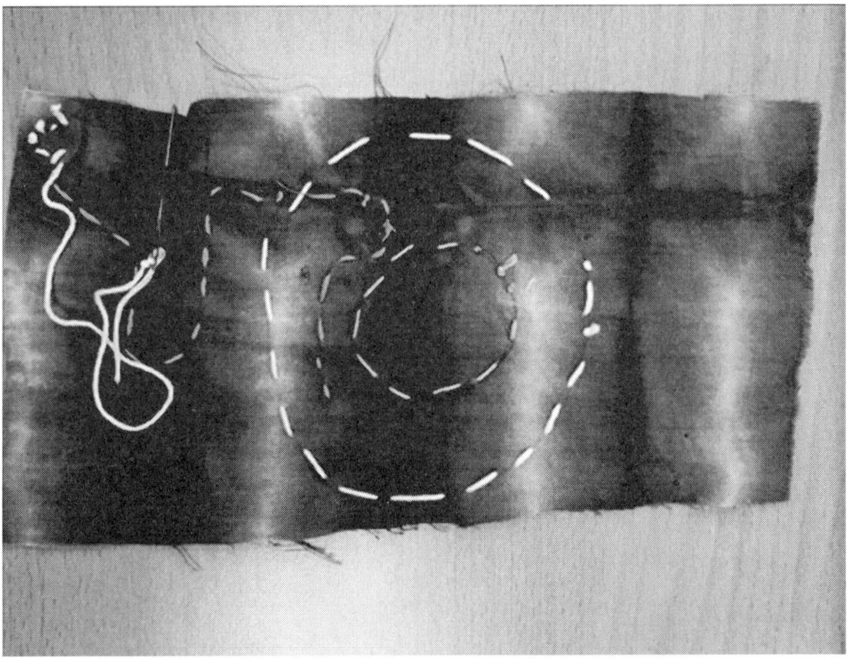

사진 7.5 동그라미 바느질에서 무엇을 배울 수 있을까?

'동그라미 바느질을 하며 우리는 무엇을 배울 수 있을까?'라는 질문이 그룹에 제시되었고, 활동 과정에서 참여자들은 리듬, 감정, 느낌, 그리고 토론을 통해 자기 자신과 그룹 간의 관계를 생각해 보도록 요청받았다. 동그라미 하나가 완성되었고, 그 위에 또 다른 동그라미가 조심스럽게 만들어졌다. 이는 마법의 이야기 상자 지도 그리기에서 그려진 경로로, 사물들로 이루어진 도시 풍경을 가로지르는 상상의 여정이었으며, 걷기를 통해 체화된 것이었다. 이 지도는 바느질된 동그라미 위에 겹쳐졌다.

'우리 자신에 대해 무엇을 배울 수 있을까?'라고 질문하면서 그날의 리듬을 늦추는 성찰적 탐구reflective inquiry가 이루어졌다. 어린이들은 바느질을 통해 자신과 주변 세계를 성찰할 수 있는 여유를 제공하는 사려 깊은 실천(Corbett, 2013)에 참여하며 스스로를 돌아보았다. 그들의 개인적인 발견은 재료, 바늘, 실, 그리고 바느질로 만들어진 선과 형태와의 관계 속에서 발현되었다.

어린이: 저는 뭔가를 뜯어내야 할 것 같아요. 항상 제 자신을 의심해요... 저는 완벽주의자거든요.

Mark 교사: 완벽이라는 게 있을까? 너희 엄마, 아빠도 완벽을 기대하실까?

어린이들: 아니오오오!

어린이: 엄마는 '완벽이란 존재하지 않아. 연습하면서 발전하는 거지. 연습이 완벽을 만드는 건 아니야.'라고 말씀하셨어요.

Mark 교사: 어머니께서 늘 지혜로운 말씀을 해주시네. 예전에 나한테 정원 가꾸기는 인류 최초의 일이고 우리가 커뮤니티 정원을 가꾸는 게 얼마나 중요한 일인지 말씀해 주셨어. 우리가 지금 배우는 방식은 수천 년 전에 우리 조상들이 배웠던 방식이기도 하단다.

리듬, 감정, 느낌, 그리고 대화를 통해 수많은 연결이 출현하였다. 어린이들은 때로는 조용히 앉아서, 때로는 대화하면서 동그라미 바느질을 했는데, 이 작업은 어린이들이 함께 만들고, 생각하고, 느끼도록 했다. 그곳에는 어린이들과 물질들materials 사이의 내부작용을 통한 강력한 되기*becoming*의 감각이 있었다. 직접 대면하여 이루어진 몇 안 되는 마주침 중 하나로서, 이 모임은 실을 다루는 동안 성찰이 자연스럽게 떠오를 수 있는 시간과 공간을 제공했다. 동시에, 실 또한 그들의 생각을 유동적으로 움직이도록 작용했다.

'저는 평안한 방법으로 다른 사람들에 대해 배웠어요.'

'친구가 길을 찾도록 도와주면서 인내심을 배웠어요.'

'우리가 조급해지면 스스로에게 화를 내게 돼요.'

결론

2021년 7월에 따로-함께 연구를 되돌아보는 자리에서, 세대와 삶의 단계가 다른 우리 모두는 이 프로젝트가 Zoom 회의와 Teams 세미나에 지쳐 있던 우리에게 빛과 영감을 가져다주었다는 데 동의했다. Will은 다음과 같이 표현했다.

> 제가 말씀드릴 수 있는 것은 지도를 만들고, 사후 분석과 토론을 통해 다른 참여자들의 지도와 상호작용하며 참여하는 창의적인 다중모드 스펙트럼의 연구 설계가 참여자와 연구자 간의 협력적인 연결을 가능하게 했다는 것이에요. 이 과정에서 세대 간의 경계가 완전히 흐려졌어요. 이는 연구의 기대치를 충족시키려는 것이 아니라, 함께 탐구하려는 협력적인 노력이었어요. (2021년 7월)

2020년 팬데믹은 역사적인 순간이다. 이는 모든 연령대의 사람들이 가르치고 배우는 방식을 포함해 모든 것을 변화시켰다. 이 장에서 공유된 마주침과 관찰은 전통적인 페다고지에서 벗어나 있다. 왜냐하면 이들은 학습자와 연구자들이 자신의 세계에 적극적으로 귀 기울이고 참여하여 배우도록 요구했기 때문이다. bell hooks[8]는 경계 넘기를 가르치기transgressive teaching[9]와 관련하여, '우리는 누구에게, 누구와 이야기하고 있는지에 대한 개별성과 고유성에 맞춰 말할 때 가장 잘 소통한다'(hooks, 1994, p. 11)고 말한 바 있다. 이 연구에는 경계 넘기 교육의 다양한 양상이 있었고, bell hooks가 언급한 참여적 목소리*an engaged voice*의 의미, 즉 고정되지 않고 항상 귀와 눈, 감각을 열어두고 펼쳐지는 것에 유연하게 반응하는 목소리

---

8 역자주: 미국의 흑인 페미니스트 사상가이자 사회 비평가인 bell hooks는 자신의 이름을 대문자로 쓰지 않았는데, 그녀가 2013년 Rollins 대학을 방문했을 때 대중이 자신의 책에 집중해 주기를 바랐기 때문에 자신의 이름을 소문자로 쓴다고 밝힌 바 있다.
* 출처: https://www.washingtonpost.com/lifestyle/2021/12/15/bell-hooks-real-name/(2024년 9월 12일 검색)

9 역자주: bell hooks(1997)의 저서 『Teaching to transgress: Education as the practice of freedom』는 2008년 『경계 넘기를 가르치기』(모티브북)로 국내에 소개되었다.

가 담겨 있었다. 지도, 지도 그리기, 표류하기는 배움을 확장하고 대화를 지속하기에 적합한 방식이었다. 우리는 우리의 세대 간 연구가 변혁적이었다고 주장하고 싶지는 않다. 대신, 이 연구가 모든 참여자들에게 치유의 공간을 제공했으며, 그것 자체로서 배울 점이 있다고 본다.

연구에서 계속해서 느껴지는 근본적인 공명 중 하나는 디지털 공간이 유동적인 공간이 되어 혼자 조용히 지도를 그리거나, 생각과 대화를 나누는 공간으로서 제공한 편안함이었다. 온라인 공간에서 침묵을 허용함으로써 우리 사이에 신뢰와 (더) 깊은 연결이 형성되었다. Mark의 학급 어린이들은 침묵 속에서 가장 편안함을 느꼈으며, 마이크를 켠 채 그림을 그리며, 키보드 소리, 코를 훌쩍이는 소리, 배경 소음들이 그들의 생각에 배경음처럼 깔렸다. 종이 한 장에 집중하여 우리에게 중요한 것들(사람, 사물, 모드 등)이 있는 곳에 선들, 매듭들, 별들을 그리며 우리의 경험을 의미 있는 협력적 동그라미로 만들어 나갔다. Mark의 학급에서 여러 어린이들은 지도 그리기, 다중모드 구성 및 성찰적 대화에 대해 함께 생각하면서 느꼈던 함께함togetherness을 이야기했다. 세대 간 공유는 우리 모두에게 격리, 마스크, 화면 피로, 온라인 학습과 교육이라는 낯선 세계를 관찰하는 새로운 방식을 열어주었다. 여러 측면에서 **커뮤니티**는 이 프로젝트의 중심이었다. 이 커뮤니티는 연령, 성별, 문화, 국적, 관심사를 넘나들며, 가상 브런치, 사물 공유, 수제 마스크를 사용한 홈 스파, 동네 산책과 같은 사건을 중심으로 아이디어를 공유할 방법을 찾아냈다. 이러한 마주침은 서로의 이야기를 들을 수 있는 공간을 제공하여, 모두가 자신과 더 깊이 연결되고 고립된 시기에 경험을 공유할 수 있도록 해주었다.

이 프로젝트에는 연구의 함의가 있다. 특히 Jennifer와 같은 오랜 연구 경력을 가진 연구자들에게 연구-창조research-creation 요소는 새롭고 깊은 통찰을 제공했다. Truman과 같은 학자들(Springgay & Truman, 2017; Truman, 2021)로부터 영감을 얻고, Harriet, Will, Scarlett, Mark와 공동-연구를 진행하면서 Jennifer는 자신의 연구와 학문에서 새로운 단계로 나아갔다. 탐구의 개방적이고 반응적인 특성 덕분에 우리는 어린이의 풍부하고 다층적이며 다차원적인 경험에 참여할 수 있었다. 이러한 경험들은 인간-너머의, 감각-주도적 마주침이었으며, 단순히 설명될 수 있는 것이 아니라 함께 관찰하고 경험할 수 있는 것이었다. 이것은 Jennifer에게 Kress의 『Before Writing』(1997)[10]을 처음 읽었던 초기 시절과 그로 인한 사유의 거대한 변화를 떠올리게 했다. 더 나아가 연구 마주침의 과정은 선형적이지 않았고, 서로 겹쳐지면서 사람, 사물/잡동사니, 시간, 공간 사이의 연결을 강화했다.

어린이에 대한 관찰을 담은 이 책의 시리즈를 생각하며, 우리는 이러한 탐구적 연구에서 무엇을 배울 수 있을지 질문을 던진다. 이 프로젝트에서 생성된 교육적, 연구 방법적 층들에는 큰 잠재력이 있다. 연구 설계에는 여러 역동적인 요소들이 포함되었다. 공동 연구자와의 지도 그리기, 병행 지도 그리기, 다중모드 구성 만들기 및 공유하기, 사물과 대화하기, 같은 공간 걷기, 시간, 공간, 나이를 초월한 질문 보내기 등이 이에 해당한다. 이러한 층들은 격리 생활을 경험하는 풍부하고 다채로운 초상을 형성해 나갔다. 우리는 출현하는 것에 반응하며, 이러한 층들이 인간과 비인간의 얽힌 내부작용 관계를 생동감 있게 드러내도록 했다. 이 프로젝트에는 매우 많은 층들이 있어서 데이터 집합의 다공성과 밀도를 풀어내기 위해 지질학적 용어를 사용하게 되었다. 이러한 층화layering에는 삶의 세부사항을 알아차리고 조율하는 과정이 얽혀 있으며, 이는 따로-함께 우리의 연구를 기록하는 데 질감을 더해주었다.

---

10 역자주: 『Before Writing: Rethinking the Paths to Literacy』는 Gunther Kress(1997)의 저서로, 여기에서 그는 전통적인 문해력의 개념을 넘어 새로운 관점을 제시하였다. Kress는 문해력이 단순히 글을 읽고 쓰는 능력이 아니라, 이미지, 기호, 제스처 등 다양한 형태의 소통 방식을 포함한 다중모드의 실천이라고 주장한다. 이 책에서는 문해력의 주된 수단으로서 글쓰기에만 집중하는 기존의 관점을 비판하고, 비언어적 소통 방식도 중요한 문해력의 일부로 이해할 필요가 있음을 강조한다. 또한 교육 시스템이 이러한 변화에 맞춰 적응해야 한다는 메시지를 함께 전달한다.

References

Barad, K. (2007). *Meeting the universe halfway: Quantum physics and the entanglement of matter and meaning*. Duke University Press.

Braidotti, R. (2013). *The posthuman*. Cambridge: Polity Press.

Collier, D., & Harwood, D. (2017). The matter of the stick: Storying/(re)storying children's literacies in the forest. *Journal of Early Childhood Literacy, 17*(3), 336-352.

Corbett, S. (2013). *A little book of craftivism*. Cicada.

Corner, J. (1999). The agency of mapping: Speculation, critique and invention. In D. E. Cosgrove (Ed.), *Mappings* (pp. 213-252). Reaktion Books.

Davies, B. (2014). *Listening to children: Being and becoming*. Routledge, Taylor & Francis Group.

Debord, G. (1958). *Theory of the derive*. In K. Knabb (Ed.), *Situationist international: Anthology* (pp. 50-54). Bureau of Public Secrets.

Gieseking, J. J. (2013). Where we go from here: The mental sketch mapping method and its analytic components. *Qualitative Inquiry, 19*(9), 712-724. https://doi.org/10.1177/1077800413500926

Hackett, A., & Somerville, M. (2017). Posthuman literacies: Young children moving in time, place and more-than-human worlds. *Journal of Early Childhood Literacy, 17*(3), 374-391.

Haraway; D. J. (2016). *Staying with the trouble: making kin in the Chthulucene*. Duke University Press.

Higgins, H. (2002). *Fluxus experience*. University of California Press.

Hultman, K., & Lenz Taguchi, H. (2010). Challenging anthropocentric analysis of visual data: A relational materialist methodological approach to educational research. *International Journal cf Qualitative Studies in Education, 23*(5), 525-542. https://doi.org/10.1080/09518398.2010.500628

Hooks, B. (1994). *Teaching to transgress: Education as practice of freedom*. Routledge.

Kitchin, R., Gleeson, J., & Dodge, M. (2012). Unfolding mapping practices: A new epistemology for cartography. *Transactions-Institute of British Geographers, 38*(3), 480-496.

Kress, G. (1997). *Before writing: Rethinking the paths to literacy*. Routledge.

Kuby, C. R., Spector, K., & Thiel, J. J. (Eds.) (2018). *Posthumanism and literacy education: Knowing/becoming/doing literacies*. Routledge.

Lefebvre, H. (2004). *Rhythmanalysis: Space, time, and everyday life*. Continuum.

Lenz Taguchi, H. (2011). Investigating learning, participation and becoming in early childhood practices with a relational materialist approach. *Global Studies of Childhood, 1*(1), 36-50.

Lynch, K. (1960). *The image of the city*. MIT Press.

Massey, D. (2005). *For space*. SAGE Publications Ltd.

Mayes, E. (2019). The mis/uses of 'voice' in (post)qualitative research with children and young people: Histories, politics and ethics. *International Journal of Qualitative Studies in Education*, 32,1191-1209.

Mazzei, L. A. (2020). Speculative inquiry: Thinking with whitehead. *Qualitative Inquiry, 27*(5), 554-566.

Miles, J., & Springgay, S. (2020). The indeterminate influence of Fluxus on contemporary curriculum and pedagogy. *International Journal of Qualitative Studies in Education*, 33, 1007-1021.

Miller, D. (2008). *The comfort of things*. Polity Press.

Niccolini, A., & Ringrose, J. (2019). Feminist posthumanism. In P. Atkinson, S. Delamont, A. Cernat, J. Sakshaug, & R. Williams (Eds.), *The SAGE encyclopedia of research methods*. SAGE, https://methods.sagepub.com/foundations/feminist-posthumanism

Ono, Y. (2015). *Grapefruit*. Reprint. Museum of Modern Art.

Pahl, K., & Rowsell, J. (Eds.) (2006). *Travel Notes from The New Literacy Studies: Instances of Practice*. Multilingual Matters.

Pahl, K., & Rowsell, J. with D. Collier, S. Pool, Z. Rasool and T. Trzecak. (2020). *Living Literacies: Literacy for Social Change*. MIT Press.

Powell, K. (2010). Making sense of place: Mapping as a multisensory research method. *Qualitative Inquiry, 16*(7), 539-555.

Powell, K. (2016). Multimodal mapmaking: Working toward an entangled methodology of place. *Anthropology & Education Quarterly, 47*(4), 402-420. https://doi.org/10.1111/aeq.12168

Rautio, P. (2013). Children who carry stones in their pockets: On autotelic material practices in everyday life. *Children's Geographies, 11*(4), 394-408. https://doi.org/10.1080/14733285.2013.812278

Rautio, P. (2014). Mingling and imitating in producing spaces for knowing and being: Insights from a Finnish study of child-matter intra-action. *Childhood, 21*(4), 461-474.

Springgay, S., & Truman, S. E. (2017). A transmaterial approach to walking methodologies: Embodiment, affect, and a sonic art performance. *Body & Society, 23*(4),

27-58.

St. Pierre, E. A. (2019). Post qualitative inquiry in an ontology of immanence. *Qualitative Inquiry, 25*, 3-16.

Truman, S. E. (2021). *Feminist speculations and the practice of research-creation: Writing pedagogies and intertextual affects*. Routledge.

CHAPTER

08

Hop(scotch) 스튜디오, 숨겨진 모성, 그리고 조용하고 겸손한 관찰자

Marissa McClure Indiana University of Pennsylvania

색칠하기, 그리기, 자르기, 여섯 살 된 아들 Robert는 우리가 함께 사용하는 Hopscotch 스튜디오에 대한 생각을 이 장에 포함하라고 내게 말했다. 이른 아침 어둠 속에서 소파 위에 담요를 덮고 앉아 글을 쓰고 있는데, Robert가 나를 꼭 껴안았다. Robert는 계속해서, '아마 한 가지 더 있을 것 같아요. 거기에 있던 조금 지저분한 것이 생각나는데요. 페인트를 넣고 위에서 저어주는 기계 기억나요? 그냥 끈적이 기계라고 불러요. 이 기계가 하는 일이 종이에 페인트를 붙이는 것이기 때문에 끈적이 기계라고 부를 수 있어요.'(사진 8.1).

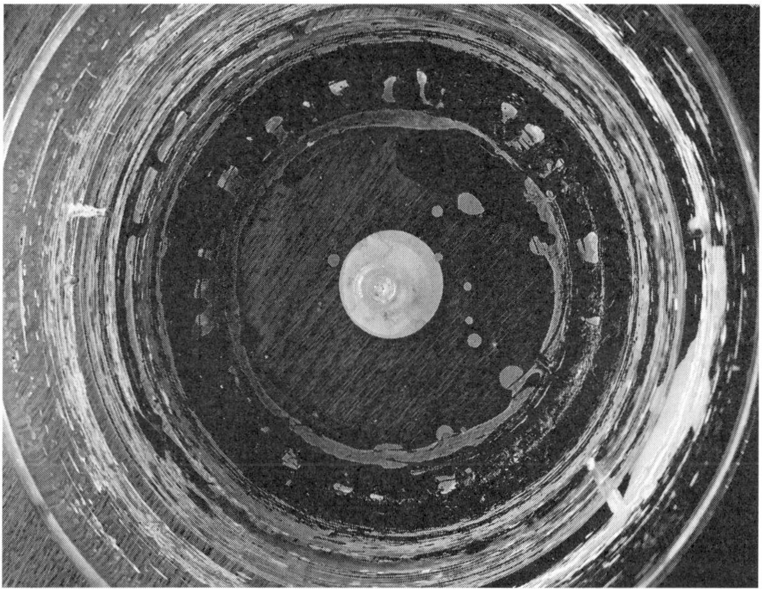

사진 8.1 끈적이 기계

나는 그 끈적이 기계에 대해 자주 생각해 보지는 않았다. 1~2주 전에 스튜디오 바닥 구석에 있는 낡은 샐러드 그릇을 보고는 치워야겠다고 생각했다. 누군가 버렸거나 잘못 놓아둔 것일지도 모른다는 생각이 들었지만 너무 피곤해서 처리할 엄두가 나지 않았다. 하나의 객체object 또는 아이들의 예술창작 놀이의 행위자인 그것이 지닌 끈적함에 대해서는 생각해 보지 않았었다. 스튜디오 공간에서 그것은 낡은 샐러드 그릇이 아니라 끈적이 기계였다. 어린 세 아이들과 함께 공유했던 공간인 Hop(scotch) 스튜디오에서 거의 매일 상당한 시간을 보냈지만, 그것의 용도가 나의 눈에는 보이지 않았다.

이 장에서는 예술가/어머니/학자로서 내가 숨겨진 모성hidden mothering에 어떻게 관여해 왔는지를 살펴보고자 한다. 아이들을 위해 예술 제작 공간을 마련하고, 재료를 선택하며, 아이들이 공유 스튜디오 공간에서 보내는 시간을 처음 관찰하며, 나는 숨겨진 모성에 대해 생각하게 되었다. 숨겨진 모성은 어린이와 아동기를 배타적이고 잘못된 중립의 방식으로 재현하면서 물질적 행위성을 지워버린다. 반대로, Osgood(2020)의 '조용하고 겸손한 관찰자'라는 개념에는 어린 자녀를 관찰하면서 숨겨진 모성에 정면으로 도전하고 또 그것을 드러내도록 하는 데 풍부한 잠재력이 있다. Osgood은 초기 과학 연구의 객관성에 반대하는 것으로 조용하고 겸손한 관찰을 제시하면서, '관행, 마법, 환상이 규제, 통제, 감시가 뒤섞여 있는 공간의 퀴어성queerness에 열려있는 것'이라고 설명했다(p. 124). Haraway를 지지하며 Osgood은 **페미니스트** 객관성*feminist* objectivity은 불완전함을 포용하는 '상황적 지식situated knowledge'(p. 118, original emphasis/원문 강조)에 의해 특징 지워진다고 설명한다.

Osgood은 Haraway의 조용하고 겸손한 관찰자 형상을 적용하여 다문화 어린이집에서 어린아이들과 함께 연구할 때 실제 지침으로 삼았다. Osgood은 '조용하고 겸손한 관찰자는 세상을 재현하는 이야기를 수집하는 순진한 방관자가 아니라, 관련자이자 개입하는 자'라고 설명한다. 그리고 '아동기 맥락은 비범한 것이 일상이며 지나치게 감정적인 것으로 가득차 있다'(p. 126)라고 덧붙인다.

이에 따라, 나는 특권을 (재)생산하는 예술가/어머니/학자라는 '욕망하는 얼굴desired face'에 나의 숨겨진 모성이 어떻게 드러내는지를 생각해 보았다. 초기에 아이들에게 주었던 재료들이 객관적이거나 행위성이 부족하다고 본 적이 있다. 나는 예술가 Lenka Clayton의 ARIM(Artist Residency in Motherhood)[1]에 참여하며, 스튜디오 공간을 다섯 살, 세 살, 한 살인 세 아이와 함께 공유하였다. 스튜디오에서 아이들과의 작업을 긴장감 있게 정기적으로 관찰하고 기록하였다. ARIM의 지향에 대해서는 아래에 소개하겠다.

Osgood의 개념은 나 스스로를 그리고 공유 공간에서 아이들이 사용하도록 선택한 재료를 새롭게 마주할 수 있는 공간을 나에게 열어주었다. 심지어 미래의 어머니로서 가졌던 기대를 통해 나의 어릴 적 경험을 새롭게 마주할 수 있게 해주었다. 결과물과 잠재력으로 가득 찬 실험을 하며 나에게 내재되어 있는 상황적 관점을 온전히 그리고 솔직하게 인정할 수 있었다. 어린아이들과 작업할 때 하는 '그림자' 관찰을 재개념화해야 한다는 Sakr(2021)의 제안은 작업에서 나 자신을 드러낼 수 있도록 나에게 영감과 용기를 주었다. Carl Jung의 그림자 자아shadow self 개념을 활용하여, Sakr는 어질러진 모습이 불편한 관찰의 순간에 등장하는 그림자 자아를 벗어나 그림자 관찰을 할 때의 약속을 이론화하였다.

숨겨진 모성

이 장에서 나는 숨겨진 모성이라는 개념을, 예술가/어머니/학자가 단지 가려진 존재일 뿐 아니라 그 가려짐에 스스로 가담하는 이중적 실천으로

---

1 역자주: ARIM(Artist Residency in Motherhood)은 예술가 Lenka Clayton이 육아 경험을 예술 창작의 기회로 전환하기 위해 제안한 개념적 레지던시 프로그램이다. 육아와 일상의 제약을 창의적 가능성으로 탐구하며, 전 세계 예술가들이 이를 기반으로 자신만의 레지던시를 운영할 수 있도록 오픈소스 자료를 제공한다.

풀어내고자 한다. 이는 자신을 드러내지 않고 배경에 머무르려는 조용하고 겸손한 관찰자의 실천과는 뚜렷한 대조를 이룬다. 이는 계급, 인종, 성별, 그리고 과학의 경계에 의해 지적 접근을 제한시켜 왔던 남성우월주의에서 바라보는 겸손함이나 객관성과는 반대되는 것이다. 겸손한 관찰자와 '숨겨진 모성' 이미지는 빅토리아-시대의 문화적 산물이다.

'숨겨진 어머니' 이미지는 필요에 따라 만들어진 것이기도 하다. 초기 카메라는 촬영을 위해 노출하는 시간이 길었기 때문에, 어린아이들이 가만히 있어야 하는 어려움이 있었다. 사진을 촬영하는 동안 어머니나 스튜디오 도우미는 아이들을 안아주어야만 했고, 그러다 보니 그들은 담요나 가구에 의해 가려지는 경우가 많았고, 가끔 손이나 팔뚝을 일부러 지우기도 하였다. 여기서 나는 관찰할 때 아이들의 움직임을 통제하는 숨겨진 모성과 조용하고 겸손한 관찰자의 잠재력 사이의 관계를 살펴보고자 한다. 내가 공유하고자 하는 사적 경험은 어린아이들과 함께 한 관찰에 관한 것으로, 그 경험에는 지극히 개인적인 의도가 있다. 엄마가 되기 전부터 오랫동안 나에게는 '숨겨진 모성'의 사진들이 낯설고 불편했다. 엄마가 되어 일상을 경험하는 지금, 그 사진들은 슬픔을 불러일으킨다. 종종 그러한 사진들에는 모성이 드러나 있지 않고, 그것이 스스로 자신을 지우는 것과 관련 있음을 깨닫게 될 때 아픔을 느낀다. 특히 세 명의 어린 자녀와 함께 지내며 팬데믹 격리의 3년 차, 즉 일상의 정서적, 물질적 삶이 제한되고 소수의 사람들과 대면 접촉이 가능한 시기에 접어들며 실감할 수 있었다.

Jennifer Combe는 자신의 작품 Nurture/Nature을 통해 생물학적 모성의 개념에 질문을 던졌던 현대 예술가로, 자신의 어린 자녀가 등장하는 숨겨진 어머니*Hidden Mother* 시리즈의 사진들을 제작했다. 이 사진들에는 많은 역할을 하고 있는 어머니의 모습은 감추어져 있고, 손은 드러나 있다. 이미지의 초점이 아이에게 있기는 하지만, 그녀의 손은 이미지를 보는 사람들을 향해서 모성의 숨은 노동을 드러내고 강조한다(사진 8.2). 그녀의 숨겨진(숨겨지지

사진 8.2 숨겨진 어머니(2016, 37″× 27″, 아카이브 안료 프린트, Jennifer Combe 작품)[2]

않은) 어머니 이미지들은 조용하고 겸손한 관찰자의 예다. 즉 모성은 숨겨진 채 있어야 한다고 기대하는 구조들에 맞서 저항하는 예를 보여준다.

그녀의 작업을 통해 숨겨진 어머니 사진 찍기를 향한 미국 대중문화의 꾸준한 관심을 짐작할 수 있다. 최근 문화비평가 Lauren Collins는 New Yorker의 기고문에 어느 Twitter 피드를 소개하였는데, 가족사진 속 어머니와 아버지를 비교하면서 어머니들이 카메라 렌즈 뒤에 있음을 시사하는 내용이었다.

2 역자주: 작가는 'Linda Fregni Nagler의 저서 **『숨겨진 어머니』**에 응답하며, 나는 딸을 안고 있지만 내 손이 보이게 포즈를 취하고 있다'고 설명한다. 그녀는 책에 19세기부터 지금까지 수집된 1,000여 점의 '숨겨진 어머니' 작품을 소개하였다. 역사적으로, 당시의 기계적인 한계로 인해 장시간 노출이 필요하여 어른들이 어린아이들을 안고 찍었고, 보통 어머니는 시야를 가려서 보이지 않게 했다. 어머니의 일하는 손의 가시성은 육아에 투입되는 모든 현대의 가사 노동을 상징한다. 실천 노동 외에도 조직하고 계획하는 일, 즉 페미니스트들이 말하는 '정신적 부담'을 의미한다.

그녀는 '가족 장면을 연출하고, 어떤 이미지를 프레임에 담을 것인지 선택하는 것에는 당연히 권력이 작동한다.'고 설명한다. 나는 작업하는 내내 종종 수용하기 어려운 이러한 연출뿐 아니라, 손과 팔과 그림자 자아들이 드러나면서 그러한 연출에 저항하는 가능성에 대해서도 관심을 가졌다.

어머니 예술인 협회

나는 세 살, 다섯 살, 한 살의 세 자녀와 함께 예술가 Lenka Clayton의 어머니 예술인 협회*Artist Residency in Motherhood(ARIM)*에 참여하였고, 이론들을 넘나들며 그 과정을 분석하였다. Clayton(2012)은 영국에서 태어나 Pittsburgh에 기반을 두고 활동하는 다학제적 예술가로, 일상적인 상황을 다루며 익숙한 것을 낯설고 새로운 영역으로 확장하는 작업을 하고 있다. 2021년 1월 1일, 나는 Clayton의 DIY 키트를 사용하여 자기-규정적이고 자기-결정적인 오픈 소스인 ARIM에 참여하기 시작했다. 나는 미국 50개 주와 73개국의 대표 지회에 속해 있는 1,200명 예술가 중 한 명이 되어, 아이들 셋과 함께 매주 정기적으로 예술-만들기 작업을 하기로 약속했다. 나의 의도는 일상의 평범함 속에서 새로운 시선을 발견하고자, 막내 아이의 출산과 코로나 19 팬데믹이 동시에 닥친 이후 중단했던 어린아이들과의 예술-기반 연구 과정에 다시-들어가는 것이었다.

Clayton은 2012년 ARIM을 만든 이유에 대해 이렇게 설명하였다. 그녀는 자녀가 생기기 전에 예술인 모임에 자주 참석했고, 새로운 환경의 낯섦에서 영감을 받아 이를 작업의 재료로 삼곤 했다는 것이다. (중략) 평소에는 너무 피곤해서 알아차리지 못했던 집에서 펼쳐지는 다듬어지지 않은 새로운 세계에 예술가 모임의 프레임워크를 어떻게 적용할 수 있을지 고민했다. 그녀는 부모가 되면서 겪는 움직임의 제한과 전반적인 변화에도 '불구하고'가 아니라, (중략) 그러한 것들을 충분히 경험하고 탐구하면서 자신의 작업 방향을 찾아갈 수 있도록 자발적인 예술가 협회를 만들기로 하였다.

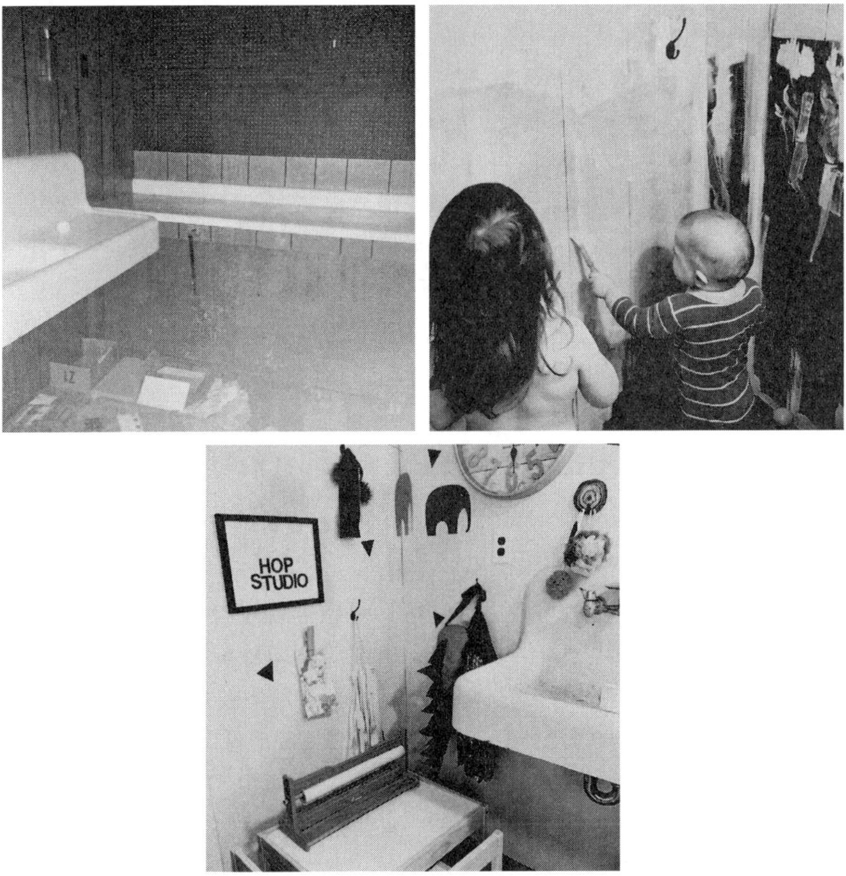

사진 8.3 ARIM 설립 이전, 설립 초창기와 Hopscotch 스튜디오 첫해의 모습

Clayton이 제공한 템플릿에 따라 선언문을 작성하고 아이들과 함께 지하실에 있는 사용하지 않는 암실을 공유 스튜디오 공간으로 개조하였다(사진 8.3). 아이들은 'Hopscotch 스튜디오'라고 이름을 지었다. Clayton이 추천하는 스튜디오 간판을 만들 비닐 글자가 충분하지 않았기 때문에, 그 대신 우리는 그곳을 'Hopscotch 스튜디오'라고 불렀다. 나는 Clayton이 제안한 질문에 대해 서면으로 답하였다. 두 번째 질문, **'당신의 창작 생활**

을 어렵게 만드는 현재의 상황에 대해 가능한 구체적으로 적어 주세요.' (원저에서 강조)에 다음과 같이 답했다.

> 시간, 수면, 사회적 · 정서적 지원의 부족, 개인 생활과 직업 생활 사이의 갈등과 양립. 당연히 키보드를 치는 지금도 아이의 작은 손가락이 키보드 위를 오간다. 나는 육아 도움 없이 예술교육 전공의 전임 교수이자 부모로 종일 아이들을 돌보고 있다. 마치 저글링 하듯 아이들과 함께 집에서 지내고 있다. 팬데믹 시기에 사회적 지원 시스템이 크게 약화되었고, 아이들은 양육지원 서비스를 거의 받지 못하고 있어 힘이 든다. 2019년 12월 셋째 아이를 낳았고, 그 시기부터 첫째와 둘째 아이는 계속 집에서 함께 있었다. 셋째는 생후 1년을 꼬박 격리와 고립 속에서 보냈고, (중략) 나는 자신감과 소속감을 회복하기 위해 애쓰고 있다.

여섯 번째 질문, **'자신을 향해 선언문을 작성하세요.'**에 대해서는 이렇게 답하였다.

> 나는 아이들과 함께 작업하기를 원한다. 나는 우리의 작업을 협력으로 보고자 한다. 매일 함께 영상도 찍고 남기면서 삶의 작업을 공유하겠다. 살아 있는 기록을 하고 힘, 연약함, 취약함, 억압과 수치심에 대한 도전에 관해 이야기하겠다. 나는 우리의 예술적 실천이 나의 부모됨에, 그리고 나의 부모됨이 우리의 예술적 실천에 더 많은 존재감과 더 많은 의미를 부여하도록 하겠다.

나는 일주일에 10시간씩 아이들과 함께 작업하면서, 오디오 녹음, 팟캐스트, 소셜 미디어에 해시태그(#artistresidencyinmotherhood, #ARIM)를 달아 아이들과의 작업을 함께 협회와 공유하기로 약속했다. 본격적으로 활동을 시작했지만 내가 설정한 야심 찬 목표가 지속 가능하지 않다는 것을 금방 깨달았다.

자신을 숨기기

미국 한 지역의 교육대학에서 정년 보장 교수가 된 해에 첫째 아이를 출산한 후, 대다수 부모들이 그러하듯 나 역시 모성은 내 삶 전반에 커다란 영향을 주었으며, 직업적 정체성을 포함한 모든 측면에서 어려움을 겪었다. 부모가 되기 전에는 교실과 박물관을 비롯한 다양한 교육 공간에서 어린 아이들과 함께 일하는 예술가/교육자/연구자였다. 이러한 공간에서 함께 작업했던 아이들에게서 영감을 받아 취약한 어린이 집단의 빈곤한 이미지를 개선하는 데 중점을 두고 연구를 진행하였고, 연구의 행위성을 아이들과 공유하였다. 우리는 초기 작업을 디지털 사진과 비디오로 발표했고, 아이들의 작품과 그들이 있는 놀이 공간 및 주변 환경에 담긴 주제를 강조하기 위해 이미지에 덧붙일 일화를 작성했다. 나는 어린이들의 예술-만들기 과정에서 느껴지는 감정을 가능한 한 복잡하게 담아내고자 했다. 나는 이 작업이 감응적이고 다중모드 작업이며 체화된 것이라 보았으나, 전통적인 질적 연구와 예술 기반 연구 접근 방식으로는 이를 충분히 전달하지 못해 좌절감을 느꼈다. 나는 아이들의 예술-만들기 과정에서 틀 안팎을 넘나들며 드러나는 흐름에 주목했다. 이 작업을 통해 어린이들의 삶에 대한 보다 풍부한 이미지를 제시하고자 했다. 그러한 작업은 주로 내 아이가 생기기 전에 이루어진 것이었다. 나는 어머니가 되어 아이에게 줄 수 있는 특별한 예술적 경험을 자주 꿈꿨었다. 특히 트라우마를 경험한 어린이들과 종종 일하며 반응적인 교육자로 역할을 해 왔기 때문에, 나는 나 자신이 좋은 어머니가 될 수 있다는 사실을 한 번도 의심해 본 적이 없었다. 내가 꿈꾼 어머니상은 아이 중심적이고, 정서적으로 가깝고, 무조건적으로 지지하며, 깔끔하고 차분한 모습이었다.

부모가 되는 길은 결코 단순하지 않았다. 그 길은 불임, 임신, 입양 실패로 점철되어 있었고 항상 슬픔에 사로잡혀 있었다. 나는 호르몬 불균형과 난소 과자극 증후군으로 입원한 이후 불안 및 우울증 진단을 받았고, 여전히 시험관 시술과 입양의 신체적 후유증을 겪고 있다. 전통적으로 성과를 이룬 연구자이자, 어린이들과 친밀한 환경에서 시간을 보낸 교육자였으며 결혼과 동시에 학령기 두 아이의 의붓어머니가 된 나는 '좋은' 어머니란 학습된 인식에 맞추어 스스로를 정의하기 위해 분투했다. 좋은 어머니의 바람직한 정체성에는 아이를 쉽게 그리고 자연스럽게 낳아 기르는 생물학적 부모도 포함되어 있었다(DeGroot & Vik, p. 44).

마지막 입양 시도 실패와 여덟 번째 시험관 시술 후, 학기가 시작되기 전날인 일요일 저녁에 42시간의 진통 끝에 첫 아이가 세상에 나왔다. 생후 6주에 아이를 학술대회에 함께 데려갔다. 발표 전에 호텔 화장실 바닥에서 아이의 기저귀를 갈았는데, 나 역시 일회용 속옷을 입고 있었다. 모유가 새어 나와 블라우스에 표시가 났다. 나는 DeGroot와 Vik의 연구에서 등장하는 여성들이 말했던 '두 개의 삶, 즉 보여지는 삶과 실제 살아가는 삶'(p. 51)을 살아가며, 바깥일을 할 때 나 자신을 숨기려고 애썼다. 두 번째 아이가 학기 중 월요일에 태어났을 때도 교수로서의 외적 역할을 계속 이어가려 애썼고, 화요일엔 다시 강의실로 복귀했다. 출산 3주 후 승진 신청 마감이었기에 육아휴직을 하는 것이 두려웠다. '좋은' 학자라는 이미지가 '좋은' 어머니라는 이미지와 합쳐졌다. 불임을 겪은 경험에서 오는 죄책감과 수치심, 그리고 '완벽한 이중 구속'이라는 덫(DeGroot & Vik, 2021)에 얽혀, 나는 두 역할을 모두 해내야 한다고 생각했다. 다른 교수 부부들처럼, 나와 남편은 가족과 떨어진 작은 대학 도시에서 살면서 보육이나 지역사회의 도움을 받지 못하고 있었다.

나는 아이들과 함께 평온하고 조용한 예술 활동을 하면서도, 밤낮 없이 출판과 연구에 몰두하고 싶었다. 어린 시기에 주어져야 한다고 생각했던 재료들, 즉 천연 재료들, 나무로 만든 장난감들, 질감 좋은 종이, 파스텔 물감 등을 통해 평온하고 조용한 예술이 가능할 것으로 생각했다. 돌봄과 가르침을 쉬지 않고 이어가는 바쁜 일정 속에서 내가 상상했던 것처럼 아이들과 독서, 글쓰기, 예술 활동을 즐길 시간은 거의 없었다. 대신, 나는 종종 압도된 기분에 빠지곤 했다. 엎지른 것을 치우고, 부서진 물건을 아깝게 여기며, 아이들은 더러운 바닥에서 갑자기 졸다가도 열정적으로 모든 것을 만들어 내기 바빴다. 그토록 그리던 경험을 갈망하고, 고립의 아픔에 시달리던 나는 그해 여름에 어린이를 위한 지역 기반의 예술 프로그램을 만들었다. 이것은 나의 개인적인 열망이 공적으로 확장된 것으로, 또 하나의 감당해야 할 책임으로 확장되었다. 세 번째 아이가 태어나고 팬데믹이 전 세계를 강타했을 때, 나는 나를 거의 잃어가고 있었다. 우리는 격리 기간을 모두 함께, 대안 현실 속에서 헤쳐 나갔다. 이전에는 상상할 수 없었던 것들이 현실적인 것이 되어갔다. 나는 어쩔 수 없이 급진적으로 변하게 되었다.

조용한 관찰자-되기

ARIM에 경험을 공유하기로 하면서, 나는 나의 욕망에 초점을 맞추며 작업을 시작하였다. 그러나 그 욕망은 결코 이룰 수 없는, 도저히 이룰 수 없는 욕망이었다. 여전히 낯선 모성 속에 갇혀 지내던 나였지만, 다양한 예술창작 재료가 그득한 정돈된 공간을 누군가에게 보여주고 싶은 마음이 컸다. 엄마가 되기 전, 그 공간은 내가 구해온 다양한 감각적 재료들로 가득 차 있었다. 불임과 상실의 경험을 겪으며 바라보기가 너무 고통스러워 몇 년 동안 소중하게 간직만 해둔 것들도 있었다. 그것들 대부분은 좋은 엄마로서 그리고 몬테소리 교사 훈련을 받고 또 레지오에 영감을 받은 초기 예술교육자로서 연구에 필요하다고 생각했던 대표적인 물품과 재료들이었다. 10개씩 묶인 나무 계단과 탑, 목재 무지개 교구, 함께 산책하며 모은 나뭇잎과 나뭇가지와 자갈돌들, 가지런히 배열된 유리 항아리들, 색깔별로 분류된 차분한 자연의 색 등이다. 그 공간에는 원색이 거의 없었고, 대중문화의 흔적은 전혀 없었으며 몇 가지 플라스틱 도구만 있었다.

아이들과 함께 Hop 스튜디오에서 작업을 시작한 초기에는, 아이들은 새로운 관계의 양상 속에서 내가 이끄는 대로 따랐다. 예술가/교육자/연구자로서 내가 지지하는 교육/연구 관행에 따라, 나는 아이들을 위해 다양한 탐색 재료를 제공했다. 어느 겨울 오후, 내가 손질해 놓은 칠판 테이블 위에 찰흙 한 덩어리가 놓여 있었다. 테이블 위에 앉아 놀고 있는 아이들을 나는 평소 하던 식으로 관찰하며 디지털 사진으로 기록하였다. 그 공간에서 나는 아이들과 좀 더 공평하게 권력을 함께 나누려고 했지만, 여러 상황에 부딪치며 그것이 어렵다는 것을 알게 되었다. 아이들은 물에 젖으면 안 되는 물건들을 찰흙 속으로 밀어 넣기도 하고, 몸과 머리카락에 찰흙을 묻히기도 했으며, 서로를 밀쳐 의자에서 바닥으로 떨어지기도 했다. 침착함을 유지하고 긍정적인 부모 전략을 사용하는 것은 쉽지 않았지만, 나는 심호흡을 하며 차분히 경계를 잡으려 했다. Hop 스튜디오에서 아이들이 서로 밀치도록 내버려 둘 수 없었다. 나는 작품을 만들 때 얼마나 쉽게 좌절할 수 있는지를, 그리고 의자에서 밀지 말라고 하는 것이 해결책이 아님을 확인하였다. 특히 막내는 쉬운 타깃이었다. 어느 순간, 큰아이가 '난 예술이 **싫어!**'라고 외쳤고, 막내가 바닥으로 넘어졌다. 나는 저녁 늦게까지 바닥에서 마른 점토 조각을 진공청소기로 청소하고 조리대에 붙은 아크릴 물감을 긁어냈다. 때로는 내가 완전히 받아들이고 싶어 했던 것들을 단지 참아내느라 고군분투했다. 마치 평생과도 같았던 5분이 지나고 나면, 예전에는 과장이라고 느꼈던 감정을, 정말 날아갈 것만 같은 충만한 기쁨을 느끼기도 했다.

예술-만들기에 아이들이 참여하는 것이 예술적으로 바람직하다고 생각한 나의 강한 신념은 Hop 스튜디오에서 함께 작업하는 모습을 드러내는 방식에도 스며들어 있었다. 아이들이 찍은 비디오에 들어있는, 지치고 헝클어진 내 모습을 보고는 흠칫 놀랐다. 비디오에 나의 존재가 보이지 않을 것으로 생각했기 때문이다. 항상 나는 카메라의 시선 안에 있었고 또 당연히 아이들의 시선 안에도 매일 내가 있었지만, 나는 내가 등장하지 않는 장면으로 공유할 기록을 편집했다. DeGroot과 Vik의 연구 'Fake Smile: Everithing is under control'에서 언급한 '얼굴'을 장착한 어머니들처럼, 초반에는 내가 상상해 왔던 고도의 비평적인 '글로벌 관객'의 이미지에 또는 나의 내부 그림자에 따른 생각에 초점을 맞추었다. 나에 대해 나의 인간 파트너들(나의 아이들)이 어떻게 생각하는지에 대해서는 주목하지 않았다(p. 46).

하지만 아이들과 함께 하는 예술-만들기는 첫해가 지나 지난달로 접어들면서, Hop 스튜디오는 완전히 흐트러졌다. 활동을 시작하고 4주째부터 나는 화내지 않았다. 나는 많은 시간을 Hop 스튜디오 바깥, 의자를 노트북 책상으로 삼아 임시로 만든 홈 오피스에 앉아 있었다. 나는 아이들과 예술-만들기를 하며 집에서 대학 강의를 했고, 나만의 작업을 계속 이어갔으며 때때로 아이들의 고함소리가 커지면 개입하기도 했다. 무언가가 손에 닿기 어려운 높은 곳에 있을 때에도 아이들은 도움을 청하지 않고 그곳으로 올라갔고, 한 살배기 아이가 문틈에 손가락을 밀어 넣으려고 해서 문도 치웠다. 스튜디오에 들어와 말라죽어버린 '방귀벌레'는 목재 기차선로 조각 아래 아주 작은 자신만의 집에서 놀랍게도 형태를 유지하고 있었다. Pennsylvania에 유입되어 번식하고 있는 갈색날개매미충brown marmorated stink bug은 위협을 받으면 악취를 풍기는 것으로 유명하다. 그래서 그 곤충을 옮길 수 없었다.

사진 8.4 Hopscotch 스튜디오에서 Stella가 꾸민 인형들

어느 날 아침, 테이블들과 의자들이 넘어져 있는 것을 발견했다. 무슨 일이 있었는지 아무도 말해주지 않았다. 카펫이 깔린 바닥에는 새빨간 오일 파스텔 자국이 남아있었다. 바비 인형은 목이 떨어지고 손에는 붉은색 네임펜이 칠해진 채 꿈의 수영장dream pool에 엎어져 있었다. 꿈의 수영장은 예전에 반려견을 씻길 때 쓰던 통이다(사진 8.4). 나는 너무 피곤해서 치우지 못했다. 여느 아침처럼, 나는 이른 시간에 앉아서 글을 쓰고 이후 다시 글을 쓸 계획을 하였다. Hop 스튜디오에서 만들어진 것을 언제 마지막으로 공개했는지 기억이 잘 나지 않았다. 그렇게 된 데에는 온전히 바쁜 일상과 온라인에 아이들의 모습을 드러내는 데 필요한 동의의 문제가

일정 부분 관련이 있다. 여전히 Hop 스튜디오에는 아이들과 함께 만든 작품들과 한동안 손대지 않은 놀잇감들이 흩어져 있었다.

어느 고요한 아침, 아이들이 일어나기 전에 Hop 스튜디오를 정리하는 일상 대신에 나는 그곳의 사진을 찍기로 마음먹었다. 아이들이 거의 1년 동안 매일 예술을 만들어왔던 그 공간과 그 안에서 일어났던 많은 상호작용을 관찰하기 위해서였다. 그리고 내가 포함되어 있는 그 복잡한 공간에서 펼쳐지는 것들을 받아들이는 한편, 주인공이 되지 않으면서도 나의 자취를 남기고자 했다.

찍은 사진들을 스캔하면서 나는 용이 그려진 가운과 직접 바느질한 공룡꼬리가 고리에 깔끔하게 걸려 있는 것을 보았다. 한때 다스베이더 마스크가 걸려 있던 고리에는 금속성 아크릴 물감으로 정성스럽게 칠한 고양이 얼굴 액자가 걸려 있었다. 테이블과 의자에는 지워지지 않는 마커로 낙서가 그려져 있고, 의자 좌석은 목욕한 개가 남긴 젖은 발자국으로 얼룩져 있었다. 끈적이 기계는 플라스틱 뚜껑과 함께 바닥에 팽개쳐져 있고, 싱크대에는 잡동사니가 가득했다. 플라스틱 칼, 계량컵, 욕실의 바닥 타일을 수리하느라 회반죽하며 사용했던 플라스틱 통, 한때 아이 이유식 만들 때 썼던 얼음 틀, 강아지 샴푸 등으로 가득 찼다. 예술가이자 Hop 스튜디오 작업에 일부 참여한 남편이 윤곽을 그려주었던, 아이들과 함께 그린 유니콘 그림이 카운터에 있었다. Stella가 울퉁불퉁하게 무지개를 그려 넣어 그 윤곽을 채웠다. 그 옆에는 반쪽짜리 금속 부활절 달걀, 이웃에게 돌려줘야 할 퍼피구조대 소방관 피규어, 주방 놀이 세트에서 가져온 나무 호박 조각, 거의 채워지지 않은 뚜껑 없는 아크릴 물감 병, 찢어진 크레용 상자와 물감과 마커로 칠해진 바닥 타일 조각이 놓여 있었다. 실제로 이 바닥 타일 조각이 몇 개 있는데 흥미로워서 나중에 아이들이 유아학교에서 돌아오면 물어보려고 메모해 두었다. 일회용 풀업 박스 안쪽에 있는 접이식 디즈니 겨울왕국 컬러링 시트가 바닥의 공간 대부분을 채우고 있

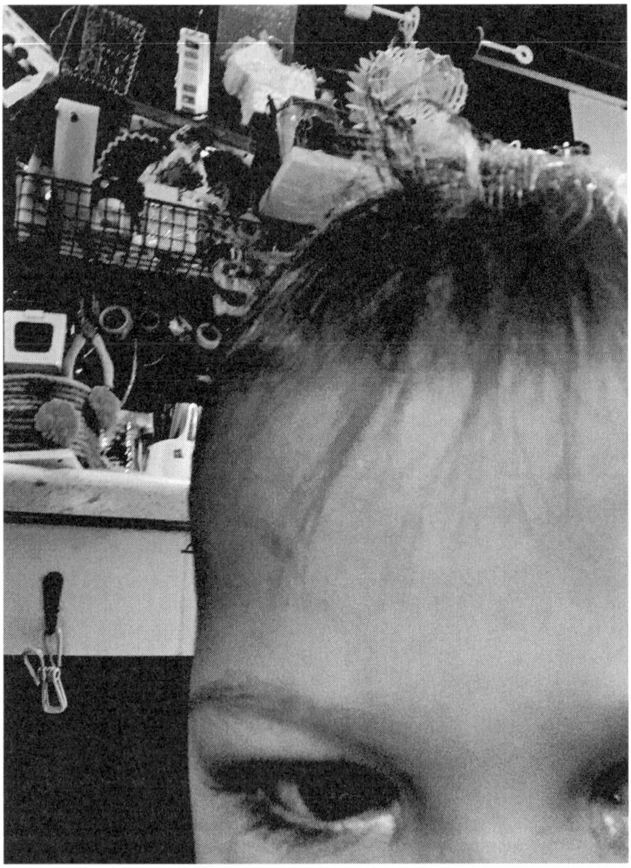

사진 8.5 Hopscotch 스튜디오에서 Luca가 찍은 셀카

었고, 주위에 턱받이와 발이 달린 잠옷을 입은 한 살배기 아이가 있었다. 어떤 상황에서 아이가 카메라 앞에서 웃고 있었는지는 잘 모르겠지만, 나를 향해 활짝 웃고 있었다. 내가 이 사진에 대해 글을 쓰려고 휴대전화를 옆으로 밀어두었는데, 아이가 카메라를 켜고 셀카를 찍었다(사진 8.5). 아이의 우연한 기록에는 Hop 스튜디오에서 한 해 동안 함께 만들었던 많은 물질이 들어 있다. 그 사진에 나의 모습이 보이지는 않지만, Jennifer Comb 사진의 손처럼 나는 그 공간 어디에나 존재했다. 좋은 엄마와 좋은 연구자라는 얼굴로 내가 신중하게 선택하고 전시한 재료들은 무질서한 그 공간이

흡수해 버렸다. 나의 보물상자에서 가져온 오래전 발견했던 실물 화석은 반쯤 찢긴 종이 그림책과 다르지 않게 여겨졌다(사진 8.6).

사진 8.6 Hopscotch 스튜디오의 현재 모습

조용한 관찰자 되기를 작업하며 나는 이미지들, 특히 찢어진 책이 포함되어 있던 사진들과 같은 이미지들이 엄마이자 연구자로서 내 정체성에 도전한다는 것을 인정한다. 어떤 엄마가 아무런 통제 없이 아이가 책을 뜯어먹도록 내버려두겠는가? 어떤 교육자가 책을 그런 식으로 대하는 것을 허용하겠는가? 어떤 엄마/교육자가 아이의 행동을 아무것도 모르고 있을 수 있을까? 이 모든 것이 어린 자녀를 둔 예술가/교육자/연구자로서 다르게 사고하고자 했던 노력에 어떤 의미를 던져주는 걸까?

어린아이들과 연구할 때 불완전함을 받아들여야 한다는 Osgood의 제안을 다시 떠올리며, 나는 느리고 조용해질 필요가 있음을 확신하게 되었다. Osgood의 질문처럼, 어떻게 하면 나는 '만약이란 질문을 던지고 인식과 표상의 한계를 넘어 작업하면서, 일어나고 있는 또 다른 무언가를 숙고하는 것'(p. 120, 원문에서 강조)이 가능해질까?

이 장에 기술한 것처럼, 나는 Hop 스튜디오의 무질서에 대한 불편함 외에 또 무엇이 있는지 질문을 던졌고, 그러한 질문은 나의 예술적 선호와 어머니라는 역할에 대한 기대, 모성에 대한 이상, 그리고 어린아이들의 예술-만들기에 대한 애착 등, 내가 중심에 두고 있었던 요소들을 돌아보게 했다. 나 자신을 중심에서 벗어나 내려놓음으로써, 그곳은 아이들과 다른 이들 그리고 비인간 행위자들을 위한 공간이 되었다. 그리고 그 공간에 앉아 불편함 속에서 글을 쓰고 관찰하는 동안, 나는 점차 숨겨진 모성에서 벗어나 조용한 관찰자로 변화해 갔다. 나는 엄마이자 교육자로서 아동기에 관한 특별한 관점을 만들어 내야 한다는 엄청난 압력을 느낀다는 것 또한 발견하였다. 만약에 아동기의 예술-만들기를 알 수 없는 것으로 그리고 동시에 친숙하고 조용한 것으로 받아들일 수 있다면 어떨까? 우리가 그것을 받아들여, '얽혀 있는 곳으로 세상을 인식하고 이해'(Osgood, 2020, p. 114)할 수 있을까? 그리고 보다 공정한 세상을 만들기 위해 윤리적으로 노력하면서 우리 스스로를 드러낼 수 있을까?

어린 아이들과 함께 하는 조용한 관찰자 되기 작업은 숨겨진 모성을 해체할 수 있는 기회가 된다. 그러한 작업은 성인들, 아이들, 환경들, 재료들 사이에서 끊임없이 발생하고 또 그 사이에서 움직이는, 알기와 되기의 흐름과 얽힘의 가능성을 드러낸다. 그리고 남성우월주의가 지향하는 겸손과 객관성에 정면으로 도전하면서, 숨겨진 그림자 자아와 돌봄 노동의 가치를 되살리는 작업이다. 그러한 공유 작업은 지식의 예상치 못한, 예측 불가능한, 바로 그 순간의 경험을 위해 공간을 열어주고 또 지켜주는 동시에, 작업에 함께 한 모든 인간과 비인간 행위자들을 향해 책임을 가져야 함을 보여준다.

References

Clayton, L. (2012). Artist residence in motherhood manifesto. ARIM. https://static1.squarespace.com/static/56e03c0b044262cdb87af698/t/57200f699f7266fe4512c551/1461718908827/arim_manifesto.pdf

DeGroot, J., & Vik, T. (2021). 'Fake smile. Everything is under control': The flawless performance of motherhood. *Western Journal of Communication, 85*(1), 42-60. https://doi.org/10.1080/10570314.2019.1678763

Osgood, J. (2020). Becoming a 'mutated modest witness' in early childhood research. In C. Schulte (Ed.), E*thics and research with young children: New perspectives* (pp. 113-128). Bloomsbury Academic.

Sakr, M. (2021, November 3). *Light play: Reconceptualizing shadow work through observations of childhood art* [Video]. Center for the Study of Childhood Art. https://www.centerforthestudyofchildhoodart.com/childhood-art-speaker-series

CHAPTER

09

포스트휴먼 아기

: 아기의 첫해를 재개념화 하기

Sara Sintonen, Alexandra Nordström University of Helsinki

서론

이 장에서는 성인들이 아기와 아기의 성장 초기를 어떻게 생각하고 관찰하는지, 그리고 아동기와 생의 첫해를 바라보는 새로운 방식을 어떻게 열어갈 수 있을지를 다룬다. Murris(2016, p. 46)는 포스트-발달적 관점에서 어린이가 미래의 시민이 아니라 현재 시민이라고 주장한다. 포스트휴먼 어린이posthuman child라는 아이디어는 중요하다. 왜냐하면, 우리가 어린이를 구분하는 방식이나 우리 자신의 아동기 경험이 교육 이론과 실천에 어떻게 영향을 미치는지에 대해 더 열린 마음과 비판적 태도를 갖게 하기 때문이다(Murris, 2016, p. 60).

우리 연구자들은 아기의 첫해에 대한 재개념화를 통해 포스트휴먼 어린이, 특히 포스트휴먼 아기posthuman babies에 초점을 맞추고자 한다. Murris (2016)의 어린이와 아동기에 대한 논의에 따르면, 포스트휴먼 어린이는 명확한 경계가 없는 사회적, 정치적, 생물학적, 문화적 개념과 물질적 힘으로 얽혀 있는 존재다. 포스트휴먼 관점의 핵심은 객체/주체, 자연/문화와 같은 이분법에 맞서는 것에 있다. 포스트휴먼 어린이는 '지금/현재 풍부한 잠재력을 가지고 있으며, 인간과 비인간의 생생한 실험적 만남과 관계에 참여하고 있다'(Kuby et al., 2018, p. 9). 몇몇 포스트휴먼 이론가들은 어린이를 포스트휴머니즘에서 간과하고 있다고 주장한다(예: Murris, 2020a). 어린이를 인간 존재로 보는 것이 아니라, 인식론적으로나 존재론적으로 열등한 그래서 되어가고 있는becoming 인간으로 위치시키는 지배적인 형상화를 지적하는 것이다(Lee, 2001). 이를 확장하여, 우리는 이러한 논의에서 어린아이들(예: 아기들)을 더욱 간과해 왔다고 주장하면서 **포스트휴먼 아기**라는 개념을 제시하고자 한다.

우리는 어린이 관찰에 대한 포스트-발달적 접근을 바탕으로, 포스트휴먼 아기라는 개념과 어린이의 형상에 관한 아이디어와 의미를 다시 생각해 보았다. 포스트휴먼 관점으로 현상을 탐구하면서, 아기의 첫해를 기록한 저널(아기저널baby journals과 메모리북memory books)을 사례로 활용하였다. 아기저널과 메모리북은 젊은 부모들에게 인기 있고 또 매우 다양하게 상품화되어 있는 것에 비해 그러한 현상에 대한 연구는 충분하지 않다. 아기저널과 메모리북은 보통 아기의 생후 12개월 또는 아이의 첫 몇 년 간의 성장을 기록하도록 되어 있다. 부모들은 다양한 주제와 이정표에 따라 빈 페이지를 채우면서, 관찰과 기록을 통해 평생의 추억을 만든다. 많은 부모들이 아기의 발달 과정과 기쁨과 성장의 순간을 기록하고 추적하기 위해 아기저널이나 메모리북을 활용한다. 이 장에서는 아기저널 쓰기의 현상을 함께-생각하고 성찰하는 도구로서 핀란드 아기책 4권을 살펴보고자 한다.

아기저널과 메모리북은 어린이 관찰에 대해 생각하고 수행하는 방식을 보여주는 문화적 텍스트의 예이자 어린이 관찰의 지배적인 발달 패러다임과 깊은 관련이 있다. 우리는 대부분의 아기저널과 메모리북을 통해 20세기의 아동기와 어린이 교육을 지배해 온 발달 담론을 볼 수 있다고 생각한다. 여전히 발달 담론은 전 세계에서 지배적이다. 우리는 아기저널과 메모리북이 특정 방식으로 어린이를 관찰하도록 부모나 성인들을 안내하거나 가르친다고 생각한다. 또 아기저널과 메모리북은 어린이 발달의 생물학적 과정을 성인으로 성숙해 가는 것으로 보면서, 관찰하고 때로는 비교하는 것을 부모의 역할이라고 여기게끔 한다. 이러한 문화에 변화가 필요하지 않을까?

이론적 출발점

우리는 이론과 함께 사유하기think with theory(Jackson & Mazzei, 2012)라는 아이디어에 기반하여 글을 썼으며, 이를 통해 아기 관찰 현상을 재고할 수 있었다. 이러한 과정은 다른 어떤 질적 접근이나 분석보다 공유되고 성찰적이며 철학적인 탐구 과정이었다. 현상을 탐구하는 과정의 일부였던 이론과 함께 사고하기(Jackson & Mazzei, 2012, pp. 118-136)에는 그 현상이 지니고 있는 가능성들(Leander & Boldt, 2013 참조)을 생각하고 느끼면서 다양한 측면을 관찰하도록 하는 수단이 포함되어 있다. 이러한 접근은 이론과 방법의 분리를 거부하면서, 이론과 함께-사고하는 쪽으로 성찰의 방향을 바꾸어준다(Gunnarsson & Bodén, 2021; Jackson & Mazzei, 2012).

아동기에 대한 사고를 지배해온 발달 담론은 어린이 교육과 실천을 다시 생각하게 한다. Barad(2007, 2015)는 사물들things은 항상 관계 속에 있기 때문에 서로 영향을 주고받는다고 설명하면서, 상호 관계성을 강조했다. 아기저널과 메모리북은 안내와 지도의 잠재력을 지닌 문화적인 텍스트 산물이므로, 그 현상의 교육적 의미를 다시 생각해 보는 것은 중요하다. Lee(2001)가 주장한 것처럼, 교육 실천에서 어린이는 종종 부족함, 불완전함, 타인에의 의존성과 관련지어 이해된다. 이러한 인식이 아동기에 뿌리박혀 있어서, 지금 여기의 어린이와 아동기를 그 자체로 소중하고 완전한 것으로 인식하기보다 한 아이의 발달과 성취를 다른 아이와 비교하는 것에 집중하는 경향이 있다.

어린이와 아동기에 대한 지배적인 관점에서는 어린이를 궁극적인 목표인 성인으로 발달하는 과정 중인 불완전한 개인으로 보고, 이에 반해 성인은 완전하고 충분히 발달된 개인들individuals로 여긴다. 이러한 대조적인 모습을 나타내기 위해 '성인은 인간 존재human beings, 어린이는 인간으로 되어가는 존재human becomings'로 용어를 사용해 왔다(Lee, 2001). 이러한 관점은 안정적이고 성숙하며 변하지 않는 인간 존재와 불안정하고 미성숙하며 끊임없이 변화하는 인간으로 되어가는 존재로, 어린이와 성인의 차이를 바라본다. 즉 어린이를 미래에 성인이 될 사람으로 여긴다. Lee(2001)는 산업화와 같은 사회적 변화가 이러한 형상에 영향을 주었다고 지적하면서, 성인 역시 여전히 자신만의 발달 가운데에 있는 불완전한 존재라고 설명하였다.

포스트휴먼 관점은 시선의 방향을 바꾸어 생각할 수 있도록 도와준다. Snaza 등(2014)에 따르면, 포스트휴머니즘은 연관되어 있는 세 가지 방식으로 교육적 사고와 실천, 그리고 연구를 변화시킨다. 첫째, 거의 모든 교육 철학과 연구가 얼마나 인간중심적인지를 다시 생각하게 한다. 둘째, 삶 속에서 우리가 항상 동물, 기계, 사물과 어떻게 연결되어 있는지에 초점을 맞추어 K-12 그리고 대학 교육을 재구성할 수 있도록 해 준다. 셋째, 앞의 두 가지를 통찰함으로써, 연구와 교육과정 설계, 교육 실천에서 새로운 그리고 포스트휴먼의 방향을 탐구할 수 있도록 해 준다(Snaza et al., 2014). 그러나 Taylor(2016)가 말한 것처럼, 포스트휴먼 연구를 수행하는 것은 분명 어렵다. 왜냐하면 '포스트휴머니즘은 교육 연구를 할 때 기존과 다른 출발점을, 그리고 인간중심적 관점에서 제시해 온 것과는 다른 새로운 방법으로 교육적 경험을 이해하라고 제안하기'(p. 5) 때문이다. 포스트휴먼 지식은 사유와 존재의 물질적 방식으로 나아가고 있으며, 포스트휴먼 연구는 지식이 무엇인지에 대한 탐구만큼 어떻게 지식이 되었는지를 탐구하는 것이기도 하다(Ulmer, 2017).

포스트휴먼 관점을 통해 우리는 누가 그리고 무엇이 (완전한) 인간으로 간주되는지 또는 되기becoming가 아닌 고정적인 인간 존재로 여겨지는지(Lee, 2001; Murris, 2016; Osgood & Robinson, 2019)에 대해 생각하게 되었다. 동시에 시야를 확장하여 인간-너머의 존재more-than-human에 대해 생각해 보고 어린이와 아동기에 대해 초점을 맞출 수 있었다. Braidotti(2018)에 따르면, 휴머니즘에서 간과한 사람들은 '공식적인 지도에는 포함될 수 없는 지식을 가진 실제-삶의 주체들이다'(Braidotti, 2018, p. 21). 아기들처럼 휴머니즘에서 간과한 이들이 지닌 지식과 이해는 주변화되고 종종 흡수되고 만다. 거기에 더하여, Murris(2020a)는 통상적으로 특정 연령대의 성인과 그들의 지식 형태를 전제하며 인간을 언급하는데, 이때에도 어린이들은 포스트휴머니즘에서 사라진 사람들이 된다고 주장한다.

우리는 성인-어린이-관찰을 성인-어린이-연결로 재개념화함으로써 아동기 관찰에 대한 포스트-발달적 접근을 생각할 수 있었다. 관찰이라는 개념을 연결이라는 개념으로 대체함으로써 '상호작용interaction'과는 존재론적으로 다른 Barad의 용어 '내부작용intra-action'(예: Murris 2018, pp. 40-41 참조)에 대해 생각할 수 있었다. Barad(2003)는 인과성이란 전통적인 개념을 재해석하는 한편, 내부작용이 어떻게 현상 내에 국한되는 결단, 즉 행위적 절단을 현행화하는지 설명하였다. 관찰은 상호작용의 한 형태로 볼 수 있다. 이러한 '존재의 앎knowing in being'은 세상과 함께 상호작용하고 살아가는 방법에 따라 변화한다(Garber, 2019). 내부작용이라는 개념은 물질성을 디자인 어포던스에서 얽힌 신체, 사물, 장소의 물리성, 유동성과 혼잡성에 의해 만들어지는 순환적 상호작용으로 재구성된다는 점에서 물질주의 관점에서도 흥미롭다(Wohlwend et al., 2017, p. 447). Barad(2015)는 '물질matter의 행위는 난잡하고 창의적이다. 심지어 상상적이기도 하다'(p. 287)고 말한다.

Murris(2018, pp. 40-41)는 "자연"과 "문화"가 결코 "순수"하지 않으며 늘 관계 속에 있는 것으로 본다는 점에서 Barad의 내부작용은 "상호작용"과 다르다고 설명하였다. 늘 관계 속에 있다는 것은 Haraway(2016, p. 58)의 공산[1] 시스템sympoietic system을 의미하며, Barad는 "얽힘entanglement"으로 표현

1 역자주: 공산sympoiesis은 '함께-만들기'라는 뜻으로 Haraway가 반려종의 공동-구성적 관계를 나타내기 위해 만든 새로운 용어다. Haraway는 반려종들의 상호구성적이고 상호의존적인 방식의 함께-만들기, 공진화를 강조하는데, 이는 어떤 것도 자기 자신을 스스로 만들지는 못하며, 어떤 것도 자율생산적이거나 자기-조직적이지 않다는 의미를 내포한다. 공-산은 복잡하고, 역동적이고, 재발려 얽혀있고, 트러블에 처한 역사적 시스템들에 적절하게 함께-세계하기worlding-with에 쓰인다. 이는 인간 주체들 간에 이루어지는 상호작용을 넘어서, 모든 존재들과 얽힌 상호관계에서의 작용으로 볼 수 있는 개념 즉 '내부-작용' 개념으로의 전환을 요구한다.

* 출처: Murris, K. (2024). 학문을 횡단하는 연구자를 위한 글로서리: 후기질적 연구, 신물질론, 비판적 포스트휴머니즘의 얽힘. (이진희 외 역). 파주: 양서원. (원본 출판 2022년)

한다. Murris는 우리가 현실에서 아이에게 도달할 수 없다는 점, 즉 아이는 현재 존재하지 않으며 오직 재현될 수 있을 뿐이라는 사실을 지적하며 논의를 이어간다. 과거, 현재, 미래(이정표)는 항상 내부작용적으로 서로 엮여 있다(Barad, 2007). 아기 관찰에 내부작용은 어떻게 영향을 미칠까?

공산은 비슷하게 특정 상황에 위치하고 역동적이며 반응적이고 내부작용적이다(Haraway, 2016, p. 58). Haraway(2016, p. 58)의 공산은 '함께-만들기making-with'를 의미하는 것이며, '함께-준비하기preparing-with'(아이를 성인으로 성장시키는 것)와 전적으로 다르다고 우리는 이해하였다. 공산은 연대기적 시간의 연결을 필요로 하지 않는다. 공산은 경험을 통해 함께-만들어가는 것이며, 항상 되기의 과정에 있다(Murris & Haynes, 2020, p. 24). 관찰자의 관점에서 보면, 공산은 관찰 개념에 도전적이다. 왜냐하면, '경계가 없는 "복잡한 비정형 실체"인 공산 시스템은 "시스템들 내에서 진화"하고 "통제가 분산"되어 있는 "예측 불가능"하기 때문이다'(Murris & Haynes, 2020, p. 28).

포스트휴머니즘은 인간의 탈중심화를 시도하고 모든 생명 체계의 공동선을 추구하며, 삶life을 역동적인 힘dynamic force으로 볼 수 있도록 도와준다. 그러한 힘은 연결과 생성의 중요한 흐름들을 펼치고, 기쁨의 윤리가 '그 흐름 안으로 들어갈 수 있도록'(Braidotti, 2018 참조) 해 준다. Barad(2007)에 따르면, 행위성은 사물들things과 몸들bodies들이 함께 있을 때 출현하고, 인간과 비인간 실체들은 서로를 통해서만 행위자agents가 된다. Oulanne(2018)은 '자전거를 타는 사람은 자전거와 자전거를 탈 수 있는 땅 없이는 존재할 수 없다'다고 설명한다. 이는 우리의 해석적 상상 속에서 자전거 타기라는 사건을 허구적으로 불러오는 데 추가하는 특징들이다. 마찬가지로, 독자는 텍스트와 책의 비인간적 행위성, 독서라는 사건에 기여하는 다른 환경적 요인들, 또는 그 문화적 · 언어적 맥락의 영향 없이는 존재할 수 없다(p. 25). 이는 현재와의 실용적 관계를 의미하며, 집단적으로 기쁨의 사회적 지평을 구성하고 창출할 가능성을 가진다(Braidotti, 2018). 흔히들 '기쁨 덩어리bundle of joy'라고 부르는 신생아가 가진 생명력을 행위와 행위성을 북돋아 주는 힘으로 바라볼 수 있을 것이다. 어떻게 하면 관찰자로서 부모를 지원하고 아이-성인 간의 연결을 강조할 수 있을까?

아기책이 관찰을 이끄는 방식

여기에서는 핀란드에서 인기 있는 네 권의 아기 메모리북이 (포스트)휴먼 아기들을 어떻게 묘사하고 있는지에 초점을 맞추었다. 우리는 그것이 인기 있는지, 전통적인 것인지, 최근 출판된 것인지를 고려하여 메모리북을 선정하였다. 선정된 네 권은 모두 인쇄된 책자이며 여러 서점과 온라인에서 쉽게 구할 수 있다.

A) *Kulta-aika lapsuuden* 『아동의 황금기』는 핀란드에서 가장 전통적인 아기 메모리북 중 하나로, 1949년에 초판이 출간되었다. (Wsoy, Arvo Lehtovaara and Maija Karma, https://www.wsoy.fi/kirja/maija-karma/kulta-aika-lapsuuden/9789510081020)

B) *Vauvakirja-Muistoja vauvavuosista koulun aloitukseen* 『아기책-신생아부터 학령기까지의 추억』은 2008년에 초판이 출간되었다. (Otava, Mauri Kunnas https://otava.fi/kirjat/vauvakirja/)

C) *Pienen oma kirja-Muistoja ensi vuosistani* 『나만의 작은 책-첫해의 추억』은 2018년에 초판이 출간되었다. (Kirjapaja, Outi Virtanen https://lkkp.kauppakv.fi/sivu/tuote/?id=2277537)

D) *Alku-Vauvakirja* 『시작-아기책』은 2019년에 초판이 출간되었다. (Kosmos, Jussi Pekka and Kiira Keski-Hakuni https://www.kosmoskirjat.fi/kirjat/alku-vauvakirja-kovakantinen-kirja/)

우리는 현상의 특징을 묘사하는 데 목표를 두었다. 네 권의 메모리북을 비교하는 것이 아니라 각각의 책을 통해 포스트휴먼 아기와 관련된 문제를 더 잘 이해하고자 하였다. 먼저, 각 책의 표지와 삽화, 콘텐츠의 전체적인 이미지를 검토하였다. 다음으로 '첫 번째'(성취)와 관련 있는 페이지를 살펴보고, 마지막으로는 아기에 대한 포스트 발달적 형상화와 관련하여 흥미로운 지점들을 찾기 위해 전체 텍스트를 검토하였다.

가장 전통적인 아기책(A)의 시각 콘텐츠는 동화책과 자료에서 볼 수 있는 핸드프린트 삽화로 구성되어 있다. 이 책의 삽화가인 Maija Karma는 수많은 동화책을 그렸고 핀란드 사람들에게 친숙한 작가다. Karma는 1950년대와 1960년대에 주로 활동하였는데, 작품의 인기가 부분적으로는 친숙함과 향수에서 비롯된 것일 수 있다.

자연, 꽃, 동물, 숲 등을 그린 삽화가 풍부하게 들어있다. 삽화에는 어린이 캐릭터뿐만 아니라 장난감과 게임도 등장한다. 또한 텍스트 콘텐츠를 보조하는 종교적인 분위기(성체 그릇, 촛불, 천사 등)의 삽화도 포함되어 있다. 삽화 전반에는 규범적인 분위기가 있으며, 1940년대와 1950년대의 핀란드 문화를 반영하고 있다. 어린이는 미소 지으며 만족하는 듯한, 친절해 보이는 캐릭터로 묘사되어 있다. 전반적으로, 이 책의 삽화는 핀란드 주류 문화에서 이상적으로 보는 매우 전통적인 아동기와 가족의 생활을 보여준다.

Mauri Kunnas 역시 잘 알려진 핀란드 동화작가이며 그의 작품은 세계 여러 언어로 번역되었다. 두 번째 책(B)의 삽화는 Kunnas의 동화책에 등장하는 친숙한 주인공들을 자신의 스타일로 그린 것이다. 디테일이 많은 이미지가 삽화에 사용되었으며, 작품의 색채는 신선하고 소박한 느낌을 준다. 캐릭터들은 다양한 감정을 전해주며, 다소 생생하고 과격한 행동이 묘사되어 있다. 앞의 작품과 비교했을 때, 이 책은 더 유쾌하고 비규범적이라는 점에서 어린이와 아동기 그리고 놀이에 대한 현대적 해석을 보여준다.

세 번째 책(C)은 무채색(흑백을 위주로 일부는 파스텔색을 이용하여 강조를 나타냄)을 많이 사용하여 그린 '귀여운' 토끼 캐릭터가 삽화에서 중요한 역할을 한다. 이 책의 삽화에는 전반적으로 자연적인 요소들(나뭇잎, 나무, 파도 등)이 포함되어 있고, 일부 추상적인 장식들도 들어 있다. 부드러운 색감과 함께 그림도 부드럽게 둥글려 그려졌다. 삽화는 일상의 소소한 기쁨과 타인에 대한 따뜻한 배려를 느끼게 해 준다. 시작 부분의 삽화와 색감은 꿈의 세상을 표현하는데, 아동기를 꿈같은 시절인 것처럼 낭만적으로 구성한 것이다.

네 번째 아기책(D)은 이전 세 권에 비해 놀라울 정도로 간소하다. 삽화는 전혀 없고 제목과 약간의 텍스트가 있는 파스텔 색상의 빈 페이지만 있다. 표지에는 사진 액자처럼 검은색 선으로 테두리가 쳐져 있다. 디자인은 기술적이고 잘 정리된 공책의 느낌을 주는데, 마치 잘 정돈되고 깔끔한 집의 인테리어 디자인처럼 보인다. 네 가지 중 이 책은 첫해를 기록하는 기술적 차원을 강조한다.

시각적 요소, 색상, 일러스트가 그 책의 시대를 대표한다는 점이 흥미롭다. 이 네 권의 아기저널이 이러한 측면에서는 문화적 변화를 나타내지만, 콘텐츠는 놀라울 정도로 유사하다. 책들은 성인 관찰자가 아기의 첫 달과 성장을 상세하게 기록하게끔 한다는 점에서 비슷하다. 월령에 따라 머리카락과 치아의 성장뿐 아니라 손자국과 발자국을 담도록 되어 있다. 각각의 책은 아기의 웃음, 치아, 단어, 걸음마, 노래, 방문, 여행 등과 관련하여 수많은 '첫 경험'과 성취를 기록하도록 편집되어 있다.

아기를 관찰하는 (그리고 아기저널을 쓰는) 문화는 여전히 아동기에 대한 확고한 관점을 근거로 하면서, 무슨 일이 어떤 순서로 일어나는지가 중요한 지배적인 발달 패러다임과 깊이 관련되어 있다. 보다 광범위한 문화적, 미학적 변화에 따라 표현은 달라졌지만, 콘텐츠에는 변함이 없었다.

자세히 살펴보면, 아기저널은 부모로 하여금 연령 모델에 맞추어 아이를 형상화하게끔 한다. 연령 모델은 '처음'을 강조하면서, 아이의 선형적 발달이 어떻게 '진행되어야만' 하는지를 종종 자세히 설명한다. 이 모델은 모든 아이가 같은 방식으로 같은 속도로 발달한다는 점을 제시하고 또 강력하게 드러낸다. 부모로 하여금 연대기적으로 사고하고 아이를 관찰하도록 하는 아기저널도 이러한 모델에 해당된다. 많은 저널들은 시간순으로 미리 정해놓은 것들에 맞추어 신생아와 생의 초기를 보여준다. 이러한 관념에 도전하고 다시 생각해 보는 것이 우리의 목표이며, 관련하여 이론적 사항을 아래에서 고찰하고자 한다.

아기저널 쓰기의 전통

우리는 어린이에 대한 문화적, 사회적 규범과 아동기에 대한 개념이 편협하고 환원적이라고 생각한다. 신생아를 가족에게 많은 기쁨을 가져다주는 존재로 보면서, 이러한 아기를 '기쁨 덩어리'라고 부르는 문화적인 기대와 규범이 그 예다. 당연히, 이는 가족들과 아기들을 단순화하고 일반화하며 처방적인 시각으로 바라보는 것이며, 가족, 부모, 아기의 다양성을 고려하지 않는 것이다(예: Segers & Cavaliere, 2021). 우리는 모든 가족이 신생아를 맞이하며 기쁨을 경험하지는 않는다는 것을 알지만, 기쁨과 아기 사이의 문화적 연관성, 즉 사회적 규범과 실제 경험 사이에 긴장이 있음도 인식하게 되었다.

무엇이 기쁨을 만들어내고, 또 그것을 어떻게 관찰할 수 있을까? 우리가 살펴본 네 가지 아기책의 맥락에서 기쁨은 발달과 시간에 따른 성장에 대한 이해 그리고 아이의 일일, 주간 그리고/또는 월간 성취(예: 기술skill-기반 발달)와 관련이 있다. 미리 작성되어 있는 프롬프트는 부모가 특정 주제와 일어난 일들, 이정표 및 성취를 관찰하도록 안내한다. 우리는 아기저널이 특정 방식으로 아기를 관찰하도록 부모를 '안내하고 가르치는' 교육적 성격을 가지고 있다고 생각한다. 부모들(다른 성인들)은 발달 이정표에 체크하는 방법을 배우게 된다. 결론적으로, 아기저널과 메모리북은 아동기와 어린이 그리고 생의 초기에 대한 성인의 인식과 관점에 심각한 영향을 줄 가능성이 있다.

아기저널과 메모리북은 사회적 관계와 밀접히 연관된 문화적 이미지라고 볼 수 있다. 텍스트, 일러스트레이션, 색상 및 레이아웃 외에도 아기저널과 메모리북은 관찰을 따라하게 하고 안내할 가능성과 함께 특유의 '수사학적 목소리'를 가지고 있다. 아기책은 아기의 첫 12개월 그리고/또는 몇 년 동안 모은 다중모드 집합체multimodal ensembles라고 할 수 있다. 부모는 글, 사진, 머리카락, 작은 손, 발 도장 찍기의 형태로 추억을 모을 수 있다. 또 많은 부모들은 산부인과의 분만 팔찌와 처음 받은 문서들을 추억으로 간직하고 싶어 한다. 부모/보호자의 정성이 담긴 아기책은 기쁨의 추억이 담긴 소중한 다중모드 콜라주인 것이다.

다중모드 콜라주를 하며 부모가 아이를 시간순으로 개념화하도록 부추겨 아이의 형상을 만들도록 이끄는 아기저널과 메모리북의 방식을 살펴보는 일은 중요하다. 아기저널과 메모리북은 부모에게 의미 있고, 진실하며, 가치 있는 것이 무엇인지 안내하고 가르쳐 주는데, 그것은 아기를 충분히 고려하지 않는 성인의 관점에 따른 것이다.

'모든 처음의 순간을 기억하자'라는 아이디어로 상품화된 아기저널과 메모리북은 어쩌면 '아무것도 놓쳐서는 안 되는 문화'를 보여주는 것일 수도 있다. '아무것도 놓치지 말자'는 일종의 기도문이나 심리학적 확증이 되어, 부모가 아이를 관찰할 때 지침으로 작동한다. 예를 들어, 세 번째 메모리북(C)은 아기의 미소, 목욕, 손 흔들기, 외출, 웃음, 단어, 기기, 앉기, 걸음마 등 다양하고 수많은 '처음'을 전체 페이지에 부모가 채워 넣도록 되어 있다. 관찰자 부모는 어떤 것도 놓치면 안 된다. 관찰자는 모든 첫 순간에 집중해야 하고 그 순간을 기다려야 한다.

관찰의 압박

초보 부모는 생애 첫해가 어린이 발달의 기초를 형성한다는 사실을 잘 알고 있으며, 첫해를 아이의 성장과 발달에 있어 중요한 시기라고 생각한다. 이 시기 부모는 스트레스를 느낄 수 있으며, 아기의 생애 첫해에 부모들이 과도하게 부담감을 느낀다는 연구 보고도 있다(예: Lee et al., 2014; Nystrom & Ohrling, 2004). 특히 어머니는 아기가 자신에게 전적으로 의존하기 때문에 사회적 고립을 경험할 수 있다. 처음 부모가 되는 것은 다양한 지원을 받더라도 매우 힘든 일이라는 것이 여러 연구를 통해 잘 알려져 있다(Leahy-Warren et al., 2012).

특히 서구 사회에서 모성motherhood은 보편적인 충만한 경험인 것처럼 신화화되어 있지만, 많은 초보 엄마(그리고 아빠)는 강렬한 양가감정을 느낀다(예: Leahy-Warren et al., 2012; Kruger, 2003). 초보 부모는 혼란스러운 감정과 새로운 책임감의 롤러코스터를 타는 듯한 복잡한 경험을 한다(예: Lee et al., 2014). 그러한 복잡한 경험 속에 있는 부모에게 아기 관찰의 다양한 정보와 모델에 대해 비판적인 태도를 가지라고 요구할 수는 없다. 부모는 아기저널과 메모리북이 '좋은 부모'와 연결되어 있고, 관찰과 기록을 통해 자녀의 성취를 다른 성인들과 공유할 수 있다는 생각에 그것들을 계속 사용할 수도 있다(Kumar & Schoenebeck, 2015 참조). 이러한 현상은 많은 초보 부모들이 온라인에서 사진과 기타 문서를 공유하는 디지털 문화에서도 찾아볼 수 있다. 한 연구에 따르면, 많은 엄마들이 아기 사진을 온라인에 공유하는 이유는 '좋은 엄마' 임을 확인하고 인정받는 데 도움이 되기 때문이라는 것이다(Kumar & Schoenebeck, 2015). 그러나 초보 부모들이 어떤 종류의 아기 사진을 공유하고, 가장 중요한 동기가 무엇인지에 관해서는 알려진 바가 거의 없다.

아기저널과 메모리북은 성인 관찰자로 부모를 개념화하고, 종종 아이의 생물학적 발달 과정을 성인 성숙과 비교하도록 유도하기 때문에 부모에게 추가적인 스트레스를 유발할 수 있다. 지침이나 발달 시간표에 따라 아기가 성장하지 않으면 어쩌지? 모든 중요한 이정표와 첫 순간을 놓치면 어쩌지? 아기의 성장은 누구의 책임일까?

일부 아기저널과 메모리북이 물리적이고 물질적인 것, 취향과 인테리어에 어울리는 아름다운 물건으로 광고되는 점도 흥미롭다. '아기 메모리북이 옷장 선반이나 침대 옆 탁자, 아기방에 어울리길 원하시죠? 당신의 취향과 집 인테리어에 어울리는 것을 찾아보세요.'[2] 이러한 문구는 아기저널과 메모리북 구매의 외적인 목적과 동기만 강조하고 본래의 목적은 무시하는 것이다. 시장의 관점에서 보면, 가정은 시장에서 우리의 행동과 경험을 형성하는 중요한 조직력으로 작용하며, 시장은 이를 따르고 부모의 선택에 영향을 미친다. 이러한 부모의 선택은 부모됨parenthood의 과정에 대한 문화적 이상과 규범적 신념을 반영한다. Epp(2018, pp. 66-67)이 지적한 바와 같이, 시장은 모든 생애 단계에서 가족과 상호작용하며 친밀한 가족 관계를 촉진하기도 하지만, 때로는 파괴적이면서도 생산적인 관계의 장이 될 수 있다. 그리고 이러한 긴장이 가족이 친밀감, 사랑, 자기희생의 논리에 지배받는 친밀한 영역에 존재하는 반면, 시장은 화폐 교환, 이윤 동기, 경쟁의 논리가 지배하는 경제적 영역에 존재한다는 이해에서 비롯된다고 설명하고 있다(Epp, 2018, p. 67). Epp(2018, p. 66)은 또한 이러한 현상의 한 측면으로 경쟁적인 육아 분위기에 대해 언급하기도 하였다.

부모의 스트레스는 통제하려는 욕구와도 연결되어 있으며, 관찰에 대한

2 https://www.whattoexpect.com/baby—products/best-baby-memory—books/

추가적인 압박을 초래할 수 있다. 앞서 언급했듯이, 아기저널과 메모리북은 '모든 첫 순간을 기억하라'는 아이디어로 마케팅되며 '아무것도 놓쳐서는 안 되는 문화'를 대표한다. 이러한 점은 통제하고 질서를 유지하려는 필요성과도 공유하며, 이는 Somerville과 Powell(2019)이 영유아교육기관에서 인식한 것이다. 그들은 창발적인 세계와 겉보기에는 고정된 학습 공간과 영역이 창발적 놀이에 의해 끊임없이 영토화되고 탈-영토화되는 방식을 이해해야 한다고 주장하였다. 만약 부모가 모든 첫 순간에 주목하고 기억하는 데만 집중하고, 아기를 관찰할 때 '아무것도 놓치지 말아야 한다'는 생각에 열중한다면, 그들은 편협한 시각으로 특정한 것에만 지나치게 집중할 수 있다. 이러한 구분은 고정관념과 위계질서를 유지하게 한다. 부모에게 스트레스를 주는 대신에, 아기의 첫 달에 대한 관찰은 연결의 흐름을 감지하고, 이를 인식하며, 그 일부가 되어감을 환영하는 데 초점을 맞출 수 있다.

아동기와 포스트휴먼 아기의 재-형상화

아동기에 대한 서구의 아이디어와 모델은 편협하며, 아기와 어린이에 대한 많은 가정과 지식을 담고 있다. Bohlamn과 Hickey-Moody(2018, p.1)가 기술하였듯이, 아동기에 대한 서구의 사고는 어린이를 성인에 비해 발달적으로 결핍된 존재로 보는 관점이 지배적이다. 그러한 관점은 어린이를 성인과 대비시켜 이분화하는 논리에 근거한다. Bohlamn과 Hickey-Moody는 아동기를 '성인이 될 어린이를 준비시키는 단계별 성숙 과정'(p. 1)으로 묘사하였는데, 이러한 발달의 프레임이 아기저널와 메모리북 쓰기의 주류적 관행을 만든 것이다.

아동기와 성인기에 대한 일반적인 아이디어, 관념, 표상은 시간과 장소에 따라 급진적으로 변화하며, 그것은 어린이, 아동기, 성장에 대한 우리의 문화적 이해와도 연결되어 있다. 아기의 첫해 저널쓰기를 다시 생각하기 위해서는 아동기를 재구성하고 포스트휴먼 아기에 대해/와 함께about/with 새롭게 사고하는 것이 필요하다. Annalisa Caputo(2020, p. 107)는 '아동기는 그 자체로 존재하지 않는다.'고 언급하면서, 아동기가 필연적으로 '우리와 관련'되어 있고 '아동기나 또 다른 무언가와의 관계없이는 성인 또한 그 자체로 존재하지 않는다.'고 덧붙였다. 특히 관계 속에서 아동기를 생각하는 포스트휴먼 관점에서 본다면, 성인이 주도하는 아기 관찰에서는 내부작용을 찾기 어렵다.

포스트휴먼 사고는 이분법을 깨고 우리가 함께-세계하기to world-with를 요구한다(Haraway, 2016). Barad의 내부작용은 현상 내에서의 결정을, 즉 관찰자가 생생한 실험적 마주침과 관계들을 평가하는 행위적 절단agential cut을 불러온다. Murris(2016)의 포스트휴먼 어린이에 대한 정의는 포스트휴먼 아기를 정의하는 데 출발점을 제공한다. 그는 어린이를 생생한 실험적 만남과 관계에 참여하는 잠재력을 가진 존재로 본다. 아기와 어린이는 살과 피로 되어 있지만, 아동기는 생물학적 과정이 아니라 개념적 과정이다. 개념으로서 아동기를 바라보려면, 발달에 대한 합리적 평가와 측정 모델을 포기해야 한다. Murris(2016)에 따르면, 포스트휴먼 어린이는 '신체정신물질bodymindmatter이자 동시에 언어적, 사회적, 정치적, 자연적, 물질적, 문화적'이며(p. 128), '타자와 함께/안에서 그리고 세계와 함께/안에서 되어가는 중'(2020b, p. 173)에 있다. 그는 포스트휴먼 어린이가 물질적이고 담론적인 내부작용을 통해 어떻게 출현하는지를 강조한다. 그리고 어린이-성인을 얽힘entanglement로 이해하는 것이 어린이를 고정된 존재로 보는 것에서 벗어나는데 도움이 된다고 보았다(Murris, 2020b). 포스트휴먼으로서의 어린이 형상은 규범적이고 틀에 박힌 '성인으로-되어가는 어린이'라는 지향에 도전하는 것이다. 이러한 형상은 어린이를 생생한 실험적 만남과 관계에 참여하는 풍부한 잠재력을 지닌 존재로서 어린이를 바라볼 수 있도록, 훨씬 더 유동적이고 역동적이며 바로 그 순간에 많은 여지를 남긴다.

공산은 학습을 인간과 비인간 몸들 사이의 관계적이고 물질-담론적인 세계하기worlding의 과정으로 재형상화한다는 점에 주목할 필요가 있다. 아기, 특히 말을 하지 못하는 아기의 체화된 사고를 보다 가까이에서 지각하는 것은 중요하다. 즉 단순한 이상 징후가 아니라 내부작용하기 위한 노력으로서 아기의 몸 움직임, 시선, 소리, 체온, 그 외 행동들에 초점을 맞추는 것은 중요하다. 우리가 예측불가능한 것에 열려있고 받아들일 준비가 되어 있다면 흥미롭게도 아기는 예측할 수 없는 동반자가 된다. 공산은 우리가 어떤 기대나 비교, 평가 없이 현재의 순간에 집중하고 존재하기를 요구한다. 성인-어린이의 연결은 생생하고 역동적이며 수용적이고, 그러한 내부작용에서 아기는 항상 공산하고 있다.

시사점

(성인-어린이 관찰 대신에) 성인-어린이 연결과 (그 순간의 의미를 알아차리는) 되기의 과정을 강조하는 것은 어린이 관찰에서 기본이 된다. 다만, 완전한 인간 존재보다 인식론적, 존재론적으로 열등한 존재로 어린이를 위치시키는 지배적인 형상을 넘어설 준비가 되어 있을 때 가능하다.

모든 형태의 텍스트, 물질, 경험을 통해서 의미를 만들고 행동에 영향을 미치는 부모와 사회, 시장의 방식이나 수단을 비판적으로 고려하는 것은 중요하다. 여기에는 기본적인 교육적인 함의가 있다. 우리는 아기와 어린이에 대해 더 깊이 인식해야 하며, 타자와의 연결을 통해 그리고 관찰과 기록을 하면서 되기의 과정이 비재현적이고 즐거운 것임을 이해해야 한다.

우리는 부모와 다른 성인의 관찰을 예측할 수 없는 방식, 즉 역동적이고 미리 정해지지 않은 관념의 여지가 있는 방식으로 끊임없이 만들어지는 것이라고 생각해야 한다(예: Coole & Frost, 2010). 아동기 관찰을 주체와 객체의 관계로 생각하는 대신, 그들의 얽힘에 초점을 맞추는데 우리의 목표가 있다. Barad(2007)가 말했듯이, 사물들은 서로 영향을 미치며 존재한다. 예를 들어, 아기저널과 아기책을 단순히 자원이나 어포던스로만 생각한다면, 부모-자녀 연결에서 이루어지는 끊임없는 내부작용을 이해하기 위해 필요한 다차원적 초점을 충분히 갖기 어렵다.

풍부한 물질적 자원이 상상을 불러일으킬 수 있다는 점 또한 인식할 필요가 있다(Alesina & Lupton, 2010). 기성화 된 아기저널과 메모리북은 사회적 관계 및 어린이에 대한 형상과 밀접하게 연결되어 있는 문화적 산물이다. 여기에는 어린이, 아동기 및 아동기 관찰에 대한 대중적인 개념이 반영되어 있다. 또 한편, 아기저널과 메모리북은 특정 주제, 이정표와 성취에 주의를 기울여 관찰하도록 부모와 다른 성인을 이끄는 교육적 도구이기도 하다.

많은 사람들은 젖먹이 아기를 인간의 시작이자 아무것도 공유할 수 없는 존재로 여긴다. 어원적으로 영아infant는 '말을 할 수 없음'을 의미하는데, 이 말에는 어린이를 형상화할 때 언어의 역할이 내포되어 있음을 보여준다. 문화적으로 개방적인 포스트휴먼 관점에서 타자를 이해하고 관계 맺는 것은 언어적인 문제가 아니다. 따라서 포스트휴먼 아기를 이해한다는 것은 광범위하게 존재(Weston, 2004 참조)를 존중하는 것이며 비언어적 의미와 의미-만들기를 존중하는 것이다. 아기의 다중모드적 의사소통과 상호작용을 존중함으로써, 창발하는 연결의 새로운 가능성을 불러올 수 있다.

아기 관찰에서 아이와의 연결로 우리의 생각을 바꾸면, 아기들 스스로 더 많은 것을 배울 수 있게 된다. Berger와 Argent(2020, p. 200)는 Ingold의 관점에서, 세계의 살아있는 선들과 연결되지 않는, 무의미한 순간들을 관찰하는 것은 의미가 없다고 말한다. 이들은 Tim Ingold를 인용해서, 관찰을 '우리의 삶의 선을 물질의 선들과 더 긴밀하게 조응하는 것'이라고 표현하였다(p. 201). Berger와 Argent(2020, p. 201)에 따르면, 특별한 만남을 목격하는 것은 '그들의 지속적인 형성 과정에 함께 참여한다는 것'을 뜻한다.

예를 들어, 세 번째 메모리북(C)은 부모들이 '나(아기)에 대한 단상들'을 적도록 되어 있고, '가족이 함께한 순간'을 기념하는 빈 페이지도 있다. 이 두 가지 사례에서 부모는 자신의 감정, 생각, 기억에 남는 순간을 기록하는데, 여기서 포스트휴먼 아기저널 쓰기와 비슷한 무언가를 시작할 수 있다는 힌트를 받는다. 하지만 그 책자에는 부모 스스로가 세운 이정표나 성장을 위한 공간이 없으며, 부모가 생각하는 아기의 의미나 아기와의 관계가 그들을 어떻게 변화시켰는지, 또는 어떻게 함께 참여하고(공산), 함께 되어가는지에 관한 질문도 없다.

결론

포스트휴먼 아기와 아기의 첫해를 재형상화하면서 우리는 몇 가지 질문을 던졌다. 어떻게 하면 아기에 대한 성인의 개념에 그리고 아기와 아기의 첫 몇 달이나 한 해 성장을 관찰하는 것에 비판적으로 참여할 수 있을까? 어떻게 하면 아동기와 아기 특히, 생애 첫해를 생각하는 새로운 길을 열 수 있을까? 분명, 부모의 사고는 그들의 신념, 감정, 기존 생각에 의해 형성되며(예: Gottman et al., 1996), 거기에는 문화적 의미도 들어있다. 아기 생애의 첫해가 발달과 성장을 위해 중요하겠지만, 어떠한 기대 없이 생애 첫해 그것 자체만으로 중요하게 여겨져야 한다.

관찰을 지배적인 탐구 양식으로 삼는 아동기 문화에서는 부모를 관찰자로 안내하고 교육한다. 포스트휴먼 어린이는 일상생활의 일부로서 관찰하는 방식을 형성하는 개념화와 범주에 대한 개방성과 비판적 경각심을 동원한다. 포스트휴먼 어린이와 함께 사고함으로써 우리는 발달과 연대기적 패러다임의 지배에 도전하고, 아동기 관찰의 포스트-발달적 접근 방식으로 나아갈 수 있다.

우리가 아동기 관찰을 어떻게 형식화해 왔는지를 인식함으로써, 전반적으로 우리가 아동기와 연결되는 방식을 재고하기 시작해야 하며, 규범적 기대 없이 성장하고 교육받는다는 것이 무엇을 의미하는지 물어야 한다. 이는 또한 어린이교육 실천가와 기관에도 적용된다. 새롭고 실험적이며 혁신적인 방식으로 관찰에 접근하면 어린이 교육에서 포스트-발달의 이론화 및 탐구 방식의 새로운 분야를 확장할 수 있다. 행위의 순간에 머무르면서 그리고 세계와 삶 자체의 살아있는 선들과의 연결에 참여하면서 초점을 맞추는, 그러한 포스트-발달적 관찰의 새로운 문화를 만들어가야 한다. 연구자와 교사는 연결과 함께 참여하는 것에 더욱 깊이 감사할 수 있도록 대안적 모드를 찾아야 한다. 예측할 수 없는 가능성에 마음을 열어야 하기에, 지금 이 순간 형성되고 있는 과정에 참여하는 일은 결코 쉽지 않다. 그러나 함께 참여함으로써, 대안적인 내러티브에 귀 기울이고, 부모와 아이, 가족의 일상 경험을 더 잘 조명할 수 있게 될 것이다. 부모의 관점에서도 함께 참여한다는 것은 부모됨과 상호 연결의 중요한 흐름을 의미한다.

부모들이 경쟁과 비교, 문서화된 이정표, 기술-기반 성취에 의존하지 않는 방법을 고려하는 것도 가치 있는 일이다. 아기를 돌보는 사람이자 동반자로서 포스트휴먼 부모는 이상적인 아이에 대해 생각하지 않고, 얽힘과 함께 세계하기에 초점을 맞추고 경험한다. 성인-어린이의 연결은 상호 친밀성, 사랑, 자기희생으로 가득한 친밀한 영역에 존재한다는 것을 이해하면서, 공산의 가치를 존중해야 할 것이다.

References

Alesina, I., & Lupton, E. (2010). *Exploring materials: Creative design for everyday objects.* Princeton Architectural Press.

Barad, K. (2003). Posthumanist performativity: Toward an understanding of how matter comes to matter. *Signs, 40*(1), 801-831.

Barad, K. (2007). *Meeting the universe halfway: Quantum physics and the entanglement of matter and meaning.* Duke University Press.

Barad, K. (2015). Transmaterialities: Trans*/matter/realities and queer political imaginings. *GLC: Journal of Lesbian and Gay Studies, 21*(2-3), 387-422.

Berger, I., & Argent, A. (2020). Life as a pedagogical concept. In W O. Kohan & B. Weber (Eds.), *Thinking, childhood, and time: Contemporary perspectives on the politics of education* (pp. 195-207, Vol. 195). Rowman & Littlefield.

Braidotti, R. (2018). Joy, ethics o£ In R. Braidotti & M. Hlavajova (Eds.), *Posthuman glossary* (pp. 221-224). Bloomsbury Academic.

Bohlmann, B., & Hickey-Moody, A. (Eds.). (2018). *Deleuze and children.* Edinburgh University Press.

Caputo, A. (2020). Philosophia ludens for children: A proposal to play and to think. In W. O. Kohan & B. Weber (Eds.), *Thinking, childhood, and time: Contemporary perspectives on the politics of education* (pp. 105-116). Lexington Books.

Coole, D., & Frost, S. (2010). Introducing the new materialisms. In D. Coole & S. Frost (Eds.), *New materialisms: Ontology, agency, and politics* (pp. 1-43). Duke University Press.

Epp, A. E. (2018). Family and collective identity; In E. J. Arnoud & C. J. Thompson (Eds.), *Consumer culture theory* (pp. 65-89). Sage.

Garber, E. (2019). Objects and new materialisms: A journey across making and living with objects. *Studies in Art Education, 60*(1), 7-21. https://doi.org/10.1080/00393541.2018.1557454

Gunnarsson, K., & Boden, L. (2021). *Introduktion tillpostkvalitativ metodologi.* Stockholm University Press.

Gottman, J. M., Katz, L. F., & Hooven, C. (1996). Parental meta-emotion philosophy and the emotional life of families: Theoretical models and preliminary data. *Journal of Family Psychology, 10,* 243-268. https://doi.org/10.1037/0893-3200.10.3.243

Haraway, D. (2016). *Staying with the trouble: Making Kin in the Chthulucene.*

Duke University Press.

Jackson, A. Y., & Mazzei, L. (2012). *Thinking with theory in qualitative research: Viewing data across multiple perspectives.* Routledge.

Kruger, L.-M. (2003). Narrating motherhood: The transformative potential of individual stories. *South African Journal of Psychology, 33,* 198-204.

Kuby C. R., Spector, K., & Thiel, J. J. (Eds.). (2018). *Posthumanism and literacy education: Knowing/becoming/doing literacies.* Routledge.

Kumar, P., & Schoenebeck, S. (2015). The modern day baby book: Enacting good mothering and stewarding privacy on Facebook. In *Proceedings of the 18th ACM conference on computer supported cooperative work & social computing (CSCW '15)* (pp. 1302-1312). Association for Computing Machinery. https://doi.org/10.1145/2675133.2675149

Leahy-Warren, R, McCarthy, G., & Corcoran, P. (2012). First-time mothers: Social support, maternal parental self-efficacy and postnatal depression. *Journal of Clinical Nursing, 21*(3-4), 388-397.

Leander, K., & Boldt, G. (2013). Rereading "a pedagogy of multiliteracies" bodies, texts, and emergence. *Journal cf Literacy Research, 45*(1), 22-46.

Lee, N. (2001). *Childhood and society: Growing up in* an *age of uncertainty.* Open University Press.

Lee, E., Bristow J., Faircloth, C., & Macvarish, J. (2014). *Parenting culture studies.* Springer.

Murris, K. (2016). *The posthuman child: Educational transformation through philosophy with picturebooks,* Routledge.

Murris, K. (2018). Posthuman child and the diffractive teacher: Decolonizing the nature/culture binary. In A. Cutter-Mackenzie-Knowles et al. (Eds.), *Research handbook on childhoodnature: Assemblages of childhood and nature research* (pp. 1-25). Springer.

Murris, K. (2020a). The 'missing peoples'of critical posthumanism and new materialism. In K. Murris (Ed.), *Navigating the postqualitative, new materialist and critical posthumanist terrain across disciplines* (pp. 62-84). Routledge.

Murris, K. (2020b). Posthuman child: De(con)structing western notions of child agency. In W. O. Kohan & B. Weber (Eds.), *Thinking, childhood, and time: Contemporary perspectives on the politics of education* (pp. 161-178). Lexington Books.

Murris, K., & Haynes, J. (2020). Troubling authority and material bodies: Creating *sympoietic* pedagogies for working with children and practitioners. *Global*

Education Review, 7(2), 24-42.

Nystrom, K., & Ohrling, K. (2004). Parenthood experiences during the child's first year: Literature review. *Journal of Advanced Nursing,* 46(3), 319-330.

Osgood, J., & Robinson, K. H. (Eds.). (2019). *Feminists researching gendered childhoods: Generative entanglements.* Bloomsbury.

Oulanne, L. (2018). *Lived things: Materialities of agency, affect and meaning in the short fiction of Djuna Barnes and Jean Rhys* (Academic dissertation). University of Helsinki, Faculty of Arts, https://helda.helsinki.fi/bitstream/handle/10138/234783/LivedThi.pdf?sequence=1&isAllowed=y

Segers, S., & Cavaliere, G. (2021). Parenthood: Norms and experiences. *Digest - Journal of Diversity and Gender Studies, 7*(2), 2-5.

Snaza, N., Appelbaum, P., Bayne, S., Carlson, D., Morris, M., Rotas, N., Sandlin, J., Wallin, J. & Weaver, J. A. (2014). Toward a posthuman education. *Journal of Curriculum Theorizing, 30*(2), 39.

Somerville, M., & Powell, S. J. (2019). Thinking posthuman with mud: And children of the anthropocene. *Educational Philosophy and Theory, 51*(8), 829-840.

Taylor, C. A. (2016). Edu-crafting a cacophonous ecology : Posthumanist research practices for education. In C. A. Taylor & C. Hughes (Eds.), *Posthuman research practices in education* (pp. 5-24). Palgrave MacMillan.

Ulmer, J. B. (2017). Posthumanism as research methodology: Inquiry in the anthropocene. *International Journal of Qualitative Studies in Education, 30*(9), 832-848. https://doi.org/10.1080/09518398.2017.1336806

Weston, A. (2004). Multicentrism: A manifesto. *Environmental Ethics, 26,* 25-40.

Wohlwend, K. E., Peppler, K. A., Keune, A., & Thompson, N. (2017). Making sense and nonsense: Comparing mediated discourse and agential realist approaches to materiality in a preschool makerspace. *Journal of Early Childhood Literacy, 17*(3), 444-462. https://doi.org/10.1177/1468798417712066

CHAPTER

10

아동기 예술의 포스트-발달적 관찰에서 사진과 비디오에 대한 실험적 분석

: Barthes의 『카메라 루시다』와 함께 사유하기

Mona Sakr Middlesex University

서론

이 장은 아동기 포스트-발달적 관찰의 일부로 사진photography[1]과 비디오 분석에 대한 접근들을 탐구한다. 이러한 실험은 아동기 관찰을 둘러싼 지배적인 발달주의 논리에 균열을 낼 수 있는 생성적 접근이 될 수 있다. 또한 이렇게 사진과 비디오를 분석했을 때, 어린이와 아동기에 대한 일련의 뿌리 깊은 가정들을 드러내고 질문하고 해체하게 된다. 이 장에서는 이러한 실험을 이론적으로 뒷받침하기 위해, Barthes의 『카메라 루시다*Camera Lucida*』[2]를 통해 사진에 대해 다르게 사유할 수 있는 가능성을 탐색하고자 한다. 사진에 대한 Barthes의 재개념화를 출발점으로 삼아, 나는 조카 E가 가정에서 예술-만들기를 하는 4초 분량의 비디오 영상을 분석하는 실험을 시도한다. Barthes와 함께 사유하면서 나의 초점이 행동과 상호작용에서 드러나는 새로운 디테일[3]에 다시 집중되면서, 그 결과 질문하기의 새로운 지평

---

1 역자주: 원저에서 저자는 photography, photograph, photo 등과 같이 '사진술 또는 사진'을 지칭하는 다양한 용어들을 사용하지만, 문맥을 고려하여 '사진'으로 번역하였다. 그러나 저자가 Barthes의 사상을 논하면서 'Photography'와 같이 대문자로 쓴 경우만(주석 5번 참고) '사진술'로 번역하였다.

2 역자주: Roland Gérard Barthes의 『La Chambre Claire. Note sur la Photographie』는 국내에서 『카메라 루시다: 사진에 관한 노트』(조광희, 1980/1986)와 『밝은 방: 사진에 대한 노트』(김웅권, 1980/2006)로 번역 출판되었다. 여기서 Chambre Claire는 Camera Lucida의 프랑스어로, 그 어원을 라틴어에서 살펴보면 Light Chamber, 즉 밝은 방을 의미한다. 이를 책 제목으로 사용한 것은 Barthes가 어머니의 어린 시절의 사진에서 발견한 순수한 광채와도 관련이 있다. 한편, Camera Lucida는 1807년 영국 과학자 William Hyde Wollaston가 발명한 광학장치이다. 즉, 한쪽 면이 반도금 거울 다른 면이 거울인 장치를 통해 그리고자 하는 대상의 환영이 종이에 비치면 관찰자가 쉽게 대상의 윤곽을 원근감 있게 그리는데 도움이 되는데, 이는 나중에 카메라의 광학적 원리가 된다. 이에 본 장에서는 카메라 그 자체의 기계적 장치의 의미를 보다 강조하기 위하여, 『La Chambre Claire』를 『카메라 루시다』로 번역하였다.
* 출처: Barthes, R. G. (1986). 카메라 루시다: 사진에 관한 노트. (조광희 역). 파주: 열화당. (원본 출판 1980년)
Barthes, R. G. (2006). 밝은 방: 사진에 관한 노트. (김응권 역). 서울: 동문사. (원본 출판 1980년)

3 역자주: Barthes는 "사진에서 큰 것보다는 작은 것, 눈에 띄는 것보다는 눈에 잘 보이지 않는" 디테일detail은 그 자체로 머물러 있는 것이 아니라 "확장의 힘"을 지닌다고 말한다(박상우, 2018, pp. 35-36). 사진의 세부요소라는 의미를 드러내기 위하여 본 장에서는 디테일 그대로 번역하였다.
* 출처: 박상우 (2018). 롤랑바르트, 밝은 방. 서울: 커뮤니케이션북스.

이 열리는지를 보여주고자 한다. 어린이를 성인의 평가적 시선에서 바라보는 방식을 벗어나, 이러한 새로운 질문 방식은 포스트-발달적 접근에서의 두 가지 잠재적인 기둥, 진정한 호기심과 공-현존co-presence[4]을 위한 기반이 될 수 있다.

이 장은 아동기 예술에 대한 포스트-발달적 접근을 어떻게 이해하고 있는지, 그리고 사진과 비디오에 대해 다르게 사유하고 행하는 것이 어떻게 아동기 관찰의 포스트-발달적 실천을 확장할 수 있을지에 대한 간략한 개요로 시작한다. 이어서 Barthes가 『카메라 루시다』에서 제시한 주요 아이디어를 소개하고, 내가 준비한 실험적 분석의 아동기 예술의 특정 상황에 대해 설명한다. 이후 『카메라 루시다』에서 사진에 대한 Barthes의 사유를 통해, 가정에서 아동기 예술을 관찰하며 제작한 4초 분량의 비디오 영상을 분석하는 실험의 내용을 서술한다. 이 실험적 분석을 토대로, 특히 사진과 비디오와 관련된 포스트-발달적 아동기 관찰에 적용할 수 있는 일련의 진행 중인 원칙들을 제안한다.

아동기 예술의 포스트-발달적 페다고지

아동기 예술을 포스트-발달주의 관점에서 바라보면서, 우리는 어린이의 경험과 행동을 발달의 이정표로 환원하려는 시각에서 벗어나고자 한다. 대신, 예술-만들기의 '지금 그리고 여기'에서 펼쳐지는 어린이들의 행위,

4 역자주: 공-현존co-presence은 '다른 사람과 함께 있음'의 의미로 '공-존, 공존감, 함께 있음' 등으로 혼용되어 번역되고 있다. Rosi Braidotti(2013/2015)에 따르면, 공-현존이란 "세상에 함께 동시적으로 존재한다"를 의미하는 것으로, 이러한 사실은 "인간과 인간-아닌 타자들 모두와 어떻게 상호작용해야 하는지에 대한 윤리"(pp. 217-218)로 이어진다.
* 출처: Braidotti, R. (2015). 포스트 휴먼. (이경란 역). 서울: 아카넷. (원본 출판 2013년)

경험, 의미-만들기, 놀이, 배움이 빚어내는 난잡한 풍요로움messy richness[5]에 참여하려 한다(Osgood & Sakr, 2019). 포스트-발달주의란 어린이와 아동기를 이해하는 방식에서 발달심리학이 지닌 지배적 위치에 도전하는 일련의 이론적 지향을 포괄하는 상위 개념이다. 어린이와 아동기를 바라보는 그*the* 패러다임으로서 발달 심리학에 대한 도전은 두 가지 이유에서 필요하다.

첫째, 발달주의 패러다임은 어린이들에게 기대하는 규범적 궤적normative trajectories에 근거한다. 어린이가 이러한 궤적에 따라 발달하지 않으면, '교정되어야 할fixed' 문제 사례로 인식되고 취급된다. 이러한 '교정하기fixing'가 필요하다고 여겨지는 어린이는 이미 구조적인 불평등과 불이익을 겪고 있는 경우가 많다(Burman, 2016). 그로 인해 발달적 교정은 어린이들의 소외를 개선하기보다 오히려 악화시킨다. 발달주의를 거부하고 도전하는 것은 사회 정의의 이슈이므로, 우리는 연령에 적합하다고 여겨지는 행동을 하는 어린이와 그렇지 않은 어린이들의 경험 모두를 검토하려고 한다.

둘째, 발달주의는 아동기를 '성인-되기becoming-adult'의 프로젝트로 보는데, 이는 아동기 경험에서 일어나는 많은 것을 놓치게 한다. 아동기 예술은 생각하고 느끼고 움직이는 것을 포함하는 존재의 풍요로운 장이다(Wright, 2001; Schulte & Park, 2021). 예술에서 어린이들은 자신의 정체성을 구성하고 표현하며, 다른 사람들과 협력하고 자신과 타인의 문화에 대해 배울 수 있다(Sakr et al., 2018). 만약 우리가 어린이들이 무엇을 할 수 있는지 할 수 없는지에 집중하고, 우리 자신을 어린이들이 아직 할 수 없는 것을 하도록 돕는 역할에 위치시킨다면, 실제로 일어나고 있는 많은 일들을 놓치게 된다. Schulte(이 책 6장의 저자)는 아동기 예술의 다

---

5 역자주: Osgood(2009)는 난잡함messy이란 다양한 감각탐색을 활용한 예술 활동으로 아동기 교육과정에서 중요한 부분임을 강조하였다.

* 출처: Osgood, J. (2009) 'You can't separate it from anything': glitter's doings as materialized figurations of childhood (and) art, in Sakr & Osgood (Eds), *Post Developmental Approaches to Childhood Art* (pp. 111-136). Bloomsbury.

양한 가능성과 의미에 참여하는 방법으로 '여기서 무슨 일이 일어나고 있을까?'라는 질문이 가진 잠재성을 강조하였다. 포스트-발달적 페다고지는 진정한 호기심, 즉 어린이의 행위와 경험이 지닌 풍요로움에 대한 믿음을 아동기 관찰의 중심에 둔다.

주류의 형식적 교육에서는 어린이가 할 수 있는 것과 할 수 없는 것을 '고정pin down'하기 위해, 그리고 그것을 선형적인 '학습 과정'의 일부로 기록하기 위해 관찰이 자주 활용된다(Kind, 2013). 포스트-발달적 페다고지에서 관찰은 우리가 아동기 경험의 실재reality(모든 것의 실재)가 재현representation과 포착capture을 넘어서는 것임을 받아들일 때 나타날 수 있는, '매듭-앎knot-knowing' (Osgood, 2019)의 비선형적 과정이다. 실재는 결코 풀 수 없는 얽힘이다. '매듭-앎'으로서의 관찰은 특정의 목표에 도달하려는 욕망 없이, 무슨 일이 일어나고 있는지를 탐구하는 것이다. '매듭-앎'이란 Osgood이 Donna Haraway의 '매듭knot[6]'이라는 개념에서 가져온 것으로, 그는 우리는 실재의 얽힘을 결코 풀 수 없다는 사실을 인정해야 한다고 보면서, 진정한 호기심으로 실재 안에 머무르는 것이 지닌 가능성을 강조하였다. 우리가 관찰을 하더라도 실재는 늘 난잡하고 얽혀있다. 교육에서의 포스트-발달적 관찰은 아동기 경험의 가장자리를 깔끔하게 정리하려는 것이 아니라, 오히려 그 경험에 우리 스스로 깊이 몰입하고 그곳에서 펼쳐지는 난잡함 속으로 더 가까이 그

6 역자주: Dana Haraway(2016/2021)는 매듭knot을 인간, 비인간, 기술, 자연, 문화 등 다양한 요소들이 서로 복잡하게 얽혀 있는 관계로 설명하는데, 이는 단순하게 풀어지지 않고 다양한 실천, 관계, 맥락들이 상호작용하면서 형성된다는 것을 강조한다. 이러한 매듭을 이해하려는 노력은 그 복잡성과 얽힘을 받아들이고, 그 안에 새로운 가능성과 잠재성을 발견하는 과정으로 볼 수 있다. 참고로, Tim Ingold(2007/2024)는 Gilles Deleuze의 철학에서 영감을 받아 매듭의 개념을 확장하여 설명한다. Ingold는 매듭을 단순히 고정된 점이나 관계로 보지 않고, 선line들이 서로 얽히고 교차하며 계속해서 생성되고 변화하는 과정으로 이해하고 있다. 또한 매듭은 우리가 세상과 관계 맺는 방식을 나타내며, 그 속에서 각 요소들은 독립적이기보다는 상호의존적이고 끊임없이 변화하는 과정에 있음을 보여주고 있다. 이러한 '매듭엮기knotting'는 생명, 환경, 그리고 인간 활동의 본질을 더 깊이 이해하는 방법이라고 할 수 있다.

* 출처: Haraway, D. (2021). 트러블과 함께하기. (최유미 역). 서울: 마농지. (원본 출판 2016년)
Ingold, T. (2024). 라인스: 선의 인류학. (김지혜 역). 충북: 포도밭출판사. (원본 출판 2007년)

리고 더 깊숙이 들어갈 수 있도록 해 준다.

사진과 비디오는 주류의 아동기 관찰에서 어린이의 발달을 '교정'하는 수단으로 중요한 역할을 한다. Sylvia Kind(2013)는 카메라가 중립적인 재현의 도구가 아니라, 타인의 가치를 자신과 비교하며 평가하거나 착취에 사용된 깊고 불안한 역사를 가지고 있다는 점을 이야기한다. 식민주의자들은 착취의 목적으로 타자성Otherness을 '포착'하고, 동의 없이 이를 세상에 전시하는 수단으로 카메라를 이용했다. 따라서 포스트식민주의와 포스트모던 관점에서 카메라를 바라볼 때, 우리는 이 고통스러운 역사를 인식하고 새로운 방식으로 카메라를 다루고자 하였다. Kind는 사진 촬영과 사진 분석에 어린이들이 참여하도록 하였으며, 성인으로서 어린이의 사진을 평가하기보다 어린이들과 함께 사진을 보고 반응하며 참여할 수 있도록 하였다. Kind는 어린이들이 다른 어린이들의 사진에 반응할 때, 이미지의 특성이 변한다는 것을 발견했다. 어린이들은 재현된 내용에 사로잡히기보다는, 이미지가 불러일으키는 감정에 신체적으로 반응했다.

마찬가지로 포스트-발달적 관찰과 관련하여, 발달주의 논리가 작동하는 교실과 같은 전통적인 장소의 사진이나 비디오에 담긴 규범과 경향성에 대해 생각해 볼 수 있다. 예를 들어, 나는 이전 연구에서 시간과 공간에서 카메라 프레임을 유연하게 다루는 것의 중요성을 제시한 바 있으며, 우리가 익숙하게 여겨온 시간적·공간적 프레임을 넘어 관찰이 어떻게 확장될 수 있는지를 이해하고 받아들일 태도가 필요하다는 점을 강조하였다(Sakr, 2021). 사진과 비디오로 실험하려는 의지는 곧 관찰에 대한 우리의 인식을 실험하려는 것이며, 성인이 원하거나 필요로 하는 재현을 포착하는 것이 아니라 질문을 열어가는 도구로 이를 다루는 것을 보여준다. 교육적 관찰에서 카메라를 이런 관점으로 바라본다면, 타자가 사진을 어떻게 생각하는지 그리고 이를 풍부하고 확장된 분석의 도약점으로 어떻게 활용할 수 있을지 탐구하고 사유하는 데 도움이 될 것이다. 카메라와 함께 관찰을 행하는doing 새로운 방식을 실험하기 위해, 나는 Barthes가 그의 작품 『카메라 루시다』에서 제안한 초대들을 참고하였다.

Barthes의 『카메라 루시다』

Barthes는 1980년 『카메라 루시다』를 집필하고 출판했다. 이 책은 사진술Photography[7]의 노에마*noeme*[8](또는 특별한 특성)에 대한 연구이다. Barthes는 예술가가 만든 사진과 개인적인 특성을 지닌 사진을 볼 때 나타나는 반응을 통해 사진의 노에마를 탐구하였다. Barthes는 왜 어떤 사진들은 그토록 강한 감응적 반응을 불러일으키는데 또 다른 사진들은 그렇지 않은지 이해를 넓혀가며, 그 가능성을 두 개의 중심 개념[9], 즉 스투디움*studium*(주제와 그에 대한 관심)과 푼크툼*punctum*(강한 반응과 더 많은 질문을 불러일으키는

7 Barthes가 사진술을 Photography와 같이 대문자로 쓴 것처럼, 나도 그의 사상을 논할 때 대문자로 표기하였다. 이 장의 다른 부분에서 나의 생각과 관점을 논의할 때는 대문자를 쓰지 않았다.

8 역자주: Barthes는 『카메라 루시다』에서 사진의 노에마를 '그것이-존재-했음'이라는 명제로 요약한다. 이 명제는 사진이 본질적으로 과거의 실제 사건이나 존재를 증명한다는 의미를 내포한다. 사진은 과거의 한순간을 포착하여 현재로 가져오는 매체로, 그 순간이 실제로 존재했음을 증명하는 역할을 한다. 즉, 사진은 단순히 현실을 재현하는 것이 아니라, 그 재현된 대상이 실제로 존재했음을 강력하게 주장하는 매체라는 것이다.
* 출처: 박상우(2017). 롤랑 바르트의 '그것이-존재-했음', 놀라움, 광기. 영상문화, 31, 113-141.

9 역자주: Barthes는 사진을 바라볼 때 인간이 느끼는 두 가지 다른 방식의 반응을 스투디움과 푼크툼으로 설명한다. 스투디움은 사진을 볼 때 일반적으로 느끼는 관심과 이해를 나타낸다. 이는 문화적, 역사적, 사회적 맥락에서 사진을 이해하고 감상하는 방식으로, 사진에서 배경, 주제, 구도 등을 인식하면서 사진이 전달하려는 메시지나 정보를 받아들이는 과정과 관련이 있다. 반면에, 푼크툼은 사진에서 화살처럼 날아오는, 갑작스럽게 찌르는 듯한, 강렬한 개인적 반응을 불러일으키는 요소를 가리킨다. 푼크툼은 스투디움과 달리, 분석적으로 이해하거나 설명할 수 없는 사진 속의 작은 디테일이 감상자에게 깊은 인상을 남기고, 감정적으로 강렬한 반응을 유발하는 것을 의미한다. 한편, Barthes는 스투디움의 감정을 '우리가 사진 지시체에 지니는 반쯤의 욕망, 반쯤의 의지, 혹은 막연한 의지'와 같이 '좋아하기liking'에 비유하였다. 반면에 푼크툼의 감정은 '충만한 욕망, 강력한 의지, 심오한 사랑, 깊이 파인 상처 등'과 같이 '사랑하기loving'라고 강조한다.
* 출처: 박상우 (2018). 롤랑바르트, 밝은 방. 서울: 커뮤니케이션북스.

이미지의 디테일)으로 설명한다. 비록 Barthes가 연구나 교육용 사진에 관해 직접적으로 다루지는 않았지만, 사진술에 대한 그의 저서는 관찰에서 사진 활용에 대해 우리가 가지고 있는 전제를 뒤흔들어보는 데 도움이 될 수 있다. Barthes의 사진술에 대한 관점을 고찰하고 이를 교육적 관찰에서 사진술 및 비디오와 함께 논의함으로써, 사진과 비디오를 실천하고 행하는 새로운 방식을 찾을 수 있는 기회가 생길 것이며, 이는 다시 관찰의 새로운 가능성을 제시할 것이다. 여기에서 Barthes의 작업을 소개하는 나의 의도는 우리가 교육적 관찰에 대해 알고 있다고 생각하는 것을 뒤흔들고, 실천적 변화와 실험을 초대하는 방식으로 이를 행하는 데 있다. 이 장의 나머지 부분에서는 Barthes의 글에 살아 숨 쉬는 초대들을 살펴보고, 가정에서 이루어진 아동기 예술의 한 사례를 통해 교육적 관찰에 대한 실험적 분석의 토대로 삼고자 한다. 이 특정한 맥락에 대한 자세한 내용은 다음과 같다.

맥락: 가정에서 이루어지는 아동기 예술

교육적 관찰의 맥락에서 Barthes의 『카메라 루시다』와 함께 사유할 가능성을 탐구하기 위해, 나는 가정에서 이루어진 아동기 예술에 대한 특별한 관찰을 살펴보고자 한다. 이 관찰에는 다섯 명의 어린이가 참여했는데, 나의 아이 세 명(L은 5살, I는 4살, R은 18개월)과 여동생의 아이 두 명(E는 4살, S는 8살)이었다. 나는 이 관찰에 참여했고, 여동생도 마찬가지였다. 관찰은 2021년 여름이 끝나갈 무렵의 어느 일요일 오후에 이루어졌다. 이 그룹이 예술-만들기 활동을 위해 이렇게 함께 모이는 것은 드문 일이 아니었으므로, 환경이나 준비과정은 모두에게 익숙했다.

나는 아동기 예술 관찰에 내 아이들과 여동생의 아이들을 참여시키는 것에 대해 글을 쓴 적이 있었다(Sakr, 2021). 최근 나의 연구 관심은 가정이라는 비형식적 교육 환경에 초점을 맞추어, 이 공간에서 이루어지는 아동기 예술을 얽힘으로 재개념화하는 것에 있다. 가정의 역동성, 특히 나와 내가 관찰하고 있는 사람들 사이의 긴밀한 관계를 걸러내야 할 '소음noise'으로 간주하기보다는, 오히려 연구와 탐구의 초점으로 두는 것을 의미한다. 예를 들어, 나는 이전 연구에서 가정에서의 아동기 예술을 둘러싼 '돌봄의 윤리ethics of care'를 강조하였으며, 이를 통해 우리는 육체적, 정서적 노동과 예술-만들기가 내부작용하는 방식을 살펴볼 수 있었다(Sakr, 2021).

이 특별한 관찰을 하면서, 나는 아크릴 물감, 흰 천 조각, 큰 스폰지, 갈색 종이 두루마리, 팔레트 나이프, 물감 붓 등 다양한 재료를 사용하는 자유로운 예술-만들기 세션에 중점을 두었다. 예술-만들기를 할 때 자주 사용하는 식탁보 위에 재료를 펼쳐 놓았다. 관찰을 기록하기 위해, 나는 별도로 삼각대에 고정 카메라 한 대를 설치했다. 또 휴대폰을 사용하여 사진(총 8장)과 각각 20초를 넘지 않는 짧은 비디오(총 4편)를 찍었다. 이후 휴대폰으로 촬영한 사진과 영상을 분석하였다. 여기에는 이론적인 이유, 즉 사진술의 노에마와 영화와의 차이에 초점을 둔 Barthes의 『카메라 루시다』에 있다. Barthes는 영화는 이미지가 계속 움직이고 변해서 동일한 것을 반영할 가능성이 없지만, 사진술은 우리 앞에 놓인 이미지를 반영할 시간을 가능하게 한다는 점에서 특별하다고 주장한다. 이를 염두에 두면서, 나는 고정된 비디오 카메라를 통해 한 시간 이상 지속적으로 포착된 연속 필름을 선택하기보다는 내 휴대폰의 사진과 비디오 영상으로 작업하기로 결정하였다.

이어지는 실험적 분석은 내가 Barthes의 『카메라 루시다』를 읽은 것과 휴대폰으로 찍은 4편의 짧은 비디오와 8장의 사진 사이의 대화다. 다음은 사진술에 대한 Barthes의 개념화와 가정에서의 아동기 예술에 대한 특별한 관찰에서 출현한 '데이터' 사이를 오가는 대화에 관한 설명이다.

감응적 반응

『카메라 루시다』에서 Barthes는 사진술의 기술적 용어를 설명하거나 그 체계를 정리하지는 않았다. 대신에 그는 사진술의 핵심을 특정 사진이 불러올 감응적 반응affective response에 두었다. 그는 대중의 시선이든 개인적인 시선이든 간에 사진들을 자세히 들여다보다 보면, 어떤 사진들은 마치 손을 내밀며 다가오는 듯한 것처럼 느껴진다는 점을 발견한다. 그 사진들은 '내면의 동요, 흥분, 그리고 일종의 힘겨움, 즉 말하고 싶지만 말하지 못하는 압박감'(p. 23)을 불러일으킨다. 이러한 반응을 묘사하기 위해 Barthes는 두 가지 용어를 사용하였다. 첫째, Barthes는 '활기animation'에 대해 이야기하는데, 어떤 사진들에는 활기를 불어넣는 효과animating effect, 즉 '나에게 활기를 주고, 내가 활기를 주는...' 효과가 있다(p. 24). 둘째, 활기는 '모험adventure'을, 즉 사진은 보고, 느끼고, 주목하고, 관찰하고, 생각하도록 이끈다(p. 26). Barthes는 우리가 내면의 깊은 무언가에 닿을 수 있다면, 사진과 함께 여행을 떠날 수 있다고 표현한다. 사진이 우리를 사로잡을 때, 그것은 단순히 사진이 아니라 우리의 주관성이 작동하고 있는 것이다. '내 안에 묻혀 있던 관능적이거나 상처받은 가치'(p. 20) 때문에 어떤 사진들은 반응을 불러일으킨다. 사진에 대한 감응적 반응에 대한 Barthes의 논의는 Maggie MacLure가 후기-질적 분석을 하면서 '빛남glow[10]'에 대해 쓴 글을 떠올리게 한다. MacLure(2013)는 '데이터'를 다룰 때 감응적 반응을 분석 수단으로 사용하는 방법을 설명하였다. 우리의 반응들을 방정식에서 끄집어내는 대신, 발견한 것 중 '빛나는' 부분에 머물면서 깊이 탐구할 수 있다. 이는 타당성을 고려할 때 자주 언급되는 '주제theme'가 더 중요하다고 보는 수치적인 이해와 달리, 강도intensity와 포화saturation에 중점을 둔다. Barthes는 연구와 교육적 관찰의 맥락에서 감응적 반응이 중요한 출발점

10 역자주: 1장의 주석 9번 참고

이 될 수 있음을 상기시켜 준다. 즉 감응적 반응을 출발점 삼아 추가적으로 탐구할 사진/동영상을 선택하고, 감응적 반응에 주의를 기울임으로써 사진/동영상으로부터 우리가 무언가 배울 수 있는지도 알게 된다.

나는 집에서 이루어진 어린이들의 예술-만들기 활동 모습이 담긴 사진과 동영상을 휴대폰으로 살펴보면서, 어떤 이미지들은 다른 이미지들보다 더욱 강렬한 반응을 불러일으킨다는 것을 알게 되었다. 그것은 내가 즉각적으로 이해할 수 있는 것이 아니었다. 비슷해 보이는 이미지들이 작은 디테일들, 이를테면 얼굴 표정이나 배경 속 형상 또는 손의 세밀한 움직임과 같은 것들에 따라 대조적인 반응을 불러일으키기도 했다. 휴대폰 속 '데이터'에서, 조카 E가 오른손으로 왼손을 격렬하게 문지르는 모습이 담긴 4초 분량의 비디오에 특히 이끌리는 나 자신을 발견하였다. 흰색 줄무늬 천으로 덮인 테이블 위에는 버려진 물티슈 두 장과 아크릴 물감, 스펀지가 놓여 있다. 그는 사용한 물티슈 중 한 장을 오른손으로 집어 왼손을 세게 문지른다. Barthes는 (영화와 비교했을 때) 반영reflection과 반응성responsiveness의 공간을 가능하게 하는 사진술의 잠재성에 관해 강한 어조로 기술한 바 있는데, 나는 4초 분량의 비디오 영상이 그 반영적 공간을 만들어낸다는 것을 발견하게 되었다. 휴대폰의 기능으로 비디오 영상이 반복 재생되면서 그 효과는 더욱 강력해졌다. Barthes는 사진술에 대해 설명하면서, 사진에서 무슨 일이 일어나는지 멈추어 곰곰이 생각할 수 있는 능력이 아니라 공-현존하고 있다는 강렬한 느낌이 중요하다고 하였다. 그 비디오 영상이 Barthes가 이야기한 사진술의 특성과 비슷했다. 사진 및 비디오 관찰에 대한 나의 반응에서 감응을 중요하게 고려하면서, 추가적인 실험적 분석을 위해 4초 분량의 짧은 영상에 초점을 맞추기로 했다.

함께 머물기

> 영화 속 이미지에 내가 무언가를 추가할 수 있을까? 그렇지 않다. 시간이 없다. 화면 앞에서 내 눈은 자유롭지 않다. 눈을 감았다 뜨면 똑같은 이미지를 볼 수 없다. 나는 끝없이 집착하게 된다. 여러 다른 특성이 있지만, 그 안에 침잠pensiveness[11]이 없다. 그래서 나는 포토그램photogram[12]이 흥미롭다.
>
> (Barthes, 1980/2020, p. 67)

Barthes는 특히 사진술에 매료되었는데, 그 이유는 사진술이 세상 존재들의 이미지와 함께 머물 수 있도록 해주기 때문이다. 정지 상태의 사진은 보는 이로 하여금 멈춰 서서 눈앞의 이미지와 함께-사유think-with할 수 있는 '침잠'이 가능하다. 이것이 Barthes가 사진술과 영화가 기술적으로 일부 유사한 점이 있지만, 문화와 개인적 감응의 측면에서 매우 다르다고 설명한 이유이다.

나는 Barthes가 카메라폰으로 찍은 4초 분량 비디오 영상을 어떻게 생각할지 궁금하다. 그가 저술할 당시에는 사진과 영화 사이에 거의 차이가 없었다. 지금은 디지털 레코딩, 특히 스마트폰에서 사진과 비디오를 모두 쉽게 만들 수 있게 되면서, 전통적인 사진과 전통적인 영화 사이에 존재하는 모든 범위의 경험과 재현이 가능하다. 내 휴대폰에서 열었을 때(TikTok 비디오처럼) 계속 반복 재생되는 4초 영상은 '중간' 형태의 재현과 경험 중 하나다. 물론 이 비디오 영상은 Barthes가 이해하고 제시한 범주 중 어느 것에도 속하지 않을 뿐만 아니라, 우리 휴대폰이나 컴퓨터에서 동영

---

11 역자주: pensiveness는 '깊은 생각에 잠김' 또는 '수심에 잠김'을 의미한다. 이를 '침잠沈潛'으로 번역한 이유는, 단순히 생각에 잠기는 것뿐만 아니라 '마음을 가라앉혀 깊이 생각하거나 몰입함'을 강조하기 위해서이다. '침잠'은 사색적이고 내면적인 상태를 포괄하며, 집중과 몰입의 뉘앙스를 포함하는 표현으로 적절하다고 판단하였다.

12 역자주: 포토그램photogram이란 카메라 없이 사진을 만드는 기법으로, 일반적으로 감광성 재료(예: 사진용 종이) 위에 직접 물체를 배치하고, 그 위에 빛을 노출시켜서 빛과 그림자만으로 이미지를 생성하는 방식이다. 포토그램은 오늘날에도 사진 예술가들 사이에서 실험적이고 창의적인 방법으로 사용되고 있으며, 다양한 물체와 빛의 상호작용을 통해 독특하고 흥미로운 시각적 효과를 만들어 낸다.

상 장면은 쉽게 일시 정지를 할 수 있어 그 추가적인 복잡성도 있다. 비디오를 재생하면서 일시 정지를 할 수 있을 뿐만 아니라, 무료로 제공되는 앱을 사용하여 비디오에서 스틸 이미지를 추출하거나 속도를 늦추거나 빠르게 조정할 수도 있다. 이러한 접근을 염두에 두고 그러한 기능들을 사용할 수도 있겠지만, 그것들 모두 침잠하는데 도움이 된다.

4초 분량 영상을 반복해서 보다 보면, 실제로 행동이 얼마나 빠르게 전개되는지 새삼 놀라게 된다. 비디오를 반복해서 보면, E가 물티슈를 집어 들고 손을 문지르는 동작, 얼굴 표정의 변화에 따라 온몸, 특히 머리 움직임 등과 같은 행동들이 빠르게 지나가는 것을 알 수 있다. 빛을 발하는 '데이터'를 강조한 Maggie MacLure(2013)를 다시 떠올리며, 나는 노트북의 소프트웨어를 사용하여 영상 속도를 느리게 하고 스틸 이미지(사진 10.1 참조)를 만들어 침잠하는 데 도움을 얻고자 하였다. 그 작업은 4초 영상에서 실제로 무슨 일이 일어나고 어떤 순서로 일어나는지를 파악하는 데 도움이 되었다. 이것은 다중모드 분석multimodal analysis[13]을 하기 위해서가 아니다, 즉 신체의 디테일과 그것들이 펼쳐지는 순서를 풀어내고, 이를 통해 의사소통과 상호작용을 이해하고자 하는 것이 아니다. 오히려 이러한 조작munipulation과 이해를 '침잠'의 수단으로 활용하여, 여기서 나에게 중요한 것이 무엇인지 그리고 내가 더 살펴보고 싶은 것은 무엇인지 이해하기 위한 출발점으로 삼고자 한다. 이 과정에서 눈에 띄는 주요 디테일 중 하나는 E가 오른손으로 물티슈를 집으려고 기다릴 때 정지 상태의 왼손이었다. 왼손은 마치 오염된 물체처럼 높이 떠 있는데, 이는 기계적이고 인위적이며 더 이상 신체 움직임 흐름의 일부가 아닌 것처럼 보였다. Barthes

---

13 역자주: 다중모드 분석multimodal analysis은 언어뿐만 아니라 시각적, 청각적, 신체적 요소 등 다양한 모두가 상호작용하여 의미를 전달하는 방식을 연구하는 접근이다(Jewitt, 2016). 여기서 모드란 의미를 전달하는 다양한 방법이나 수단으로 텍스트, 이미지, 소리, 동영상, 제스처, 그래프 등 서로 다른 형태의 표현 방식을 포함한다.

* 출처: Jewitt, C. (Ed.). (2016). *The Routledge handbook of multimodal analysis* (2nd ed.). Routledge.

나 그의 동시대 사람들이 접근할 수 없었던 방식으로 이 영상을 다루면서, 나는 즉각적으로 눈에 보이거나 쉽게 알아차리기 어려운, 그러나 매혹적인 디테일을 발견했다.

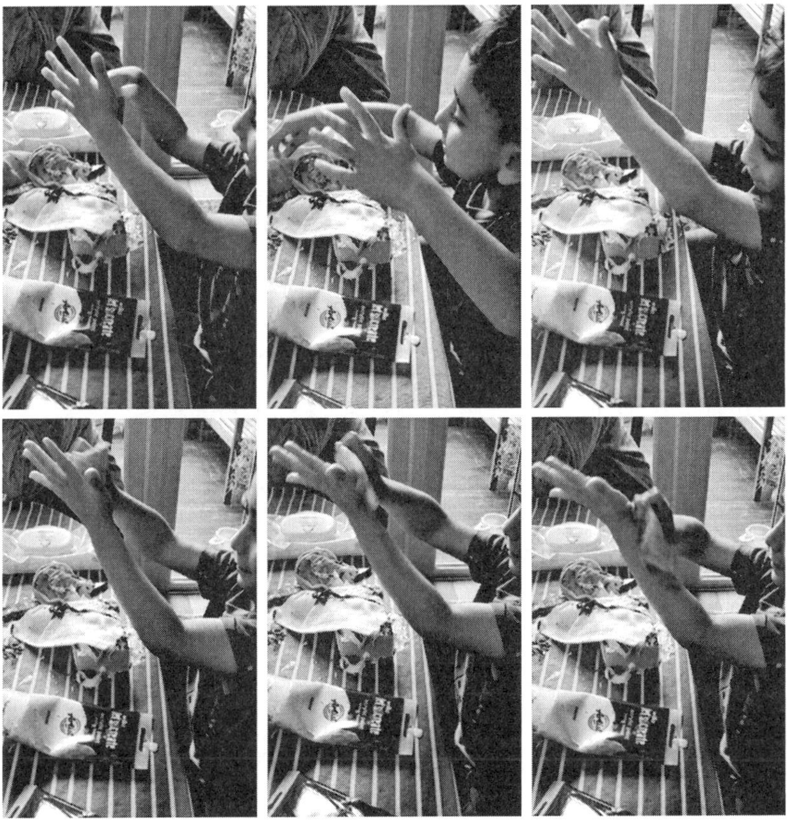

사진 10.1 E의 행위를 보여주는 스틸들

푼크툼

Barthes는 어떤 사진이 다른 사진들보다 왜 더 강력한 효과가 있는지를 설명하기 위해, 사진이 수행하는 작업의 두 가지 유형, 즉 스투디움*studium*과

푼크툼*punctum*의 아이디어를 제시하였다. **스투디움**은 사진이 보여주는 주제와 그 주제가 자신의 관심사에 부합하는지와 관련이 있다. 예를 들어, 패션에 관심이 있다면 **스투디움**에 맞는 패션 사진에 훨씬 더 반응하게 될 것이다. 하지만 Barthes는 **스투디움**만으로 사진술이 완전한 감응적 반응을 촉발하기에는 충분하지 않으며, 또한 우리의 관심사와 표면적으로 일치하지 않는 사진들이 왜 여전히 강렬한 감응적 충동impulse을 일으키는지를 설명할 수 없다는 점을 분명히 한다. 그는 이것을 **푼크툼**으로 설명한다. **푼크툼**은 반응적 행위reaction를 불러오는, 사진에 있는 아무 이유 없이 주어진 디테일들[14]이다. Barthes는 이미지를 가로질러 여러 지점에서 이미지가 나타난다는 의미로 라틴어 **푼크툼**을 사용하였다. **푼크툼**은 보는 이들의 심리를 찌르거나 자르는 것이다. 즉, 그것들은 우리의 가장 깊은 자아의 상처나 민감한 부분과 관련이 있기 때문에 감응적 반응을 일으킨다.

> '푼크툼은 또한 찌름sting, 작은 반점speck, 베인 상처cut, 작은 구멍little hole이다. 그리고 주사위 던지기다. 사진의 푼크툼은 나를 찌르는 (멍들게 하고 가슴 아프게 하는) 사고다.' (p.33)

Barthes는 **푼크툼**을 특별히 따뜻하게 느껴지는 이미지의 일부가 아니라 불편함과 혼란의 감정이라고 설명한다. E가 손을 문지르는 영상에서, 움직이지 않는 왼손이 비디오 밖으로 뚫고 나와서 나에게 깊은 감응을 주는 것 같았다. 마치 그의 몸에서 분리되어 생명 없는 물체처럼, 정지된 채로 깨끗해지기를 기다리는 듯한 그 힘없는 손의 모습에 깜짝 놀랐다. 비디오 영상을 반복해서 볼수록 이 디테일이 영상 전체를 압도하는 것처럼 느껴

14 역자주: Barthes는 푼크툼은 사진에 '운 좋게, 아무 이유도 없이' 주어지는 것이지, 작가의 창의적 논리에 따라 구성되지 않는다는 점을 강조한다(박상우, 2018: 34-35). 또한 푼크툼은 디테일과 관련이 있는데, 사진에서 큰 것보다는 작은 것, 눈에 띄는 것 보다는 눈에 잘 보이지 않는 것이 감정을 강렬하게 건드린다는 것이다.
* 출처: 박상우 (2018). 롤랑바르트, 밝은 방. 서울: 커뮤니케이션북스.

졌다.

Barthes는 이것을 **푼크툼의 환유 효과**metonymic effect[15], 즉 사진에서 '바로 그것the thing'을 보는 지점에 이를 때까지 디테일이 전체 이미지를 사로잡는 것을 의미한다. 정지된 왼손은 내가 보는 '바로 그것'이 되었고, 그것은 나에게 많은 질문을 남겼다. 예술-만들기에서 손과 그 위치(방치되고, 더러워진, 무기력한 왼손)에 대해, 그리고 왜 이 디테일이 나에게 힘을 가하는지에 대해 질문이 남았다. Barthes의 언어를 빌려 질문한다면, 이러한 '찌름/작은 반점/베인 상처/작은 구멍'과 연결되어 있는 내 안의 상처와 흔적은 무엇인가?

너머로 나아가기

푼크툼은 디테일이지만, 동시에 사진을 보는 이들의 경험을 확장하기도 한다. Barthes는 **푼크툼**이 '관객을 프레임 밖으로 데리고 나온다. 나는 사진에 활기를 주고 또 그 사진은 나에게 활기를 준다. 마치 이미지가 우리가 볼 수 있는 것 이상을 욕망하도록 이끌 때처럼, **푼크툼**은 미묘하게 너머beyond에 있다'(p. 71)고 한다. 이러한 디테일은 이미지의 공간적 · 시간적

---

15 역자주: 국내에서는 '환유 효과'보다는 '환유적 확장'이라는 용어로 연구되고 있다. 원문을 찾아보면, Barthes는 '환유적 확장의 힘(la force d'expansion métonymique)'에 대해 다음과 같이 설명하고 있다: "번개같이 스침에도 불구하고, 푼크툼은 많건 적건 잠재적으로 확장의 힘을 갖는다. 이 힘은 흔히 환유적이다"(이경률, 2007:252에서 재인용). 여기서 환유metonymy란 부분을 통해 전체를 지시하거나, 연관된 다른 것을 통해 대상을 나타내는 표현 방법이다. 즉, 사진의 작은 디테일이 전체 사진이나 사진 속 상황을 암시하거나 확장하는 방식으로 작용할 수 있다는 것을 의미한다. 예를 들어, 사진 속 인물의 손에 있는 작은 물건이 그 사람의 전체 삶이나 성격을 암시할 수 있다. 이때 그 물건이 바로 푼크툼이고, 그 물건이 암시하는 넓은 의미나 감정적 반응이 환유적 확장을 나타내는 것이다. 이는 단순히 눈에 띄는 요소가 아니라, 그 요소를 통해 사진 속 더 큰 이야기나 감정을 불러일으키는 힘을 의미한다.

* 출처: 이경률 (2007). 롤랑 바르트의 『밝은 방』에 나타난 푼크툼의 환유적 확장. 프랑스학연구, 39, 335-360.

프레임 너머에 존재하는 무언가를 가리킨다. 이들은 이미지와 관객인 우리 자신 안에서 실제로 무슨 일이 일어나고 있는지에 대해 질문하도록 한다. 이는 내가 이 장의 서두에서 소개한 포스트-발달주의와 공명하는 것으로, 앞서 나는 아동기의 경험을 얽힘으로 받아들이는 것은 우리로 하여금 그 경험의 전통적인 공간적 · 시간적 프레임을 넘어갈 수 있도록 한다고 기술했다. 우리는 무엇에 '중심'을 둘지 명확한 아이디어를 가지고 관찰할 수 있지만, '매듭-앎'의 과정에서 새로운 중심과 대안적 프레임이 드러나면 우리는 기존의 중심에서 벗어나려고 한다. 이것 또한 푼크툼이 우리에게 주는 기회다. 즉 푼크툼은 새로운 가능성을 다시-지향하고 볼 수 있는 기회, 아동기의 경험(여기에서는 아동기의 예술)을 바라보는 관점을 계속 열어둘 수 있는 기회를 준다.

E의 정지된 왼손의 디테일을 볼 수 있다면, 이 지점을 관찰하며 어떠한 새로운 질문과 탐구의 선들lines[16]이 나타나는지 되물을 수 있을 것이다. Barthes의 '너머로 나아가기moving beyond'에 비추어 말하자면, 떠오르는 아이디어와 감정은 우리의 몸과 마음을 타고 굴러가는 것이다. 아이디어와 감정이 어디로 이끄는지 알기 위해 질문의 선들을 따라가듯이, 나는 의식의 흐름을 따라 글을 써보는 것도 도움이 된다는 것을 발견했다. 다음은 내가 비디오 영상의 디테일을 반복해서 보면서, 의식의 흐름에 따라 쓴 글의 일부다.

---

16 역자주: 선들lines이란 사물과 사람들 간의 관계, 상호작용, 그리고 움직임을 나타내는 비가시적이고 역동적인 연결로 설명할 수 있는데, 이런 선들을 통해 사물의 고정된 모습 너머에서 새로운 질문을 던질 수 있는 실마리를 발견하게 된다. 참고로, 인류학자인 Tim Ingold(2015/2024)은 "그런데 사람들이나 사물들이 서로 붙잡으면 무슨 일이 벌어질까? 바로 선들의 뒤얽힘이다. 이 선들은 분명 서로를 잡아맬 장력이 실제로 서로를 단단히 붙들게 만드는 방식으로 묶인다. 거기서 선이 하나라도 생겨나지 않으면, 그리고 그 선이 다른 선과 얽히지 않으면, 그 무엇도 잡아맬 수 없다. 모든 것이 다른 모든 것과 얽힐 때, 그 결과는 내가 그물망meshwork이라고 부르는 것이 된다."(p. 17)라고 설명하고 있다.

* 출처: Ingold, T. (2024). 모든 것은 선을 만든다. (차은정, 권혜윤, 김성인 공역). 경기: 이비출판사. (원본 출판 2015년)

> 예술-만들기와 다양한 감각적 경험에 참여하며 생긴 몸의 지저분함, 오염, 불편함. E를 둘러싼 지저분함이 주는 메시지는 무엇일까? 이러한 지저분함에 대한 생각은 어디에서 비롯된 것일까? E에게서 아니면 우리로부터? 누가 결벽증적일까? 우리 아니면 E, 그도 아니면 모두? 그는 더러움을 닦으면서 우리(성인들)를 보호하는 걸까, 아니면 자신을 보호하는 걸까? 우리가 지저분함을 가져왔나? 둘 다. 우리는 지저분함과 그것을 참을 수 없다는 메시지를 가져왔고, 거기에 물티슈가 있었고, 이를 치우기 위해 기다리고 있는 것처럼. 마치 돌보는 사람인 우리가 지저분함을 치우고 청소할 준비를 한 채 기다리고 있는 것처럼. 여기서 누가 수동적이지? 수동적이란 건 무엇이지? 높이 들어 올려진 왼손은 고귀하지만 움직이지 않으며, 오른손, 격렬한 오른손이 그 왼손을 애써 맞춰주지만, 아크릴 물감을 문질러 없애려 애쓰는 그 오른손은 헛수고에 지나지 않는다. 오른손은 왼손을 걱정하며 원래 상태로 돌리려고 문지른다. 왼손은 무엇을 한 것인가? 왼손이 만든 어떤 지저분함을 오른손이 치워야만 하나?

이 의식의 흐름을 통해 드러난 이중성dualities, 즉 지저분함/청결함, 능동성/수동성, 이동성/비이동성에 이어 또 다른 질문이 생겼다. 이러한 이중성은 우리의 실천, 페다고지, 어린이들과 함께 하는 방식, 그리고 포스트-발달 프로젝트에 대한 우리의 탐구에 어떻게 영향을 미칠까? 푼크툼을 출발점 삼아 그 너머로 나아가는 것은 지배적인 발달주의적 욕망, 즉 질서를 부여하고 어린이와 관련한 지식과 이해의 위치를 더 차지하려는 것을 넘어서는 방법이기도 하다. 여기에서 분석한 것은 아이의 행위가 아니라, 나/성인의 지각을 구조화하는 질문과 이중성 아래 내재해 있는 나/성인의 지식이다.

공-현존

Barthes에게 사진술의 노에마는 우리가 지금까지의 기록과 함께 동시에 존재할 수 있도록 해주는 그것이 지닌 능력이다. 이것은 너무나 강력해서 우리의 감각과 생각을 사로잡는다: '시간이 차오른다... 이상한 스테시스stasis[17], 즉 사로잡힘의 스테시스'(p. 110). 사진은 해석하거나 분석하는 우리의 능력을 일시적으로라도 잠시 멈추게 하는데, 그 이유는 공-현존co-presence의 경험이 더 엄청나게 강렬하기 때문이다. Barthes는 오래된 가족사진, 특히 그 어머니의 가족사진을 통해 사진 속으로 들어가 그 비밀을 파헤치고, 그 신비로움(또는 그것이 보여주는 형상의 신비로움)에서 빠져나가는 길을 찾으려고 계속해서 시도하지만, 이것이 불가능하다는 것을 반복적으로 깨닫는다고 설명한다. 사진은 우리가 피사체subject와 함께 있을 수 있게 해주기도 하고, 동시에 우리를 피사체로부터 멀어지게도 한다. 그래서 폭력적이다.

> 사진술은 폭력적이다. 폭력적인 것들을 보여줘서가 아니라, 매번 그것이 힘으로 시야를 가득 채우기 때문이며, 그 안에서는 그 어떤 것도 거부당하거나 변형될 수 없기 때문이다. (p. 111) 바로 이러한 해석의 사로잡힘에는 사진술의 확실성certainty이 자리하고 있다. (p. 130)

E가 그의 왼손을 격렬하게 문지르는 비디오 영상을 반복해서 보면, 나는 어떤 울림을 느낀다. 나는 E와 함께 있고, 그와 공-현존하고 있지만, 진짜*really* 무슨 일이 일어나고 있는지 이해하기 위해 움직이는 이미지를 뚫고 들어갈 수는 없다. 앞서 이야기했듯이, 나는 푼크툼에 집중한 결과로 얻은 새로운 질문의 선들을 생각하며 실재reality 언저리에서 춤을 출 수는 있지만, 종국적으로는 가까이 다가갈 수 없다. 이것을 좌절감으로 받아들이기

---

17 역자주: 스테시스stasis는 정체, 정지 상태를 의미하는 것으로, 여기에서는 사진이 시간의 흐름을 잠시 멈추게 하고, 우리의 분석적 사고를 중단시키는 힘을 가진다는 것을 강조하는 의미로 사용되었다. Barthes가 말하는 스테시스는 과거의 한순간이 현재로 '차오르는' 특별한 경험을 가리키며, 이는 사진의 노에마와 깊이 연결되어 있다. 이 강렬한 경험은 우리의 감각과 생각을 일시적으로 마비시키고, 분석이나 해석을 넘어 존재의 본질적 체험에 사로잡히게 한다.

* 출처: 박상우 (2018). 롤랑바르트, 밝은 방. 서울: 커뮤니케이션북스.

보다(물론 그럴 수도 있지만), 아동기 관찰에 대한 포스트-발달 접근 방식의 일부로 환영할 수도 있다. 우리가 어린이를 알 수 없다는 것, 우리가 어린이를 정의하거나 범주화할 수 없다는 것, 어린이 할 수 있는 것과 없는 것을 우리가 결정할 수 없다는 것을 인식하는 것. 그러한 인식을 디딤돌 삼아, 바로 그 순간 어린이와 함께 존재하는 새로운 방식으로 나아갈 수 있는 것이다. 따라서 공-현존한다는 것은 깊고 진정한 호기심, 즉 우리 앞에 보이는 것에 대한 감응적 반응에서 끓어오르는 호기심을 갖는 것이다. 그리고 동시에 발달 목록과 체크리스트를 통해 어린이를 식민화하려는 욕망과 멀어지는 것이다. 이러한 관점에서 보면, 사진과 비디오는 발달을 재현하는 기기가 아닌, 매우 다른 무언가가 될 수 있다. 사진과 비디오는 세상에 대한 어린이의 경험을 식민화하려는 욕망으로부터 성인을 멀리 두도록, 성인에게는 '출입금지no trespass'의 신호가 될 수 있다.

Barthes의 「카메라 루시다」에서 영감을 받은 교육적 관찰

앞서 나는 어린이와 아동기를 바라보는 새로운 렌즈로서 포스트-발달주의를 제안하면서, 발달주의의 지배에 균열을 내고 그에 도전하는 다양한 이론적 지향을 지칭하는 포괄적인 용어라고 언급하였다. 따라서 포스트-발달주의는 포괄적인 용어이기 때문에, 페다고지와 실천을 포스트-발달주의 관점에서 사유하고 구체화할 수 있는 방향을 모색할 필요가 있다. 그 주요 방법 중 하나는 어린이를 분류하거나 평가하지 않으면서 풍부한 아동기의 경험을 초대하는 교육적 관찰 방법 그리고/또는 접근을 구상하는 것이다. Barthes와 함께 사유하며 행했던 분석적 실험, 즉 집에서 아동기 예술을 관찰하고 비디오 작업에 참여한 나의 경험은 포스트-발달적 비디오 그리고/또는 사진 관찰의 과정을 만들어가는 데 출발점이 되었다. 내가 구상한 관찰의 과정은, 다른 상황에 있는 이들도 참고할 수 있을 것으로 보이며, 그 기본 방향은 다음과 같다.

- **감응적 반응**: 이 과정은 관찰자 개인이 특히 매력적이라고 생각하는 사진이나 비디오 영상으로 작업하는 것의 잠재성을 강조한다. 우리의 감응적 반응은 이성적 반응이 아니며, 정당화를 필요로 하지 않는다. MacLure(2013)와 마찬가지로, Barthes도 우리가 가진 감응적 반응에 주의를 기울일 수 있도록 한다. 우리는 감응적 반응을 '매듭-앎'으로 들어가는 입구로 여기고, 그것에 주목하며 실제 반응하려고 노력해야 한다(예: 가장 강력한 반응을 불러일으키는 사진 그리고/또는 비디오 영상을 선택하거나, 추가 분석을 위해 선택하기).
- **함께 머무르기**: Barthes가 사진술에 매료된 이유는 영화와 비교했을 때, 사진이 보는 이들로 하여금 침잠을 유도하는 힘을 지니고 있기 때문이었다. 이는 우리가 바로 그 순간에 어린이들과 함께 있으면서 실천하기를 바라는, 그러한 포스트-발달적 접근에서도 중요하다. 우리는 침잠할 필요가 있으며, 반영reflection과 정지상태stillness와 공간space을 강조하는 사진 및 비디오를 침잠을 실천하는 방법의 하나로 사용할 수 있다. 사진/비디오를 촬영하는 시점과 촬영한 것 중 어떤 것을 보관하고 더 깊이 생각할지를 결정하는 시점 모두에서 선택은 중요하다. 사진 몇 장이나 짧은 비디오 영상은 우리가 그 순간에 머물 수 있도록 그리고 그 순간의 어린이와 함께 머무를 수 있도록 도움을 준다.
- **푼크툼과 너머로 나아가기**: 푼크툼은 보는 이들을 강렬하게 '찌르는' 사진의 디테일로, 이는 이미지에 대한 인식 전체를 지배할 수도 있다. 이것은 주관적이며, 동시에 생성적이다. 푼크툼과 함께 머물며 이러한 디테일에 주의를 집중함으로써, 우리는 아동기 경험에 대한 이해와 탐구의 선들lines을 확장할 수 있다. 푼크툼은 질문, 연관, 심

지어 우리가 찗어지고 있는 상처까지 열 수 있다. 결국 푼크툼은 우리가 페다고지 접근을 더 넓게 확장하는 데에도 중요하다. 푼크툼은 이미지에서 일어나고 있는 일을 넘어 페다고지 맥락에 대해 더 깊은 질문을 던진다. 그리고 가장 중요한 것은 푼크툼이 제한된 방식으로 우리가 어린이를 바라보고 또 함께 살아가고 있는지 성찰할 시간을 준다는 것이다.

- **공-현존**: Barthes는 포스트-발달주의 교육자인 우리에게 중요한 교훈은 준다. 즉 우리가 어린이에 대한 기록과 함께할 수 있고 그로부터 깊이 배울 수 있지만, 우리가 어린이를 온전히 알 수 없다는 것을 거듭 인정해야 한다는 것이다. 우리가 아무리 많이 보더라도, 아무리 다양한 방법을 시도하더라도, 우리는 사진이나 비디오 속으로 들어갈 수 없다. 이는 공-현존을 의미하는 것으로, 어린이와 함께 존재하는 것은 포스트-발달적 접근법의 기본적인 국면이다. 아동기에 대한 우리의 탐구는 풍부하고 의미 있지만, 우리 자신과 어린이 사이에는 항상 거리가 있다. 거리두기는 좌절하거나 극복해야 할 것이 아니라, 성인의 식민화 시도에 맞서 어린이가 자신의 목소리, 참여 및 시민권을 강화할 수 있는 유일한 방법이다.

위의 사항들은 질문이나 실험 없이 따라야만 하는 고정된 것이 아니다. 나는 포스트-발달적 페다고지나 아동기 관찰을 연구할 때 도움이 될 만한 아이디어로서 위의 목록을 제안한 것이다. 포스트-발달적 비디오/사진 관찰 과정에 대한 작업은 여전히 진행 중에 있으며, 여러 다양한 이론가들이 참여해서 그 과정을 실험해 보고 또 발전시켜 갈 것이다.

결론

이 장에서 나는 관찰의 실험적 실천과 관찰 분석에 대한 이론과 함께 작업하면서 포스트-발달적 아동기 관찰로 나아갈 것을 제안하였다. 나는 Barthes의 『카메라 루시다』에서 영감을 얻었다. 그는 사진의 힘을 강조하면서 감응적이고 주관적인 수준에서 사진이라는 매체에 접근할 수 있는 새로운 프레임을 제공하였다. 나는 가정에서 이루어진 아동기 예술의 관찰에 참여했고, 특히 조카 E가 오른손으로 왼손을 닦는 4초 분량의 비디오 영상에 주의를 기울였다. 함께 머무르기, 푼크툼, 너머로 나아가기, 공-현존과 같은 Barthes의 아이디어를 이용하여 포스트-발달적 접근에 충실한 방식으로 바로 그 순간에 어린이와 함께 존재하기 위하여 참여하고, 분석하고, 해석하려고 노력했다. 이러한 실험들은 우리가 그동안 해왔던 실천적 방식을 흔드는 힘이라는 것을 상기시켜 주었다. 이는 그렇지 않았다면 의문의 여지가 없을 수도 있는 아동기 예술(그리고 더 일반적으로는 어린이 교육)에 대한 우리의 접근을 더 깊이 흔들 수 있는 방법이었다. 이러한 접근은 관찰을 통해 어린이를 해부하는 것이 아니라, 관찰을 통해 볼 수 있는 것을 정의하고 제한하는 우리의 인식과 사고 방식을 해체하도록 한다. 가장 중요한 것은, Barthes와의 작업은 아동기 관찰이 공-현존의 의도적인 행위가 될 수 있다는 가능성을 제시했다는 점이며, 여기서 우리는 어린이를 정의하지 않고 어린이와 함께 하고자 한다는 것이다.

References

Barthes, R. (2020 [1980]). *Camera Lucida* (trans. R. Howard). Penguin Random House.

Burman, E. (2016). *Deconstructing developmental psychology.* Routledge.

Kind, S. (2013). Lively entanglements: The doings, movements and enactments of photography. *Global Studies of Childhood, 3*(4), 427-441.

MacLure, M. (2013). The wonder of data. Cultural Studies? *Critical Methodologies, 13*(4), 228-232.

Osgood, J. (2019). You can't separate it from anything!: Glitter's doings as materialised figurations of childhood (and) art. In M. Sakr & J. Osgood (Eds.), *Postdevelopmental approaches to childhood art* (pp. 111-136). Bloomsbury.

Osgood, J., & Sakr, M. (2019). Introduction. In M. Sakr & J. Osgood (Eds.), *Postdevelopmental approaches to childhood art.* Bloomsbury.

Sakr, M. (2021). Reconceptualizing early childhood art as entanglement: Playing with chalk in the home. In C. Schulte & H. Park (Eds.), *Visual arts with young children* (pp. 11-23). Routledge.

Sakr, M., Federici, R., Hall, N., Trivedy B., & O'Brien, L. (2018). *Creativity and making in early childhood: Challenging practitioner perspectives.* Bloomsbury.

Schulte, C., & Park, H. (2021). Introduction. In C. Schulte & H. Park (Eds.), *Visual arts with young children.* Routledge.

Wright, S. (2001). Guiding learning processes in the integration of the arts. *Contemporary Issues in Early Childhood, 2*(2), 225-238.

찾아보기

PROFILE

역/자/약/력

김미진 인제대학교 유아교육과 교수

김병만 경남대학교 유아교육과 교수

서보순 동의대학교 유아교육과 교수

손유진 동의대학교 유아교육과 교수

이경화 국립부경대학교 유아교육과 교수

정혜영 부산대학교 유아교육과 교수

아동기에 대한 포스트-발달적 접근 시리즈
관찰의 교육학
: 어린이와 함께 포스트-발달적 접근으로 나아가기

1판 1쇄 인쇄 2025년 8월 25일
1판 1쇄 발행 2025년 8월 30일

역　　자 | 김미진 김병만 서보순 손유진 이경화 정혜영
저　　자 | Mona Sakr, Jennifer Rowsell, Kortney Sherbine
발 행 인 | 박철용
발 행 처 | 양서원
주　　소 | 경기도 파주시 직지길 522 파주출판도시
전　　화 | 031-955-8000(代)
팩　　스 | 031-955-8005
홈페이지 | www.yswpub.co.kr
이 메 일 | yswgroup@naver.com
출판등록 | 1987년 11월 24일 제 406-2003-037 호

ISBN 978-89-994-1590-6

정가 20,000원